U0365917

高职高专
国际商务应用
系列教材

国际贸易基础

（第二版）

赵轶 主编

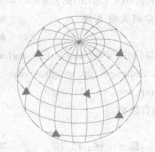

清华大学出版社
北京

内 容 简 介

本书贯彻《国家职业教育改革实施方案》、教职成〔2019〕5号《关于实施中国特色高水平高职学校和专业建设计划的意见》和《高等职业学校专业教学标准(试行)》等文件精神,进一步与实训基地外贸公司合作,以国际贸易职业活动准备为立足点,坚持产教融合,借鉴国际经验,从学生角度实现了"好学、好用"的基本需求;从课程设计角度解决了专业与产业相对接的难题。

全书共设计了10个学习单元,包括国际贸易认知、国际分工与贸易政策、世界市场、关税措施、非关税措施、出口管理措施、国际贸易协调、国际经济现象、中国对外贸易和主要国家对外贸易。

全书完整地阐述了国际贸易职业准备所需的知识能力架构,适合高职高专国际贸易专业以及经济管理类专业基础课教学使用,也可作为在职人员培训或工作实践中的参考用书。

本书封面贴有清华大学出版社防伪标签,无标签者不得销售。

版权所有,侵权必究。举报:010-62782989,beiqinquan@tup.tsinghua.edu.cn。

图书在版编目(CIP)数据

国际贸易基础/赵轶主编. —2版. —北京:清华大学出版社,2019(2023.9重印)

高职高专国际商务应用系列教材

ISBN 978-7-302-53537-9

Ⅰ. ①国… Ⅱ. ①赵… Ⅲ. ①国际贸易—高等职业教育—教材 Ⅳ. ①F74

中国版本图书馆 CIP 数据核字(2019)第 180074 号

责任编辑:吴梦佳
封面设计:傅瑞雪
责任校对:李 梅
责任印制:刘海龙

出版发行:清华大学出版社

   网 址:http://www.tup.com.cn,http://www.wqbook.com
   地 址:北京清华大学学研大厦 A 座   **邮 编**:100084
   社 总 机:010-83470000   **邮 购**:010-62786544
   投稿与读者服务:010-62776969,c-service@tup.tsinghua.edu.cn
   质量反馈:010-62772015,zhiliang@tup.tsinghua.edu.cn
   课件下载:http://www.tup.com.cn,83470410

印 装 者:大厂回族自治县彩虹印刷有限公司

经 销:全国新华书店

开 本:185mm×260mm **印 张**:13.75 **字 数**:306千字

版 次:2011年12月第1版 2019年11月第2版 **印 次**:2023年9月第4次印刷

定 价:39.00元

产品编号:082789-01

前　言

在高职高专国际商务类专业教学活动中，许多教师都能感觉到国际贸易理论、政策的宏观深奥，且过于"科学化"，距离日常生活、职业活动非常遥远。对于高职高专学生来讲，无异于"天书"——既缺乏日常感知的媒介，又缺少职业验证的路径。一本好的教材首先应该是好学与好用，其出发点显然应该是服务于广大学生。因此，将高高在上的"国际贸易理论"落地，将传统国际贸易理论从"学科"桎梏中解放出来，依据职业分析，以对外贸易职业一线工作活动情境为参照，建立起理论知识与职业任务的有机联系，随时提醒学生注意国际贸易理论政策与业务活动的关系，从课程设计的角度实现专业与产业相对接，就成为本书编写的初衷。

四十多年的改革开放，使中国成为世界上增长最快的经济体之一。加入世界贸易组织十多年，中国与其他新兴经济体一起，成为推动世界经济增长日益重要的力量。根据海关总署发布的数据（www.customs.gov.cn），2018 年中国进出口总额 4.62 万亿美元，增长 12.6%。其中，出口 2.48 万亿美元，增长 9.9%；进口 2.14 万亿美元，增长 15.8%；贸易顺差 3517.6 亿美元。对"一带一路"沿线国家合计进出口 8.37 万亿元人民币，增长 13.3%，高出全国整体增速 3.6 个百分点。中国对外贸易的快速发展为国际商务类专业进行职业化教学改革奠定了坚实的社会基础。

本书围绕高等职业学校专业教学标准，充分考虑与中职的衔接，引入任务导向、能力本位的职业教育理念，与合作企业共同进行课程开发，以国际贸易职业工作活动为参照，借鉴德国"学习领域"课程开发思想，构建了"理实一体化"教学素材框架。

在修订的基础上，《国际贸易基础（第二版）》做出了以下创新。

（1）内容定位紧扣职业入门。本书立足于国际贸易职业的基本入门需要，重点在于培养学生的国际贸易活动基本素养。根据职业活动需要，"让知识在恰当的地方出现"，使学生在阶段性的学习总结中，能够非常自然地建立起知识内容与职业工作之间的直观联系，增强学习的目的性和指向性。

（2）职业技能衔接行业标准。行业、企业技术专家参与本书的编写，使教学目标更加具体、明确、系统，教学内容先进、取舍合理，理论的基础地位变为服务地位。本书结构清晰、层次分明，信息传递高效简洁。在方便学生职业技能养成的同时，也兼顾了学生获取相应职业资格证书的需要。

（3）学习任务统领教学过程。以任务统领教学过程的实施，诱发了学生学习的自主性、积极性，由过去单一的教师讲、学生听的被动行为，部分转变为学生的主动探索行为（完成某项实训活动），鼓励学生完成实训活动并形成具体成果（研讨结论文本、PPT）进行演示交流。完成了"从实践到理论、从具体到抽象、从个别到一般"和"提出问题、解决问题、归纳总结"的教学程序。

（4）体例创新增进教材功能。本书一方面注重吸纳国外教学参考书的优点；另一方面则考虑到我国高职学生的文化背景和基础教育养成的吸纳知识的习惯，增强了趣味性。在心理构建、兴趣动机发展等方面也做了有益的尝试，形成了学习目标、任务描述、任务分解、同步实训、导入故事、正文及服务于正文的名词、信息、贸易实务、单元小结、学生自我总结等完整的教材功能体系。

（5）形式多样提升职业认同。在做到学习情境与职业情境和生活情境紧密结合的同时，注意了行文的活泼与优美，呈现形式的多样化，使其具有一定的可读性。尽量运用现象化、具体化语言，使学生可以直观、形象、整体、自我地获取经验，并构建应用知识的框架，从而轻松获得实际职业认同。

本书由赵轶担任主编，实训基地企业韩建东等专业人士参与了内容的开发与论证。在编写过程中，编者广泛吸纳了国内同行的建议，也参阅了国内外一些专家学者的研究成果及相关文献，多家校外实训基地和广东省商会馈赠了一些国内外专业贸易公司的宝贵资料，在此一并表示衷心的感谢。

作为一种探索，尽管编者力求完美，但由于对高职学生职业成长规律的把握，对国际贸易职业活动的认识、理解与分析方面难免存在偏差，不足之处敬请读者不吝赐教。

本书配备有电子课件、教学素材等资源。凡选用本书作为教材的教师均可登录清华大学出版社网站（www.tup.tsinghua.edu.cn）免费下载。

编　者

2019 年 5 月

目　录

Ⅳ

V

VI

单元 1 　　　　　　　　　　　国际贸易认知

 学习目标

1. 知识目标

能认识国际贸易的含义。

能认识国际贸易的统计指标。

能认识国际贸易的类型。

2. 能力目标

能分析国际贸易的发展状况。

能初步认识国际贸易工作的内容。

能初步认识国际贸易职业的概况。

任务描述

作为国际贸易活动的初学者或一线人员,应该认识国际贸易的含义、种类与特征,熟悉其作用和方式,并在此基础上,理解国际贸易工作及其职业活动,树立职业认同感,为未来参加国际贸易活动奠定基础。

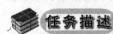 **任务分解**

根据国际贸易认知活动的工作顺序和职业教育学习规律,"国际贸易认知"可以分解为以下几个学习任务。

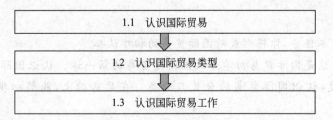

1.1　认识国际贸易

↓

1.2　认识国际贸易类型

↓

1.3　认识国际贸易工作

同步实训

根据国际贸易认知活动、职业成长规律及职业学习原理,"国际贸易认知"可以安排以下几个同步实训。

实训项目	活 动 名 称	活 动 目 的
实训1.1	国际贸易的认知	使学生初步认知国际贸易
实训1.2	国际贸易类型认知	使学生初步认知国际贸易的多种类型
实训1.3	国际贸易工作认知	使学生初步认知国际贸易职业工作及其特点
拓展实训	认识企业对外贸易工作	参观企业,认知国际贸易管理工作

导入故事

一名在校大学生学习了一段时间的跨境电商,感觉比较有意思,就想自己开一家店铺。经过一段时间的平台了解,他选择了速卖通平台。在这里要说一下,如果你是专业的商家,在国内有较好的货源和授权书,还有一定的资金基础,建议选亚马逊平台,因为亚马逊平台倾向于做品牌,利润空间比较大,但是难度也比较高;如果你是想业余时间倒货、卖货想挣点小钱,可以选择 e-bay 和速卖通。

选好了平台,下一步就要选择货源了,因为那段时间他特别喜欢手表,结合现实问题综合考虑后就开始折腾起了手表;因为是学生没有货源,干脆直接从淘宝上买来包装一下。刚开始的时候感觉非常困难,因为英语水平有限,他只能依靠翻译工具一点点地进行翻译,然后通过一些简单的广告进行投放和推广。

起初,他是抱着试一试的心态来做跨境电商,白天上课,业余时间会看一下,结果没想到真的有人会买。一只手表在淘宝上买大概 50 元,他在速卖通卖 200 元左右,现在基本上每天可以卖 3~4 单,虽然不多,但对于一个学生来说就足够了,一方面是可以锻炼自己;另一方面也可以赚够自己每天的生活费,非常有成就感。他现在每天都过得非常充实。

【感悟】 上面讲的是国际贸易中的跨境电商活动。国际贸易职业富有挑战性,也是很好的创业机会。作为初学者,如何理解国际贸易?国际贸易职业怎样?通过完成本单元相关任务,你是否能够找到答案呢?

1.1　认识国际贸易

提示:完成本任务,你将形成对国际贸易的初步认知。

学习行动:这是国际贸易初学者认识国际贸易的第一课。认识国际贸易,特别是从经济意义的角度,认识国际贸易的含义与分类。在此基础上,能够初步理解国际贸易活动。

通过中学阶段知识的积累,我们已经知道,当社会生产力发展到一定程度,出现了一定数量的剩余商品时,交换才成为可能。当这些剩余商品的交换活动扩大到世界范围内的国与国之间时,就意味着出现了国际贸易现象。因此,国际贸易产生的条件是:有可供交换的产品和组织交换活动的社会实体——国家。

国际贸易的产生与发展是世界各国在国际分工基础上进行广泛联系的重要特征之

一,也是经济全球化和贸易自由化范围不断扩大的标志。

1.1.1　国际贸易的含义

通常情况下,人们一般提及的国际贸易是指狭义的国际贸易,即有形商品贸易(货物贸易),主要表现为国家(或地区)之间货物的进口和出口;广义的国际贸易除了实物商品的国际交换外,还包括无形贸易,即在国际运输、保险、金融、旅游、通信、技术、劳务输出等方面相互提供的服务。

重要名词

国 际 贸 易

国际贸易(International Trade)是指世界范围内不同国家(和/或地区)之间所进行的商品、服务和生产要素的交换活动。

从上面的解释看,可以从以下三种称谓进一步理解国际贸易的含义。

1. 对外贸易

从一个国家或地区的角度来看商品、服务和生产要素的交换活动,又可将其称作对外贸易(Foreign Trade)。某些海岛国家和地区如日本、英国、新西兰和我国台湾等,常用"海外贸易"(Overseas Trade)来表示对外贸易。

2. 国际贸易

从世界角度看,国际贸易是由世界上大多数国家(地区)所参与的一项世界性的交换活动,因此也可将其称作世界贸易(World Trade)或全球贸易(Global Trade)。

3. 进出口贸易

对外贸易包括进口贸易(Import Trade)和出口贸易(Export Trade)。一国(地区)从他国输入商品用于国内生产和消费的全部贸易活动称为进口(Import),而一国向他国输出本国商品的全部贸易活动称为出口(Export)。因此,对外贸易也被称为进出口贸易(Import and Export Trade)。

重要信息

社会分工与国际贸易

原始社会末期,畜牧部落从其他部落分离出来,即出现了人类社会的第一次大分工,随后产生了部落与部落之间的交换。人们把这叫作初级对外贸易。人类社会的第二次大分工是手工业从农业中分离出来,于是也就出现了以交换为目的的生产活动,也产生了货币。这样,产品交换就逐渐地变成了以货币为媒介的商品生产和商品流通;再随着商品流通的日益扩大,又产生了专门从事商品交换活动的商人和商业。这就是人类社会的第三次大分工,其发生在人类奴隶社会的末期。当这种商品流通的规模扩大到奴隶社

3

会初期已形成的国家的界限以外时,就产生了国际贸易。

国际贸易是在一定的历史条件下产生和发展起来的。形成国际贸易的基本条件如下:

(1) 社会生产力的发展导致可供交换的剩余产品出现;

(2) 国家的形成。

社会生产力的发展产生出用于交换的剩余商品,这些剩余商品在国与国之间进行交换,就产生了国际贸易。

1.1.2　国际贸易的统计术语

作为一国宏观经济管理的重要组成部分,政府常常会对其国际贸易活动进行数据统计与分析,在此基础上,制定出台了一系列有针对性的政策与措施。这些政策与措施对于我们企业业务活动的开展有着重大影响,作为未来进出口贸易一线的工作人员,我们应该能够看懂这些数据背后隐含的事实和可能对业务活动带来的影响。

国家政府部门,如我国的商务部、海关总署对国际贸易进行统计分析,一般会运用到以下几项指标。

1. 贸易额

贸易额(Value of Trade)又称贸易值,是指用货币表示的反映贸易规模的指标。它通常分为对外贸易额与国际贸易额。

(1) 对外贸易额(Value of Foreign Trade)又称对外贸易值,是指一国(或地区)在一定时期内以货币表示的进出口商品的总值。各国一般都用本国货币表示本国的对外贸易额,但由于美元长期以来是国际贸易中的主要结算货币与国际储备货币,在国际上使用最为广泛,因此,也有一些国家是用美元来表示本国对外贸易额的,联合国编制和发表的世界各国对外贸易额的资料也是以美元来表示的,我国也是如此。

【例1-1】　2019年1月14日,海关总署发布数据,2018年我国进出口总额达到46230.40亿美元,同比增长12.6%,前11个月的贸易额(42490.25亿美元)已超过2017年全年。其中:出口总额达到24874.00亿美元,同比增长9.9%;进口总额达到21356.40亿美元,同比增长15.8%;贸易顺差为3517.60亿美元,同比收窄16.75%,显示我国进出口贸易结构持续优化。

(2) 国际贸易额(Value of International Trade)又称国际贸易值,是指在世界范围内,所有国家和地区在一定时期内以货币表示的进出口商品的价值总额。从世界范围看,一国的出口就是另一国的进口。如果把世界各国和各地区的进口额加上出口额,就会造成重复计算。因此,根据世界贸易组织的规定,通常是将世界各国在一定时期内以离岸价格(FOB)计算的出口贸易额之和作为国际贸易额。

【例1-2】　世界贸易组织2019年4月2日发布报告称,2018年全球贸易量较2017年增加3.0%,增幅较2017年回落1.6个百分点。受美中贸易摩擦直接影响,全球贸易增速放缓。2019年,增幅将进一步回落,预计降至2.6%。中国货物贸易进出口总额达到

4.623 万亿美元,连续两年居世界第一。位列第二的美国为 4.278 万亿美元,日本以 1.487 万亿美元排在第四。

2. 贸易量

以货币表示的贸易额,由于受价格变动的影响,常常不能真实地反映贸易的实际规模,因此,需要以贸易量指标来反映国际贸易的规模。

贸易量(Quantity of Trade)也分为对外贸易量(Quantity of Foreign Trade)和国际贸易量(Quantity of International Trade)。

对外贸易量是指一国在一定时期内用计量单位(如数量、重量、面积、容积)表示的进出口贸易规模的指标。由于它是按照实物的计量单位进行计算,因此准确度较高。

国际贸易量是指以一定时期的不变价格为标准,计算各个时期世界进出口贸易额。具体做法是用出口价格指数除以出口额,这样就得出了以不变价格计算的国际贸易实际规模的近似值。由于这个数值消除了价格变动的影响,只反映数量的变化,因此被称为国际贸易量。以一定时期为基期的贸易量与各个时期的贸易量相比较,就得出了表示贸易量变动的物价指数。西方国家一般都用这种方法来计算贸易量的变动,反映贸易规模的实际变动情况。

3. 贸易差额

贸易差额(Balance of Trade)是指在一定时期内(通常为 1 年),一个国家的出口总额与进口总额之间的差额。如果出口总额大于进口总额,就是存在贸易出超(Excess of Export over Import),或者称为贸易顺差(Favorable Balance of Trade)、贸易盈余;反之,如果进口总额大于出口总额,就是存在贸易入超(Excess of Import over Export),或者称为贸易逆差(Unfavorable Balance of Trade)、贸易赤字。当一国的进口总额与出口总额相等时,则称为贸易平衡。通常贸易顺差用正数来表示,贸易逆差用负数表示。

【例 1-3】 2013 年,中国对外贸易处于顺差地位,顺差额为 2597.5 亿美元,仅次于 2008 年的 2954 亿美元和 2007 年的 2622 亿美元。

贸易差额是衡量一国对外贸易状况的重要指标。一般来说,贸易顺差表明一国在对外贸易收支上处于有利地位,而贸易逆差表明一国在对外贸易收支上处于不利地位。单纯从国际收支的角度来看,当然是顺差比逆差好。但是,长期保持顺差也不一定是件好事。首先,长期顺差意味着大量的资源通过出口而输往了外国,得到的只是资金积压;其次,巨额顺差往往会使本币升值,从而不利于扩大出口,还会造成同其他国家的贸易关系紧张。

课堂讨论:对外贸易长期顺差对一国经济发展有利吗?

4. 贸易条件

贸易条件(Terms of Trade)是指一个国家或地区以出口交换进口的条件,即出口与进口的交换比例。它有两种表示方法:一是用物物交换表示,即用实物形态来表示的贸易条件,它不涉及货币因素和物价水平的变动。当出口产品能交换到更多的进口产品时,称作贸易条件改善;反之,当出口产品只能交换到更少的进口产品时,则称为贸易条件恶化。二是用价格或价格指数来表示的贸易条件,通常是用一定时期内一国(或地区)出口商品价格指数与进口商品价格指数之比,即贸易条件指数(或系数)来表示。

$$贸易条件指数=出口商品价格指数÷进口商品价格指数×100$$

【例1-4】 某国以2017年为基准年,其进出口价格指数均定为100。到2018年,出口商品价格指数上涨6%,进口商品价格指数下降3%,即2018年出口商品价格指数为106,进口商品价格指数为97,则贸易条件指数=106÷97×100=109.3。

2018年,进出口贸易条件指数大于基准年进出口贸易条件指数9.3%,这表明该国贸易条件改善,交易比率上升,即同等数量的出口商品能换回比基期更多的商品。如果出现相反的情况,则视为贸易条件恶化。

5. 对外贸易依存度

对外贸易依存度(Degree of Dependence on Foreign Trade)简称外贸依存度,又称外贸系数、外贸率、外贸贡献度和经济开放度。

重要名词

外贸依存度

外贸依存度是指用一国对外贸易额在其国民生产总值(或国内生产总值)中所占的比重来表示一国国民经济对进出口贸易的依赖程度,或国际贸易对经济增长的贡献度。它主要用于反映一国对外贸易在国民经济中的地位。

一般而言,从横向比较,若一国外贸依存度越高,则对外贸易在国民经济中的作用越大,与外部的经贸联系越多,经济开放度也越高;从纵向比较,若一国外贸依存度提高,则不仅表明其外贸增长率高于国民生产总值(或国内生产总值)增长率,还意味着其对外贸易对经济增长的作用加大,其经济开放度提高。

重要信息

外贸依存度的计算

$$外贸依存度=\frac{一国一定时期进出口总额}{同期GDP}×100\%$$

外贸依存度还可分为出口依存度和进口依存度,前者是指一国出口总额在其国民生产总值(或国内生产总值)中所占的比重;后者是指一国进口总额在其国民生产总值(或国内生产总值)中所占的比重。

$$出口依存度=\frac{一国一定时期出口总额}{同期GDP}×100\%$$

$$进口依存度=\frac{一国一定时期进口总额}{同期GDP}×100\%$$

课堂讨论:一国对外贸易依存度过高或过低分别意味着什么?会出现哪些情形?

6. 贸易商品结构

（1）对外贸易商品结构。对外贸易商品结构（Composition of Foreign Trade）是指一定时期内一个国家（或地区）进出口贸易中各种商品的构成，即某大类或某种商品进出口贸易与整个进出口贸易额之比，以份额表示。一国对外贸易商品结构可以反映出该国的经济发展水平、产业结构状况、科技发展水平等。

发达国家对外贸易商品结构是以进口初级产品、出口工业制成品为主；而发展中国家的对外贸易商品结构则是以出口初级产品、进口工业制成品为主。

【例1-5】 2018年，中国出口商品结构显示，机电产品出口9.65万亿元，增长7.9%，占我国出口总值的58.8%，比2017年提升0.4个百分点。其中，汽车出口增长8.3%，手机出口增长9.8%。同期，服装、玩具等7大类劳动密集型产品合计出口3.12万亿元，增长1.2%，占我国出口总值的19%。

（2）国际贸易商品结构。国际贸易商品结构（Composition of International Trade）是指一定时期内各大类商品或某种商品在整个国际贸易中的构成，即各大类商品或某种商品贸易额与整个世界出口贸易额之比，以比重表示。国际贸易商品结构可以反映出整个世界的经济发展水平、产业结构状况和科技发展水平。

7. 贸易地理方向

（1）对外贸易地理方向。对外贸易地理方向（Direction of Foreign Trade）又称对外贸易地区分布或国别结构，是指一定时期内各个国家或区域集团在一国对外贸易中所占有的地位，通常以它们在该国进出口总额或进口总额、出口总额中的比重来表示。对外贸易地理方向指明一国出口商品的去向和进口商品的来源，从而反映一国与其他国家或区域集团之间经济贸易联系的程度。

【例1-6】 据中国海关统计，2018年，除了欧盟、美国、东盟等传统贸易伙伴之外，我国外贸市场多元化取得了积极进展，与"一带一路"沿线国家、非洲、拉丁美洲进出口增速分别高出了整体3.6、6.7和6个百分点。

（2）国际贸易地理方向。国际贸易地理方向（Direction of International Trade）又称国际贸易地区分布，用以表明世界各洲、各国或各个区域集团在国际贸易中所占的地位。计算各国在国际贸易中的比重，既可以计算各国的进、出口额占世界进、出口总额中的比重，也可以计算各国的进出口总额占国际贸易总额（世界进出口总额）中的比重。

重要信息

国际贸易产生与发展的原因

（1）生产力进步，分工细化，导致生产效率极大提高，在满足本国之后有剩余出口。

（2）科技进步，包括交通运输、冷冻技术、重型货轮等，为长途贸易提供必要条件。

（3）两次世界大战打破了原有的殖民体系，成立了联合国和WTO，为各国自由竞争创造了条件。

（4）人类思想的不断进步，包括经济学说等。

实训 1.1 国际贸易的认知

实训目的

通过了解国际贸易的含义与统计术语,使学生初步认知国际贸易活动。

实训安排

(1) 学生分组,通过商务部或海关总署网站搜索我国 2017 年或 2018 年国际贸易概况,讨论其变化特点(数量、质量方面)。

(2) 写出书面报告(不少于 1000 字),并做出 PPT 进行展示,分组讨论、评价。

教师注意事项

(1) 由一般贸易事例导入对国际贸易活动的认知。

(2) 分组搜索资料,查找我国进出口贸易活动的变化过程。

(3) 组织其他相应的学习资源。

资源(时间)

1 课时、参考书籍、案例、网页。

评 价 标 准

表 现 要 求	是否适用	已达要求	未达要求
小组活动中,外在表现(参与度、讨论发言积极程度)			
小组活动中,对概念的认识与把握的准确程度			
小组活动中,分工任务完成的成效与协作度			
小组活动中,作业或 PPT 制作的完整与适用程度			

1.2 认识国际贸易类型

提示:完成本任务,你将认识国际贸易的不同类型。

学习行动:这是国际贸易初学者认识国际贸易的第二课。认识国际贸易类型,特别是从企业进出口经营的角度,认识不同国际贸易类型的特征。在此基础上,能够理解国际贸易不同类型的运作方式。

国际贸易范围广泛、性质复杂、方式多样,可以从不同角度进行分类。

1.2.1 国际贸易的一般分类

1. 按照货物流向划分

国际贸易按照货物流向可分为出口贸易、进口贸易、过境贸易、复出口与复进口、净出口与净进口。

(1) 出口贸易。出口贸易是指一国本国生产和加工的货物输往国外市场销售。不属于外销的商品则不算。

【例1-7】 一些特殊的商品,如运出国境供驻外使领馆使用的货物、旅客个人使用带出国境的货物均不列入出口贸易。

(2)进口贸易。进口贸易是指一国从国外市场购进外国货物在本国国内市场销售。不属于内销的货物则不算。

【例1-8】 一些特殊的商品,如外国使领馆运进供自用的货物、旅客带进来供自用的货物均不列入进口贸易。

(3)过境贸易。过境贸易(Transit Trade)是指从甲国经过丙国国境向乙国运送的货物,而货物所有权不属于丙国居民,对丙国来说,是过境贸易。这种贸易对丙国来说,既不是进口,也不是出口,仅仅是货物的过境而已。有些内陆国家同非邻国的贸易,其货物必须经过第三国国境。对过境国来说,必须加强对过境贸易货物的海关监管。

(4)复出口与复进口。复出口(Re-export Trade)是指输入本国的外国货物未经加工而再输出。出口商往往属于中间商,赚取进出口差价。复进口(Re-import Trade)是指输出国外的本国货物未经加工而再输入。

【例1-9】 国际贸易活动中,货物出口后遭到退货、未售出的货物的退回等,都属于复进口。这些情形往往会给出口商带来经济损失。

(5)净出口与净进口。一国在某种货物贸易上既有出口也有进口,如果出口值大于进口值,称为净出口(Net Export);反之,如果进口值大于出口值,则称为净进口(Net Import)。某种货物出口值大于进口值的国家,称为该货物贸易的净出口国,表明该国在该货物贸易中整体居于优势;反之,某种货物进口值大于出口值的国家,称为该货物贸易的净进口国,表明该国在该货物整体贸易中居于劣势地位。

2. 按照贸易统计标准划分

国际贸易按照贸易统计标准可分为总贸易、专门贸易。

(1)总贸易。总贸易(General Trade)是指以国境为标准划分和统计的进出口贸易。凡进入国境的外购商品一律列为进口,称为总进口;凡离开国境的外销商品一律列为出口,称为总出口。总进口值与总出口值相加就是一国的总贸易值。这种对外贸易统计标准被日本、美国、英国、加拿大等国采用,我国也采用这种统计方法。

(2)专门贸易。专门贸易(Special Trade)是指以关境为标准划分和统计的进出口贸易。一般来说,国家的关境与国境是一致的。但实际上,因为建有自由贸易区或保税区,有很多国家的关境与国境并不完全一致。以关境为标准统计对外贸易的国家规定,当外国商品进入国境后,如果暂时存放在保税区,不进入关境,则这些商品一律不列入进口。只有从国外进入关境后的商品,以及从保税区提出后进入关境的商品,才被列入进口,称为专门进口(Special Import)。相反,从国内运出关境的商品,即使没有运出国境,也被列入专门出口(Special Export)。专门出口值与专门进口值相加即为专门贸易值。这种对外贸易统计标准被意大利、法国、德国、瑞士等国采用。

由于各国的统计标准不同,联合国发布的各国对外贸易值资料,一般都注明是总贸易值还是专门贸易值。目前,采用总贸易值统计标准的国家居多,大约有90多个国家

9

（地区）。

3. 按照贸易内容划分

国际贸易按照贸易的内容可分为货物贸易、服务贸易和技术贸易。

(1) 货物贸易。货物贸易(Goods Trade)是指有形商品的国际交易，也称为有形贸易。

【例 1-10】《联合国国际贸易标准分类》把国际货物分为 10 大类：0 类为食品及主要供食用的活动物；1 类为饮料及烟类；2 类为燃料以外的非食用粗原料；3 类为矿物燃料、润滑油及有关原料；4 类为动植物油脂及油脂；5 类为未列名化学品及有关产品；6 类为主要按原料分类的制成品；7 类为机械及运输设备；8 类为杂项制品；9 类为没有分类的其他商品。在国际贸易统计中，一般把 0～4 类商品称为初级产品，把 5～8 类商品称为制成品。海关统计的是有形贸易数据。

(2) 服务贸易。服务贸易(Trade in Service)是指无形商品的国际交易，也称为无形贸易。服务业包括 12 个部门，即商业、通信、建筑、销售、教育、环境、金融、卫生、旅游、娱乐、运输及其他。服务贸易值在各国国际收支表中只得到部分反映，不计入各国海关统计。

(3) 技术贸易。技术贸易(International Technology Trade)是指技术跨越国界进行有偿转让的交易，主要包括许可贸易、工业产权与非工业产权的转让、技术服务与技术咨询、合作生产与合作设计、工程承包、与设备买卖相结合的技术贸易。

4. 按照有无第三方参与划分

国际贸易按照有无第三方参与可分为直接贸易、间接贸易和转口贸易。

(1) 直接贸易。直接贸易(Direct Trade)是指商品生产国和商品消费国不通过第三国而直接买卖商品的行为。直接贸易的双方直接谈判、直接签约、直接结算、货物直接运输。此概念也泛指贸易活动的买卖双方的直接交易。

(2) 间接贸易。间接贸易(Indirect Trade)是指商品生产国和商品消费国通过第三国所进行的商品买卖行为。此类贸易因为各种原因，出口国与进口国之间不能直接进行洽谈、签约和结算，必须借助第三国的参加。

(3) 转口贸易。转口贸易(Entrepot Trade)是指商品生产国和商品消费国不是直接买卖商品，而是通过第三国进行买卖，对第三国来说，称为转口贸易。转口贸易的货物可以直接运输或转口运输。直接运输是指货物直接从生产国运往消费国；转口运输是指货物从生产国先运进转口国，但并未加工或只经过简单改装（如唛头、重新包装等），再运往消费国。

转口贸易不同于过境贸易。转口贸易的货物所有权因转口商的买卖而发生转移，而过境贸易的货物所有权没有发生转移。

【例 1-11】 转口贸易的历史已有数百年，伦敦、鹿特丹、新加坡是著名的转口贸易港。第二次世界大战后转口贸易在中国香港、新加坡、日本等地发展甚为迅速，通过转口贸易除了可以得到可观的转口利润和仓储、运输、装卸、税收等收入外，也推动了当地金

10

融、交通、电信等行业的发展。

5. 按照参与贸易国家的多少划分

国际贸易按照参与贸易国家的多少可分为双边贸易和多边贸易。

（1）双边贸易。双边贸易（Bilateral Trade）是指由两国参加，双方的贸易是以相互出口和相互进口为基础进行的，贸易支付在双边交易基础上进行结算，自行进行外汇平衡。这类方式多适用于外汇管制的国家。有时，双边贸易也泛指两国间的贸易关系。

（2）多边贸易。多边贸易（Multilateral Trade）是指三个以上国家之间相互进行若干项目的商品交换、相互进行多边清算的贸易行为。此类方式有助于若干个国家进行相互贸易时，用对某些国家的出超支付对另一些国家的入超，从而寻求外汇平衡。当贸易项目的多边结算仍然不能使外汇平衡时，也可用非贸易项目的收支进行多边结算。

【例1-12】 甲、乙、丙三国，甲对乙出超1000万美元，乙对丙出超1000万美元，丙对甲出超1000万美元。从双边贸易角度看，任何一国都有1000万美元出超，也有1000万美元入超，但任何两国之间都不能保持贸易平衡。通过签订多边贸易协定，相互以其出超抵偿入超，则三国的贸易收支都能得到平衡。

6. 按照运输方式划分

国际贸易按照货物运输方式可分为陆路贸易、海洋贸易、空运贸易和邮购贸易。

（1）陆路贸易（Trade by Roadway）是指采用汽车、火车和管道等陆路运输方式的贸易。陆地相邻国家的贸易通常采用陆路运送货物的方式。

（2）海洋贸易（Trade by Seaway）是指利用各种船舶通过海洋运输商品的贸易。由于海运具有运量大、运费低等优点，国际贸易中80%以上的货物是通过海洋贸易完成的。

（3）空运贸易（Trade by Airway）是指利用飞机运送商品的贸易。航空运输运费较高，一般适用于贵重物品、紧急药品、精密元件和保鲜商品等的贸易。

（4）邮购贸易（Trade by Mail Order）是指采用邮政包裹的方式寄送货物的贸易。对数量不多而又急需的商品可采用邮购贸易。其速度比空运慢，但费用相对低廉。

重要信息

国际贸易的作用

从多个角度看，国际贸易具有以下几个作用。

（1）国际贸易对国民的作用：①增加国民福利。②满足国民不同的需求偏好。③提高国民的生活水平。④影响国民的文化和价值观。⑤提供就业岗位。

（2）国际贸易对企业的作用：①强化品质管理，提高企业效益。②在产品品质竞争中立于不败之地。③有利于国际间的经济合作和技术交流。④有利于企业自我改进能力的提高。⑤有效地避免产品责任。

（3）国际贸易对单一国家的作用：①调节各国市场的供求关系。②延续社会再生产。③促进生产要素的充分利用。④发挥比较优势，提高生产效率。⑤提高生产技术水平，优化国内产业结构。⑥增加财政收入。⑦加强各国经济联系，促进经济发展。

（4）国际贸易对世界的作用：①国际贸易是世界各国参与国际分工、实现社会再生产顺利进行的重要手段。②国际贸易是世界各国间进行科学技术交流的重要途径。③国际贸易是世界各国进行政治、外交斗争的重要工具。④国际贸易是世界各国对外经济关系的核心。⑤国际贸易是国际经济中"传递"的重要渠道。

1.2.2　国际贸易的方式分类

在国际贸易活动中，由于买卖双方往往具有不同的贸易标的、贸易条件和利益诉求，由此选择的贸易方式也是多种多样。

重要名词

国际贸易方式

国际贸易方式（International Trade Way）是指营业地分处不同国家与地区的当事人之间进行货物买卖所采用的具体做法和商品流通渠道。

1. 逐笔售定

逐笔售定是指买卖双方通过谈判，达成一致后签订合同，然后各自根据规定开始履行合同义务，钱货两清后，双方买卖关系即告终结。逐笔售定也被称作一般贸易，是国际贸易实务学习的重点。逐笔售定是最基本的国际贸易方式，其他贸易方式是在此基础上发展演变而来的。

2. 其他传统贸易方式

除了采用常见的逐笔售定和跨境电子商务外，国际贸易还有包销、代理、寄售、拍卖、招标投标等。改革开放以来，易货贸易、补偿贸易、来料加工、来件装配等贸易方式在我国沿海地区被普遍采用，进出口额大幅度增加。在我国，很长一段时间内，加工贸易额达到了进出口总额的 50% 以上。近年来，加工贸易处于下降趋势。2017 年，我国加工贸易出口仅为 7588 亿美元。

3. 跨境电子商务

跨境电子商务是指分属不同关境的交易主体，通过电子商务平台达成交易、进行支付结算，并通过跨境物流送达商品、完成交易的一种国际商业活动。跨境电子商务是基于网络发展起来的，网络空间相对于物理空间来说是一个新空间，是一个由网址和密码组成的虚拟但客观存在的世界。网络空间独特的价值标准和行为模式深刻地影响着跨境电子商务，使其不同于传统的交易方式而呈现出自己的特点。2019 年 1 月 31 日，国内权威咨询机构易观发布了《2018 中国跨境出口电商发展白皮书》，数据显示，受政策扶持、市场环境改善等诸多利好因素的影响，中国跨境出口电商持续扩张，2018 年中国跨境出口电商行业交易规模达 7.9 万亿元，位居全球第一。

12

实训 1.2　国际贸易类型认知

实训目的

通过了解国际贸易类型,使学生初步认知国际贸易的多种类型特征。

实训安排

(1) 通过商务部或海关总署网站搜索 2017 年我国对外贸易发展状况资料,并对比一般贸易与加工贸易。

(2) 分析一般贸易与加工贸易的数量变化趋势,以及说明的问题。

(3) 写出书面报告(不少于 1000 字),并做出 PPT 展示,分组讨论、评价。

教师注意事项

(1) 由一般贸易发展事例导入对国际贸易工作的认知。

(2) 分组搜索资料,查找企业进出口贸易活动、管理工作内容。

(3) 组织其他相应的学习资源。

资源(时间)

1 课时、参考书籍、案例、网页。

评 价 标 准

表 现 要 求	是否适用	已达要求	未达要求
小组活动中,外在表现(参与度、讨论发言积极程度)			
小组活动中,对概念的认识与把握的准确程度			
小组活动中,分工任务完成的成效与协作度			
小组活动中,作业或 PPT 制作的完整与适用程度			

1.3　认识国际贸易工作

提示:完成本任务,你将初步了解国际贸易工作。

学习行动:这是国际贸易活动参与人员认识国际贸易的第三课。认识国际贸易工作,特别是从企业进出口工作的角度,认识国际贸易职业活动的岗位、职责。在此基础上,能够初步认识国际贸易职业。

1.3.1　企业国际贸易工作

1. 传统国际贸易工作

企业国际贸易工作主要包括:询价与报价,订货签约,确定付款方式,备货与包装,办理通关手续,装船、运输与保险,制单结汇等。

（1）询价与报价。企业对外贸易工作一般是由产品的询价与报价作为开始的。其中,对于出口产品的报价主要包括:产品的质量等级、产品的规格型号、产品是否有特殊包装要求、所购产品量的多少、交货期的要求、产品的运输方式、产品的材质等内容。

（2）订货签约。贸易双方就报价达成意向后,买方企业正式订货并就一些相关事项与卖方企业进行协商,双方协商认可后,需要签订购货合同。在签订购货合同过程中,主要对商品名称、规格型号、数量、价格、包装、产地、装运期、付款条件、结算方式、索赔、仲裁等内容进行商谈,并将商谈后达成的协议写入购货合同。这标志着进出口业务的正式开始。通常情况下,签订的购货合同一式两份,由双方盖本公司公章生效,双方各保存一份。

（3）确定付款方式。贸易双方还必须确定好付款方式,并写入合同。比较常用的国际付款方式有三种,即信用证付款方式、电汇付款方式和直接付款方式。

（4）备货与包装。备货在整个贸易流程中起到举足轻重的重要作用,须按照合同逐一落实。备货的主要核对内容如下:货物品质、规格,应按合同的要求核实。货物数量保证满足合同或信用证对数量的要求。备货时间应根据信用证规定,结合船期安排,以利于船货衔接。

根据货物的不同,选择合适的包装形式(如纸箱、木箱、编织袋等)。不同的包装形式,其包装要求也有所不同。

（5）办理通关手续。通关手续极为烦琐但又极其重要,如不能顺利通关则无法完成交易。须由专业通过中国报关员水平测试依法取得从业资格的人员,持箱单、发票、报关委托书、出口结汇核销单、出口货物合同副本、出口商品检验证书等文本去海关办理通关手续。

（6）装船、运输与保险。在货物装船过程中,可以根据货物的多少来决定装船方式,并根据购货合同所定的险种来进行投保。通常,双方在签订购货合同时已事先约定运输与保险的相关事项。

（7）制单结汇。提单是出口商办理完出口通关手续、海关放行后,由外运公司签出、供进口商提货、结汇所用单据。进口海运货物时,进口商必须持正本提单、箱单、发票来提取货物(须由出口商将正本提单、箱单、发票寄给进口商)。

出口货物装运之后,进出口公司即应按照信用证的规定,正确缮制箱单、发票、提单、出口产地证明、出口结汇等单据,在信用证规定的交单有效期内,递交银行办理议付结汇手续。

2. 跨境电子商务工作

跨境电子商务工作主要包括跨境店铺注册、跨境电商实务。

（1）跨境店铺注册。跨境电商注册成立公司之后,还需在卖家平台完成注册流程,主要包括申请人基本情况(姓名、家庭住址、邮箱、公司地址);申请人的店铺名;VAT 增值税号;公司结构(如有限公司、个人公司、子公司);公司登记号码;申请人的联系电话号码;申请人需要拥有有效的国际收费信用卡(VISA 或万事达信用卡);卖家申请人须拥有一个美国或欧洲共同体的银行账户(可以申请开通)。另外,申请公司卖家账号的步骤:

①创建账号(Create Account)；②填写账号资料(Account Information)；③亚马逊账号电话验证(Phone Verification)；④亚马逊账号审查登记(Review Registration)。

（2）跨境电商实务。跨境电商实务主要有跨境物流与海外仓操作、海外市场调研操作、跨境选品和产品信息化操作、跨境产品定价、刊登和发布操作、跨境店铺优化及推广操作、订单处理、发货、报检报关操作，收款、售后服务及客户维护操作等。

1.3.2　企业国际贸易职业岗位

国际贸易业务活动中，主要有以下职业岗位。

1. 国际货运代理

国际货运代理(International Freight Forwarding Agent)是指国际货运代理组织接受进出口货物收货人、发货人的委托，以委托人或自己的名义，为委托人办理国际货物运输及相关业务，并收取劳务报酬的经济活动。

从国际货运代理人的基本性质看，国际货运代理人主要是接受委托方的委托，就有关货物运输、转运、仓储、装卸等事宜提供、办理相关业务。一方面，国际货运代理人与货物托运人订立运输合同；另一方面，又与运输部门签订合同，对货物托运人来说，他又是货物的承运人。相当部分的国际货运代理人掌握各种运输工具和储存货物的库场，在经营其业务时办理包括海、陆、空在内的货物运输。

2. 国际商务单证员

国际商务单证员(International Commercial Vouching Clerk)是指在对外贸易结算业务中，买卖双方凭借在进出口业务中应用的单据、证书来处理货物的交付、运输、保险、商检、结汇等工作的人员。国际商务单证员的主要工作有审证、制单、审单、交单与归档等一系列业务活动，具有工作量大、涉及面广、时间性强与要求高等特点。国际商务单证员负责进出口相关单证的制作、管理及信用证审核；收集和整理各种单证；跟踪每票货物的送货情况，统计核对相关数据；及时准确地与货运代理公司联系装箱、送仓工作；在整个过程中，完成与业务员、跟单员及客户、货运代理公司各方面的协调工作；协助参与收付汇、外汇核销及退税的跟踪。

3. 外贸业务员

外贸业务员是指在进出口业务中，从事寻找客户、贸易磋商、签订合同、组织履约、核销退税、处理争议等进出口业务全过程操作和管理的综合性外贸从业人员。外贸业务员完成的是一系列业务方面的工作。

外贸业务员应具备市场营销能力、商务谈判能力、函电处理能力、业务操作能力、综合管理能力、信息处理能力、人际沟通能力、持续学习能力等职业能力。

4. 外贸跟单员

外贸跟单员是指在出口贸易业务环节,在外销员签订贸易合同后,承担各类单证运转,衔接合同、货物、单证、订船、报检、保险、报关等环节,协助外销员按贸易合同规定交货的业务助理。外贸跟单员是21世纪以来随着中国国际贸易发展、业务细分而出现的一个新岗位。

跟单员分为业务跟单员、外贸跟单员、生产跟单员。

5. 报关员

报关员又称企业海关经纪人、企业报关人员。代表所属企业(单位)向海关办理进出口货物报关纳税等通关手续,并以此为职业的人员。报关员不是自由职业者,只能受雇于一个依法向海关注册登记的进出口货物收发货人或者企业,并代表该企业向海关办理业务。

报关员的主要职责包括:按照规定如实申报出口货物的商品编码、商品名称、规格型号、实际成交价格、原产地及相应优惠贸易协定代码等报关单有关项目,并办理填制报关单、提交报关单证等与申报有关的事宜;申请办理缴纳税费和退税、补税事宜;申请办理加工贸易合同备案(变更)、深加工结转、外发加工、内销、放弃核准、余料结转、核销及保税监管等事宜;申请办理进出口货物减税、免税等事宜;协助海关办理进出口货物的查验、结关等事宜;应当由报关员办理的其他报关事宜。

6. 报检员

报检员是指获得国家质量监督检验检疫总局(简称国家质检总局)规定的资格,在国家质检总局设在各地的出入境检验检疫机构注册,办理出入境检验检疫报检业务的人员。报检员受国家质检总局主管,检验检疫机构负责组织报检员资格考试、注册及日常管理、定期审核等工作。

1.3.3 国际贸易与国内贸易的区别

从职业活动的角度看,作为贸易本身来讲,国际贸易和国内贸易有许多同属于流通领域的共同特征。作为跨越国界的经济活动,国际贸易职业活动又有许多独特之处。

1. 文化环境差异大

(1) 语言不同。国际贸易中各国如果使用同一种语言,将不会有语言困难,但实际上各国语言差别很大。为了使交易顺利进行,必须采用一种共同的语言。当今国际贸易通行的商业语言是英语,但英语在有些地区使用还不普遍。如东欧、北欧通常使用的是德语,法国及中西非国家通行的是法语,西班牙及大部分中南美国家以西班牙语最为普遍。因此,除了通晓英语外,还要掌握其他一些语言。

(2) 社会制度、宗教、风俗习惯不同。在国际贸易中,宗教的影响显而易见。在国际上具有重大影响的宗教有基督教、伊斯兰教、印度教、佛教,而每一处又可细分为各种教派。这些宗教对人们的价值观、态度、风俗习惯和审美观产生了重大影响。比如,在商务谈判中,美国人常将不行动或者沉默理解为消极的迹象,而日本人却以沉默来促使商务伙伴改善交易条件。南欧人信奉天主教,喜欢户外活动,乐于建立个人关系网和社会联系;相反地,北欧人信奉基督教,强调数字和技术上的细节。

2. 政策环境影响大

(1)贸易政策与措施不尽相同。为了争夺市场,保护本国工业和市场,各国往往采取"奖出限入"的贸易政策与措施。在 WTO 规则的管理下,不利于国际贸易发展的政策与措施正在逐步取消,一些政策与措施正在逐步规范。在规范的前提下,仍然允许各国根据本国情况,保留一些过渡性的政策与措施。总之,世界各国贸易政策与措施在趋向一致的同时,仍然具有很大的差异性。

(2)各国的货币与度量衡差别很大。国际贸易双方因国度不同,所使用的货币和度量衡制度会有所不同。在浮动汇率下,对外贸易以何种货币计价?两国货币如何兑换?各国度量衡不一致时如何换算?采用何种单位为准?等等。这使国际贸易比国内贸易更加复杂。

(3)海关制度及贸易法规不同。各国都设有海关,对于货物进出口都有准许、管制或禁止等规定。货物出口不但要在输出国家的输出口岸履行报关手续,而且出口货物的种类、品质、规格、包装和商标也要符合输入国家的各种规定。通常,货物进口报关手续比出口报关手续更为复杂、烦琐。

(4)国际汇兑复杂。国际贸易货款的清偿多以外汇支付,而汇价依各国采取的汇率制度和外汇管理制度而定,这使国际汇兑相当复杂。

(5)贸易环节众多。比如,国际贸易运输,一要考虑运输工具;二要考虑运输合同的条款、运费、承运人与托运人的责任,还要办理装卸、提货手续。为了避免国际贸易货物运输中的损失,还要对运输货物进行保险。

3. 对外贸易风险大

(1)信用风险。在国际贸易中,自买卖双方接洽开始,要经过报价、还价、确认而后订约,直到履约。在此期间,买卖双方的财务状况可能发生变化,有时甚至危及履约,导致发生信用风险。

(2)商业风险。在国际贸易中,因货样不符、交货期晚、单证不符等,进口商往往拒收货物,从而给出口商造成商业风险。

(3)汇兑风险。在国际贸易中,交易双方必有一方要以外币计价。如果外汇汇率不断变化,信息不灵,就会发生汇兑风险。

(4)运输风险。国际贸易货物运输里程一般超过国内贸易,因此,在运输过程中发生的风险也随之增多。承担风险的人有卖方、买方及保险公司。有些风险可由保险公司承担,有些风险却无法由保险公司承担。比如,货物及时完全地运到目的地,就能保证买方获得经济效益。如因天灾人祸,货物运抵时市场已发生变化,或是误期使用,买方就要遭受损失。

17

（5）价格风险。贸易双方签约后，货价可能上涨或下跌，对买卖双方造成风险。而对外贸易是大宗交易，故价格风险更大。

（6）政治风险。一些国家因政治变动，贸易政策法令不断修改，常常使经营贸易的厂商承担很多政治变动带来的风险。

重要信息

国际贸易职业相关资格认证

（1）国际货运代理从业人员岗位资格考试。报考条件：凡从事货运代理业务两年或两年以上的中国或境外公民，有一定的国际货运代理专业知识和实践经验，并有相当程度的英语水平均可报名。

（2）国际商务单证员统一考试。报考条件：具有一定的国际商务单证实践经验或已接受过国际商务单证业务培训的从事国际商务单证业务的在职人员；具有高中以上学历并有志从事国际商务单证工作的求职人员或在校学生。报名时间：每年3—5月，9—11月；考试时间：6月和11月。

（3）全国外贸跟单员考试。考试内容包括外贸跟单基础知识（含英语）、外贸跟单操作实务（含英语）。

（4）报检水平测试。报考条件：年满18周岁，具有完全民事行为能力，且具有高中毕业或中等专业学校毕业及以上学历。考试内容：基础知识，包括检验检疫有关法律、报检业务基础等；职业技能，包括国际贸易基础知识、商品编码、法检目录、外贸合同、信用证、检验检疫证书等。

（5）报关水平测试。报考条件：年满18周岁，具有完全民事行为能力，且具有大专及以上学历。考试内容：报关基础知识，主要包括对外贸易及对外贸易管理、海关及海关管理、报关及报关管理等；报关业务技能，主要包括进出境报关、保税加工报备报核、商品归类、报关单填制、报关核算等。

实训1.3 国际贸易工作认知

实训目的
通过了解国际贸易工作，使学生初步认识国际贸易工作及其特点。

实训安排
（1）通过网络搜索我国对外贸易职业情况，并对比讨论其变化。

（2）讨论企业进出口贸易职业岗位工作的内容。

（3）写出书面报告（不少于1000字），并做出PPT展示，分组讨论、评价。

教师注意事项
（1）由一般贸易发展事例导入对国际贸易职业发展的认知。

（2）分组搜索资料，查找企业进出口贸易职业岗位任务、管理工作内容。

（3）组织其他相应的学习资源。

资源（时间）

1 课时、参考书籍、案例、网页。

评 价 标 准

表 现 要 求	是否适用	已达要求	未达要求
小组活动中，外在表现（参与度、讨论发言积极程度）			
小组活动中，对概念的认识与把握的准确程度			
小组活动中，分工任务完成的成效与协作度			
小组活动中，报告或 PPT 制作的完整与适用程度			

单元 1 小结

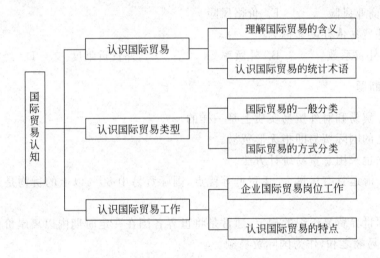

教学做一体化练习

重要名词

国际贸易　对外贸易　对外贸易依存度　国际贸易方式　跨境电子商务

同步自测

一、选择题

1. 对外贸易差额包括（　　）情况。

　　A. 贸易顺差　　　　　　B. 贸易逆差　　　　　　C. 贸易平衡

　　D. 出超　　　　　　　　E. 入超

19

2. 国际贸易按照货物流向可分为（   ）。

    A. 进口贸易   B. 出口贸易

    C. 净出口与净进口   D. 复出口与复进口

3. 国际贸易按照交易内容可分为（   ）。

    A. 货物贸易   B. 服务贸易   C. 技术贸易

    D. 有形贸易   E. 无形贸易

4. 国际贸易按照是否有第三方参加可分为（   ）。

    A. 直接贸易   B. 转口贸易   C. 间接贸易   D. 有形贸易

5. 跟单员分为（   ）。

    A. 业务跟单员   B. 外贸跟单员   C. 生产跟单员   D. 海关跟单员

6. 对外贸易风险主要有（   ）。

    A. 信用风险   B. 汇兑风险   C. 运输风险

    D. 商业风险   E. 价格风险

7. 对外贸易依存度又称为（   ）。

    A. 外贸系数   B. 外贸率   C. 外贸贡献度   D. 经济开放度

二、判断题

1. 国际贸易和对外贸易实质上是一样的。   （   ）

2. 狭义的国际贸易即指无形贸易。   （   ）

3. 我国也采用总贸易统计方法。   （   ）

4. 由于海运具有运量大、运费低等优点，国际贸易中 80% 以上的货物是通过海洋贸易完成的。   （   ）

5. 根据世界贸易组织的规定，通常是将世界各国在一定时期内以离岸价格（FOB）计算的出口贸易额之和，作为国际贸易额。   （   ）

6. 企业对外贸易工作一般是由产品的询价与报价作为开始的。   （   ）

7. 通关手续极为烦琐但又极其重要，须由专业持有相关报关证人员进行。（   ）

8. 单证员的主要工作具有工作量大、涉及面广、时间性强与要求高等特点。（   ）

三、简答题

1. 国际贸易形成的原因有哪些？

2. 国际贸易的作用有哪些？

3. 对外贸易依存度能够说明什么？

4. 国际贸易形成与发展的原因是什么？

5. 国际贸易职业岗位有哪些？

6. 国际贸易职业资格认证有哪些？

四、案例分析

据海关统计，2017 年，我国货物贸易进出口总值 27.79 万亿元，连续多年居全球第一,增长 14.2%,扭转了此前连续两年下降的局面。其中,出口 15.33 万亿元,增长 10.8%;进口 12.46 万亿元,增长 18.7%;贸易顺差 2.87 万亿元,收窄 14.2%。最突出的是我国机电产品,出口 8.95 万亿元,增长 12.1%,高于平均出口增长,占我国出口总值的 58.4%。

统计出的 2017 年中国对外进出口贸易主要 40 国数据显示,与中国双边贸易总额前十位的国家和地区有美国、日本、韩国、德国、澳大利亚、荷兰、新加坡、越南、印度以及中国台湾,其中亚洲最多,有 6 个国家和地区,欧洲 2 个国家,北美洲 1 个国家,大洋洲 1 个国家,平均增速达到 18.4%,仍处于高速增长中,与荷兰贸易额增长 30.9%,与越南增长 30.2%,表现相当抢眼。美国与中国贸易额达到惊人的 6379.7 亿美元,逆差达 3772.3 亿美元,这也是引发中美贸易战的主要因素。

中国对外出口增长率前十位的国家和地区分别是荷兰、哈萨克斯坦、尼日利亚、安哥拉、印度、波兰、越南、巴西、巴基斯坦、印度尼西亚,其中亚洲有 5 个国家,平均增速为 21.4%,这对于中国企业外贸出口有很强的指导性。尤其,尼日利亚是非洲对中国进口增长最快的国家,印度、越南与中国贸易无论进口和出口都保持高速增长态势。

中国进口额前十位的国家和地区分别是:韩国、日本、美国、德国、中国台湾、澳大利亚、新加坡、巴西、俄罗斯、越南。韩国连续两年超过日本成为中国最大的进口来源国,这与中韩自贸区的实施密不可分,随着中韩更多商品的零关税进一步实施,中韩贸易额也将会有更大的提高。

阅读以上材料,回答问题:
1. 请分析概括我国 2017 年对外贸易发展状况(用统计指标表示)。
2. 你能从哪几个方面说明我国 2017 年对外贸易所取得的成绩?

拓展实训:认识企业对外贸易工作

实训目的
参观外贸企业,认识其货物贸易管理工作。
实训安排
(1)教师与企业接洽。
(2)引领学生访问企业外贸业务人员,了解其工作职责。
教师注意事项
(1)指导学生,认识贸易职业岗位设置。
(2)聘请业务人员讲解职业工作内容。
(3)组织其他相应的学习资源。
(4)学生人身安全事项。
资源(时间)
1 课时、参考书籍、案例、网页、实践基地企业。

21

评价标准

表 现 要 求	是否适用	已达要求	未达要求
小组活动中的工作表现(参与度、讨论发言)			
整个认知活动过程的表现			
对整体职业学习活动的认识与把握			
学习活动过程中知识与经验的运用和反思			

学生自我总结

通过完成本单元的学习,我能够作如下总结。

一、主要知识

本单元主要知识点:

    1.

    2.

二、主要技能

本单元主要技能:

    1.

    2.

三、主要原理

本单元讲述的主要原理:

    1.

    2.

四、相关知识与技能

我在完成本单元的学习中学到的知识与技能:

    1. 对国际贸易产生的理解有:

    2. 国际贸易统计分析的关键指标有:

    3. 国际贸易职业岗位主要有:

五、成果检验

我完成本单元的学习后得到的成果:

    1. 任务描述说明的是:

    2. 重要名词表明的意义有:

    3. 重要信息对我的帮助有:

    4. 我对国际贸易的总体认识是:

单元 2 国际分工与贸易政策

学习目标

1. 知识目标

能认识国际分工的含义。

能认识国际分工理论。

能认识国际贸易政策。

2. 能力目标

能解释国际分工的形成。

能理解国际分工理论的实践意义。

能分析国际贸易政策对业务的影响。

任务描述

一个国家与外界发生经济贸易往来,实际就是参与了国际分工。作为参与国际贸易活动的成员,应该认识国际分工的含义、理论,熟悉其发展规律,在此基础上,理解国际分工与贸易政策对世界贸易、具体业务活动的影响。

任务分解

根据国际贸易认知活动工作顺序和职业教育学习规律,"国际分工与贸易政策"可以分解为以下几个学习任务。

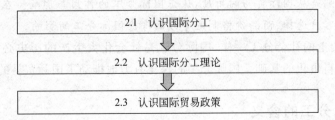

同步实训

根据国际贸易认知活动、职业成长规律及职业学习原理,"国际分工与贸易政策"可以安排以下几个同步实训活动。

实训项目	活动名称	活动目的
实训2.1	国际分工现象讨论	加深学生对国际分工实践意义的理解
实训2.2	国际分工理论认知	加深学生对国际分工理论实践意义的认识
实训2.3	国际贸易政策认知	加深学生对国际贸易政策发展趋势的把握
拓展实训	认识国际分工现象	理解国际分工现象对国际贸易活动的影响

导入故事

　　著名的玩具——芭比娃娃在中国已经有四十多年的历史了,芭比是一个国际分工的产物,其原料来自中东,假发来自日本,外包装由美国提供,在中国、马来西亚和印度尼西亚等国家和地区加工组装,最终出口到国际市场。每个芭比娃娃在国际市场的售价大约10美元,但无法想象在中国等国家,加工环节上只能赚到50美分左右。

　　由于发达国家处于国际分工链条的最上端,控制着高端产品的研发,而发展中国家处于分工链条的最底端,产品的附加值低,从产品价值中分得的利润相当微薄。针织衫、小家电、玩具、打火机等日常用品常常被贴上"MADE IN CHINA"的标签,很多企业由于缺少国际知名品牌,不得不成为国际品牌生产商的"合作者",为一些知名品牌做代工。国际分工打破了生产的国家界限,把各个部分重新整合到一个全球生产体系中。纯粹的"国货"已经屈指可数,一个产品中很难辨识出每个国家的具体贡献。

　　【感悟】　国际分工的发展在深刻地影响着我们的生活和业务活动。通过学习本单元,你会怎样看待与贸易有关的国际分工? 对业务活动应该有哪些启示?

2.1　认识国际分工

　　提示:完成本任务,你将初步认识国际分工。

　　学习行动:这是国际贸易活动参与人员认识国际分工与贸易政策的第一课。认识国际分工现象,特别是从国际贸易的角度,认识国际分工的作用与影响。在此基础上,能够在进出口市场、客户选择、商品价格制定等方面考虑国际分工的影响。

　　和人类历史上的社会分工一样,国际分工是社会化大生产的历史必然,也是当代经济全球化、贸易自由化的基础。国际分工的深化有力地推动了国际贸易的发展。

2.1.1　国际分工的含义

　　正如劳动分工一样,世界上,国与国或地区与地区之间也有分工。国际分工是国际贸易的基础,也是与各国(地区)进行经济联系的基础。它是社会生产力发展到一定阶段的产物,是社会分工超越国界的结果,是生产社会化向国际化发展的趋势。

国 际 分 工

国际分工是指世界上各国(地区)之间的劳动分工,是社会分工发展到一定阶段、国民经济内部分工超越国家界限发展的结果,是国际贸易和世界市场的基础。

1. 国际分工的条件

国际分工的产生与发展主要取决于以下两个条件。

(1)社会经济条件。主要包括各国的科技和生产力发展水平,国内市场的大小,人口的多寡和社会经济结构。

(2)自然条件。主要包括资源、气候、土壤、国土面积的大小等。

这里,生产力的发展是促使国际分工发生和发展的决定性因素,科技的进步是国际分工得以发生和发展的直接原因。

课堂讨论: 为什么说自然条件决定国际分工?试举例说明。

2. 国际分工的阶段

国际分工的发展经历了以下四个历史阶段。

(1)国际分工萌芽阶段。15世纪末至16世纪上半叶的地理大发现,促使欧洲一些国家的手工业生产向工场手工业生产过渡,同时也为近代国际分工提供了地理条件和准备了国际市场。由于自然经济在各国仍占统治地位,当时的国际分工和交换明显带有地域分工的性质。

(2)国际分工形成阶段。18世纪开始的第一次科技革命,由于机器的发明及其在生产上的应用,生产力水平大幅度提高,分工空前加深。这次科技革命首先在英、法等国进行,它们发展为工业国,而其他广大国家则处于农业国、原料国的地位,这是资本主义国际分工的形成阶段。

(3)国际分工发展阶段。19世纪末至20世纪初开始的第二次科技革命,特别是发电机、电动机、内燃机的发明及其广泛应用,使生产力水平更加提高,分工更加精细。这次科技革命是在英、美、德等国进行的,其他国家在引进技术与机器设备的推动下,某些基础设施与某些轻工业和采矿业有了一定发展,但仍不同程度地处于初级产品供应国的地位。这是资本主义国际分工的发展阶段。

(4)国际分工深化阶段。20世纪40年代和50年代开始的第三次技术革命,导致了一系列新兴工业部门的诞生,如高分子合成工业、原子能工业、电子工业、宇航工业等。对国际加工的型号深化产生了广泛的影响,使国际加工的形式和趋向发生了很大的变化,使国际加工的形式从过去的部门间专业分工向部门内专业化分工方向迅速发展。主要表现在:不同型号规格的产品专业化;零配件和部件的专业化;工艺过程的专业化。任何一个专业发达、技术进步的国家也不可能生产出自己所需的全部工业产品。当今世界,少数经济发达国家成为资本(技术)密集型产业国,广大发展中国家成为劳动密集型产业国。

2.1.2　国际分工的类型

国际分工主要有以下类型。

1. 按照参与国家国情差异划分

按照参与国资源、原材料、生产技术水平和工业发展情况的差异来分类,可将国际分工划分为以下三种类型。

(1)垂直型国际分工。它是指经济技术发展水平相差悬殊的国家(如发达国家与发展中国家)之间的国际分工。如部分国家供给初级原料,而另一部分国家供给制成品的分工形态。

【例2-1】 日本是"垂直型"的典型代表。日本资源缺乏,工业生产所需要的原料大部分依赖进口。在日本的进口中,原料占80%以上;而制成品中,工业制成品占90%左右,这就形成了日本用进口的原料大批生产制成品的工业结构。

(2)水平型国际分工。经济发展水平相同或接近的国家(如发达国家及一部分新兴工业化国家)之间在工业制成品生产上的国际分工。

【例2-2】 空中客车公司的飞机由德国、法国、西班牙与英国四个国家完成。2008年8月,中国总装线也开始总装空客A320型号的飞机。

(3)混合型国际分工。混合型国际分工是把"垂直型"和"水平型"结合起来的国际分工形式。

【例2-3】 德国是"混合型"的典型代表。它对第三世界是"垂直型"的,即向发展中国家进口原料,出口工业品;而对发达国家则是"水平型"的。在进口中,主要是机器设备和零配件。其对外投资主要集中在西欧发达的资本主义国家。

2. 按照产业内外划分

按照国际分工是在产业之间还是产业内部来分类,可将国际分工划分为以下两种类型。

(1)产业间国际分工。它是指不同产业部门之间生产的国际专业化。

【例2-4】 第二次世界大战以前,国际分工基本上是产业间的国际分工,表现为亚洲、非洲、拉丁美洲国家专门生产矿物原料、农业原料及某些食品,欧美国家专门进行工业制成品的生产。

(2)产业内部国际分工。它是指相同生产部门内部各分部门之间的生产专业化。产业内部国际分工主要有3种形式:①同类产品不同型号规格专业化分工。在某些部门内某种规格产品的国际生产专业化,是部门内国际分工的一种表现形式。②零部件专业化分工。许多国家为其他国家生产最终产品而生产的配件、部件或零件的专业化。目前,这种国际生产专业化在许多种产品的生产中广泛发展。③工艺过程专业化分工。这种专业化过程不是生产成品而是专门完成某种产品的工艺,即在完成某些工序方面的专业化分工。以化学产品为例,某些工厂专门生产半制成品,然后将其运输到一些国家的化学工厂去生产各种化学制成品。

【例2-5】 2018年12月17日,空客在中国装配工程完成了第400架A320系列客机的组装,并交付给了中国国际航空公司。飞机的机头、机身、机尾和机翼等部件,分别在英国、法国、荷兰、西班牙等国生产,总装在天津完成。

课堂讨论:国际分工与一国的经济发展与产业结构有哪些关系?

2.1.3 国际分工对国际贸易的影响

国际分工必然会引发国际贸易,并促进世界市场的形成与发展;同时,国际贸易和世界市场的发展又促进了国际分工的进一步深化。

1. 国际分工促进国际贸易的发展

国际分工是国际贸易发展的基础。由于国际分工的深化和拓展,生产的各个环节已变成全球范围内的生产活动,生产的国际专业化分工不仅提高了劳动生产率,扩充了世界范围内的商品数量,而且增加了国际交换的必要性,从而促进国际贸易的迅速增长。同时,现代国际分工的发展,在客观上对国际贸易发展提出了减少贸易障碍的要求,反映在国际贸易政策上,推动了贸易自由化。

课堂讨论:国际分工为什么会促进国际贸易的发展?

2. 国际分工影响国际贸易的商品结构

国际分工的深度和广度不仅决定了国际贸易发展的规模和速度,还决定了国际贸易的商品结构和内容。第一次科技革命以后,形成以英国为中心的国际分工。在这个时期,由于大机器工业的发展,国际贸易的商品结构中出现了许多新产品,如纺织品、船舶、钢铁和棉纱等。

第二次科技革命以后,形成了国际分工的世界体系,国际分工进一步深化,国际贸易的商品结构也发生了相应的变化。首先,粮食贸易大量增加。其次,农业原料和矿业材料如棉花、橡胶、铁矿、煤炭等产品的贸易不断扩大。此外,机器、电力设备、机车及其他工业品的贸易也有所增长。

第三次科技革命使国际分工进一步向深度和广度发展,国际贸易的商品结构也随之出现新的特点。这主要表现为工业制成品在国际贸易中的比重不断上升,新产品大量涌现,技术贸易得到了迅速发展。

3. 国际分工影响国际贸易的地理分布

世界各国的对外贸易地理分布是与它们的经济发展及其在国际分工中所处的地位分不开的。第一次科技革命后,以英国为核心的国际分工,使英国在世界贸易中居于垄断地位。此后,法国、德国、美国在国际贸易中的地位也显著提高。第二次世界大战后,由于第三次科技革命,发达国家工业部门内部分工成为国际分工的主导形式,因而西方工业发达国家相互间的贸易得到了迅速发展,而它们同发展中国家之间的贸易则呈下降趋势。

4. 国际分工影响国际贸易的政策走向

国际分工状况如何,是各个国家制定对外贸易政策的依据。第一次工业革命后,英国工业力量雄厚,其产品竞争能力强,同时它又需要以工业制品的出口换取原料和粮食的进口,所以,当时英国实行了自由贸易政策。而美国和西欧一些国家的工业发展水平落后于英国,它们为了保护本国的幼稚工业,便采取了保护贸易的政策。第二次工业革命后,资本主义从自由竞争阶段过渡到垄断阶段,国际分工进一步深化,国际市场竞争更加剧烈,在对外贸易政策上,便采取了资本主义超保护贸易政策。19世纪70年代中期以前,以贸易自由化政策为主导倾向;19世纪70年代中期以后,贸易保护主义又重新抬头。西方国家贸易政策的这种演变,是和世界国际分工深入发展分不开的,也是与各国在国际分工中所处地位的变化密切相关的。2008年全球金融危机以来,贸易保护主义的抬头、国际贸易政策的分歧加大,多边贸易体系受到冲击,跨太平洋伙伴关系协定(Trans-Pacific Partnership Agreement,TPP)和跨大西洋贸易与投资伙伴协定(Transatlantic Trade and Investment Partnership,TTIP)等双边贸易协定发展迅速。全球产业链和供应链的形成、互联网技术的发展,使成千上万家企业得以参与国际贸易,打破了少数跨国大公司的垄断地位,成为推动国际贸易的基础性力量,使国际分工也进一步深化,出现了新的格局。2017年,美国总统特朗普上台以来,美国政府已经宣布了一系列的行政令,其中最重要的两项与国际贸易有关,包括美国从TPP协议中退出及美国宣布计划与加拿大和墨西哥重新就北美自由贸易协定(North American Free Trade Agreement,NAFTA)条款进行谈判。

重要信息

国际分工的影响因素

下列因素对国际分工构成影响。

(1) 自然条件是国际分工产生和发展的基础。

(2) 社会生产力是国际分工形成和发展的决定性因素。生产力的发展决定国际分工的广度、深度和形式;各国生产力水平决定其在国际分工中的地位;科学技术在国际分工中的地位日益重要。

(3) 人口、生产和市场规模影响国际分工的规模。

(4) 跨国公司是当代国际分工深入发展的巨大推动力量。

(5) 经济贸易政策是推进或延缓国际分工形成和发展的影响性因素。

实训2.1　国际分工现象讨论

实训目的

加深学生对国际分工实践意义的理解。

实训安排

(1) 举例分析说明国际分工的形成(如富士康代工、我国摩托车产业国际转移)。

（2）讨论这些分工情形对我国贸易的影响（进出口商品种类、地理方向）。

教师注意事项

（1）由一般劳动分工事例导入对国际分工的认知。

（2）分组搜索资料，分析我国目前所处的国际分工定位。

（3）组织其他相应的学习资源。

资源（时间）

1课时、参考书籍、案例、网页。

评价标准

表 现 要 求	是否适用	已达要求	未达要求
小组活动中，外在表现（参与度、讨论发言积极程度）			
小组活动中，对概念的认识与把握的准确程度			
小组活动中，分工任务完成的成效与协作度			
小组活动中，作业或 PPT 制作的完整与适用程度			

2.2　认识国际分工理论

提示：完成本任务，你将初步认识国际分工理论。

学习行动：这是国际贸易活动参与人员认识国际分工的第二课。认识国际分工理论，特别是从理论的角度揭示国际分工现象。在此基础上，能够在进出口市场、客户选择、商品价格制定等方面考虑国际分工的影响。

许多经典的国际分工理论是建立在非常朴素的物物交换基础之上的，大多以自由贸易为背景进行分析与阐述。这些理论将向我们揭示三个方面的问题，即为什么会产生国际贸易、怎么样进行贸易活动和如何在国与国之间进行贸易利益的分配。

2.2.1　绝对成本理论

1. 理论背景

绝对成本理论的提出人亚当·斯密（Adam Smith，1723—1790）是西方经济学古典学派主要奠基人之一，也是国际贸易理论的奠基者。

亚当·斯密处在英国资本主义原始积累完成、以机器生产逐步替代手工生产的时代。这一时期，随着产业革命的开展，英国的经济实力超过了其他西欧国家。新兴的资产阶级为了从海外市场获得更多的廉价原料并销售其产品，迫切要求扩大对外贸易，而重商主义的一系列贸易保护政策却严重束缚了对外贸易，阻碍了资本主义大工业的发展。这种要求，必然要反映到经济思想上，就是重商主义衰落和古典学派兴起的大背景。亚当·斯密站在产业资产阶级立场上，于 1776 年出版了《国富论》一书，提出了"自由放

29

任"的口号,在理论上为国际贸易自由化发展铺平了道路。

2. 主要观点

为了尽快获得社会认同,亚当·斯密列举了一些人们日常生活中司空见惯的事例,将深奥的经济学原理用通俗易懂的生活常识演绎出来。其主要理论观点表现为以下几项内容。

(1)分工可以提高劳动效率。劳动人数在短期不能迅速增加的情况下,怎样才能提高劳动者的熟练程度和技能呢?亚当·斯密认为,只能依靠劳动分工。以个体作坊手工制作缝衣针为例,推及整个国家的生产,从而提出了分工对提高劳动生产率、增加物质财富的积极作用。

(2)交换促进分工。亚当·斯密认为,人们为了交换自己所需要的产品,就应根据自己的特点进行社会分工,然后出售彼此在优势条件下生产的产品,这对双方都会有利。由此,论述了国际分工和国际贸易的必要性。

(3)分工应建立在绝对优势的基础上。各国参与国际分工,应根据各国自身生产的绝对优势,生产出成本绝对低廉的产品,即按照所谓绝对成本或绝对利益的原则进行分工。因此,亚当·斯密这个理论也被称为绝对成本理论。

3. 理论综述

亚当·斯密认为,每个国家或每个地区都有对自己有利的自然资源和气候条件,如果各国、各地区都按照各自有利的生产条件进行生产,然后将产品相互交换,互通有无,将会使各国、各地区的资源、劳动力和资本得到最有效的利用,大大提高了劳动生产率和增加物质财富。但是,绝对成本理论的运用有一个前提条件——双方可以自由地交易他们的产品。如果没有自由贸易,没有商品的自由流通,就不可能获得地域分工带来的益处。

重要信息

亚当·斯密

亚当·斯密出生于英国苏格兰地区克尔卡第小镇一个海关官员家庭,父亲去世早,由母亲将他抚养长大。他于 1737 年进入格拉斯哥大学学习,3 年后转入牛津大学攻读哲学与政治经济学;1746 年毕业后被爱丁堡大学聘为讲师,后由格拉斯哥大学聘为教授;1759 年出版《道德情操论》,为他赢得了很高的声誉;后去巴黎,接触了一些法国重农学派的主要人物,受到启发,逐渐形成了自己经济学体系的轮廓。回国后,亚当·斯密于 1776 年 3 月出版《国富论》,影响巨大。他于 1778 年任格拉斯哥大学校长,1790 年去世。亚当·斯密终生未婚。

30

4. 理论评价

绝对成本理论建立在劳动价值理论基础之上,在历史上第一次从生产领域出发,揭示了国际贸易为什么发生与发展,为国际贸易理论的建立作出了宝贵的贡献。但是,这一理论又具有很大的片面性和局限性,只说明在生产上处于绝对优势的国家参与国际分工与国际贸易才能获得利益,而对那些在生产上并不具备绝对优势的国家,能否参加国际分工与国际贸易,亚当·斯密并未作出明确回答。

课堂讨论:分工如何提高劳动效率?

2.2.2 比较优势理论

1. 理论背景

比较优势理论(Theory of Comparative Advantage)提出人大卫·李嘉图(David Ricardo,1772—1823)也是英国古典经济学家,他对亚当·斯密的绝对成本理论作出了极为重要的修正、补充和发展,具体内容集中反映在他的代表性著作——1817年出版的《政治经济学及赋税原理》(*Principle of Political Economy and Taxation*)一书中。该理论形成于英国工业革命深入发展时期,并对后来马克思经济思想产生过重要影响,因此人们把大卫·李嘉图称为"共产主义之父"。

大卫·李嘉图生活的年代,机器大工业已取代工场手工业,各国经济技术差距拉大,甚至出现先进国家比后进国家处于全面优势的新格局。在这种历史背景下,经济、技术发展程度不同的先进国家与后进国家,是否仍然能够或有必要参与国际分工与国际贸易,就成为迫切需要解决的问题。于是,"比较优势理论"应运而生了。大卫·李嘉图在观察现实的基础上,作出了明确的、肯定的回答。这一理论的提出,为科学的国际贸易理论的建立奠定了坚实的基础,对推动国际贸易的发展起到了积极作用。

2. 主要观点

大卫·李嘉图全面继承了亚当·斯密的经济学思想,并在诸多问题上有了更深一步的发展和提高,主要观点如下。

(1)大卫·李嘉图认为,决定国际分工与国际贸易的一般基础不是绝对优势,而是比较优势或比较利益。

(2)一个国家不仅能以具有"绝对优势"的产品进入国际分工体系,而且能以具有"相对优势"的产品参与到国际分工体系中。

(3)即使一国与另一国相比,在商品生产成本上都处于绝对劣势,但只要本国集中生产那些成本劣势较小的商品,而另一个在所有商品生产成本上都处于绝对优势的国家,则集中生产那些成本优势最大的商品,即按照"有利取重,不利择轻"的原则,进行国际分工与国际贸易,不仅会增加社会财富,而且交易双方都能获得利益。

3. 理论综述

大卫·李嘉图认为,一国不仅可以在本国商品相对于别国同种商品处于绝对优势时出口该商品,在本国商品相对于别国同种商品处于绝对劣势时进口该商品,而且即使一个国家在生产上没有任何绝对优势,只要它与其他国家相比,生产各种商品的相对成本不同,那么,仍可以通过生产相对成本较低的产品并出口,来换取它自己生产中相对成本较高的产品,从而获得利益。这一学说当时被大部分经济学家所接受,时至今日仍被视作决定国际贸易格局的基本规律,是西方国际贸易理论的基础。

4. 理论评价

(1)比较优势理论在历史上起过进步作用。它为国际分工和国际贸易自由化提供了理论基础,促进了当时英国的资本积累和生产力的发展。

(2)比较优势理论坚持了劳动价值论。它认为劳动是商品价值的源泉,劳动时间是衡量商品价值量的尺度,这是科学的、合理的。

(3)比较优势理论未能揭示出国际分工形成和发展的主要原因。比较优势理论属于静态分析法,把世界看作一成不变的。这与历史事实和经济发展规律明显不符。

(4)比较优势理论建立了许多假设,如两个国家、两种产品等,将复杂的经济情况过于简单化了。

重要信息

大卫·李嘉图

大卫·李嘉图出生于一个伦敦证券交易所经纪人的家庭里,幼年仅在商业学校读过两年书,14 岁便参加交易所活动。由于他善于做投机买卖,25 岁时就成为拥有百万英镑的大资产者。生意之余,他自学数学、物理、地质等知识。他于 1799 年接触到《国富论》,开始研究政治经济学,厚积薄发,1810 年发表第一篇论文《金块的高价》,1814 年代表作《政治经济学及赋税原理》问世,尽管文法、结构方面稍显逊色,但对经济学的影响却不亚于《国富论》。两年后他当选为议员,1821 年创办政治经济学俱乐部,1823 年因患耳疾逝世。

2.2.3 要素禀赋论

1. 理论背景

要素禀赋论出现在 20 世纪 30 年代,国际分工与国际贸易活动不断出现新的情形与变化,古典国际分工理论与经济活动现实之间出现了偏离。现代意义上的国际贸易就应运而生了。要素禀赋论又称赫克歇尔-俄林理论(Heckscher-Ohiln Theory,简称 H-O 理论),也称要素比例学说(Factor Proportions Theory),由瑞典经济学家赫克歇尔首先提出基本论点,由其学生俄林系统创立。该理论主要通过对相互依存的价格体系的分析,用生产要素的丰缺来解释国际贸易的产生和进出口类型,是现代国际贸易理论的新开端,被誉为国际贸易理论的又一大柱石。

2. 主要观点

(1)赫克歇尔认为,假如两个国家的生产要素禀赋一样,各生产部门的技术水平一样,当不考虑运输成本等因素时,国际贸易既不会给任何国家带来利益,也不会造成损

32

失。所以,产生比较成本差异必须有两个前提条件:一是两个国家的要素禀赋不同;二是不同产品生产过程中使用的要素比例不同。在这两个前提下,国际间才会发生贸易联系。俄林接受了赫克歇尔的观点,提出了生产要素禀赋理论,故被称为赫克歇尔-俄林定理或模型。

(2) 俄林在 1936 年出版的《地区间贸易和国际贸易》一书中提出,各个地区生产要素禀赋不同,是地区间或国际间开展贸易的前提。他认为国际贸易首先是在地区间展开的,地区是进行国际贸易的基本单位。而地区划分是以生产要素的天然禀赋或天然供给为标准的,同一地区的生产要素基本相似,不同地区具有不同的生产要素禀赋。

(3) 各地区由于要素供给不同生产出不同产品,这将引起彼此对对方产品的需求,要求通过交换来弥补本地区某些产品的不足。

课堂讨论:这里的要素指的是什么?

3. 理论综述

根据要素禀赋论,一国的比较优势产品是应出口的产品,是它需在生产上密集使用该国相对充裕而便宜的生产要素生产的产品,而进口的产品是它需在生产上密集使用该国相对稀缺而昂贵的生产要素生产的产品。简言之,劳动丰富的国家出口劳动密集型商品,而进口资本密集型商品;相反地,资本丰富的国家出口资本密集型商品,进口劳动密集型商品。

4. 理论评价

要素禀赋论是在比较利益论的基础上的一大进步,有其合理的成分和可借鉴的意义。用生产要素禀赋的差异寻求解释国际贸易产生的原因和国际贸易商品结构及国际贸易对要素价格的影响,研究更深入、更全面,认识到了生产要素及其组合在各国进出口贸易中居于重要地位。但是,理论也有明显的局限性。如所依据的一系列假设条件都是静态的,忽略了国际国内经济因素的动态变化及技术的不断进步。

课堂讨论:日常生活中,你能列举出哪些符合要素禀赋论的例子?

2.2.4 里昂惕夫之谜及其解释

1. 理论背景

一个经济理论只有具备能够解释现实、预期未来的能力时,才会生存下来、发展下去。根据要素禀赋论,一个国家的出口应是密集使用本国丰富的生产要素生产的商品,进口的应是密集使用本国稀缺的生产要素生产的商品。一般认为,美国是资本相对丰富、劳动相对稀缺的国家,理所当然地应出口资本密集型商品,进口劳动密集型商品。但是,第二次世界大战后,美国经济学家里昂惕夫运用投入-产出分析法,对美国经济统计资料进行验证的结果却与要素禀赋论预测正好相反。这一推论被称为"里昂惕夫之谜"。

里昂惕夫发表其验证结论后,在西方经济学界引起轩然大波,学界掀起了一股验证和探讨里昂惕夫之谜的热潮。一些经济学家仿效里昂惕夫的做法对一些发达国家的对外贸易状况进行验证，发现一些国家也存在着类似情况。

2. 主要解释

（1）劳动熟练说。该学说最先是里昂惕夫自己提出的，后来由美国经济学家基辛（D. B. Keesing）加以发展。他们认为，美国作为一个高技能劳动要素相对丰裕而低技能劳动要素相对稀缺的国家，应大量出口其具有比较优势的高技能劳动密集型商品，进口低技能劳动密集型商品。美国的对外贸易结构和商品流向同要素禀赋论的基本原理并没有矛盾。

（2）人力资本说。有的经济学家认为，美国的优势是拥有很多经过大量教育和培训的高素质劳动力，而教育和培训可视为对人力的投资，因此高素质劳动力可以称为人力资本，如果把这部分人力资本加到物质资本上，美国仍然是出口资本密集型产品，进口劳动密集型产品，里昂惕夫之谜就自然破解了。

（3）自然资源说。经济学家范尼克认为，里昂惕夫在计算时只考虑了劳动和成本两种生产要素，而忽略了自然资源这一要素在国际贸易中的作用。在美国进口的自然资源产品中大部分为其相对稀缺的资源，在对这些资源的加工等过程中又大量地投入资本，故这些产品在美国属于资本密集型产品。这样一看就容易解释美国进口资本密集型产品较多的现象。

（4）技术差距说。技术差距说又称技术间隔说，是由美国经济学家波斯纳（M. U. Posner）提出的，格鲁伯（W. Gruber）和弗农（R. Vernon）等人进一步论证的关于技术领先的国家，具有较强开发新产品和新工艺的能力，形成和扩大了国际间的技术差距，而有可能暂时享有生产和出口某类高技术产品的比较优势的理论。

（5）需求偏好相似说。需求偏好相似说又称偏好相似说或收入贸易说（Income Trade Theory），是由瑞典经济学家林德（S. B. Linder）提出的，用国家之间需求结构相似来解释工业制成品贸易发展的理论。他认为要素禀赋论只适用于工业制成品和初级产品之间的贸易，而不能适用工业制成品的贸易。这是因为前者的贸易发展主要是由供给方面决定的，而后者的贸易发展主要是由需求方面决定的。

3. 理论评价

里昂惕夫首先运用投入-产出分析法，把经济理论、数学方法和统计三者结合起来，对国际分工和国际贸易商品结构进行了定量分析，这种研究方法具有一定的科学意义和现实意义。这些对"谜"的解释和有关的大部分学说，是在继承传统的西方国际分工和国际贸易理论的基础上，进行整修补缀的论述。这些解释也存在一定的片面性。

34

实训2.2　国际分工理论认知

实训目的

加深学生对国际分工理论实践意义的理解。

实训安排

(1) 举例说明分工理论在人们日常生活中的体现。

(2) 讨论自己所在地区的产业分工情形(有哪些著名产业,形成的原因有哪些)。

教师注意事项

(1) 由一般劳动分工事例导入对国际分工理论的认知。

(2) 分组搜索资料,运用国际分工理论判断分析我国制造业在国际上的地位。

(3) 组织其他相应的学习资源。

资源(时间)

1 课时、参考书籍、案例、网页。

评 价 标 准

表 现 要 求	是否适用	已达要求	未达要求
小组活动中,外在表现(参与度、讨论发言积极程度)			
小组活动中,对概念的认识与把握的准确程度			
小组活动中,分工任务完成的成效与协作度			
小组活动中,作业或 PPT 制作的完整与适用程度			

2.3　认识国际贸易政策

提示:完成本任务,你将初步认识国际贸易政策。

学习行动:这是国际贸易活动参与人员认识国际分工与贸易政策的第三课。认识国际贸易政策的发展,特别是从贸易管理的角度,认识国际贸易政策的新动向。在此基础上,能够在业务活动中考虑国际贸易政策的影响。

国际分工理论的形成与发展为世界各国发展对外贸易找到了充足的理论依据。出于管理的需要,不同发展阶段的国家纷纷制定相应政策,以便管理与协调其对外贸易的发展,以保证贸易利益的实现。

重要名词

国际贸易政策

国际贸易政策是指世界上各国(地区)之间进行商品与劳务交换时所采取的政策。从一国的角度看,国际贸易政策即指一国的对外贸易政策。

一国的对外贸易政策集中体现为一国在一定时期内对进出口贸易所实行的法律、规章、条例及措施等。它既是一国总体经济政策的一个重要组成部分,又是一国对外政策的一个重要组成部分。一国的对外贸易政策的主要目的有:保护本国的市场、扩大本国产品的出口市场、促进本国产业结构的改善、积累资本或资金、维护本国对外的经济与政治关系、促进经济发展与稳定等。

从对外贸易政策的内部构成看,一国的对外贸易政策应包括三个层次:对外贸易总政策、对外贸易国别(或地区)政策、对外贸易具体政策(即进出口商品政策)。

从国际贸易的历史考察,以国家对外贸的干预与否为标准,可以把对外贸易政策归纳为三种基本类型:自由贸易政策、保护贸易政策和管理贸易政策。

2.3.1　自由贸易政策

自由贸易政策是指国家取消对进出口贸易和服务贸易的限制与障碍,取消对本国进出口贸易和服务贸易的各种特权与优待,使商品自由进出口,服务贸易自由经营,也就是说国家对贸易活动不加或少加干预,任凭商品、服务和有关要素在国内外市场公平、自由地竞争。自由贸易政策是自由放任经济政策的一个重要组成部分。

1. 自由贸易政策的产生

18 世纪中叶,英国开始了工业革命,成为 19 世纪最强大的工业国家,1850 年其工业产量占世界的 30%。同时英国又是最大的殖民帝国,版图占地球陆地面积的 1/4,殖民地面积超过本土面积的 10 倍。英国成为世界工厂,商品销向全世界,原料、食品购自全世界。这就决定英国必须冲破国内保护贸易的限制,积极推行自由贸易政策,由此出现了自由贸易政策。

自由贸易政策常常被经济实力强制国家所采用,为国内成长产业集团所推动,它们是主要受益者。对经济实力薄弱的国家及幼稚产业,却意味着市场被外国占领,它们是主要受害者。因而自由贸易被认为是"强者"的政策。

2. 自由贸易政策的理论

随着西欧资本主义尤其是英国资本主义的发展,一些资产阶级思想家开始探寻对外贸易与经济发展的内在联系,从理论上说明自由贸易对经济发展的好处,由此产生了自由贸易理论。自由贸易理论起始于法国的重农主义,形成了古典派政治经济学。

古典派政治经济学代表亚当·斯密在其名著《国富论》中首先提出了为获取国际分工利益实行自由贸易的理论,后由大卫·李嘉图加以继承和发展。

古典派自由贸易理论的要点如下。

(1) 自由贸易可以形成互相有利的国际分工。在自由贸易下,各国可以按照绝对优势、比较优势专业生产其最有利和比较有利的产品,进行各国生产的专业化,获取国际分工和国际贸易所带来的利益。

(2) 扩大真实国民收入。自由贸易理论认为,在自由贸易环境下,每个国家都根据自己的条件发展最具优势的生产部门,劳动和资本就会得到合理的分配与运用,再通过国际贸易以比较少的花费换回较多的东西,增加国民财富。

(3) 在自由贸易条件下,可以进口廉价商品,减少国民消费开支。

(4) 自由贸易可以阻止垄断,加强竞争,提高经济效益。

(5) 自由贸易有利于提高利润率,促进资本积累。大卫·李嘉图认为,随着社会的发展,工人的名义工资会不断上涨,从而引起利润率的降低。要避免这种情况的发生,并维持资本积累和工业扩张的可能性,唯一的办法就是实行自由贸易。

2.3.2　保护贸易政策

保护贸易政策是与自由贸易政策相反的一种对外贸易政策。它是指国家广泛利用各种限制进口的法规和措施限制商品的进口,保护本国商品免受外国商品的竞争,同时对本国的出口商品给予补贴和优待,以鼓励出口。保护贸易政策的实质是"奖出限入"。在不同的历史阶段,由于其所保护的对象、目的和手段不同,保护贸易政策可以分为以下类别。

1. 重商主义

重商主义是15—17世纪资本主义生产方式准备时期欧洲各国普遍实行的保护贸易政策。重商主义代表商业资本阶级的利益,追求的目标是把金银财富集中在国内,实现资本原始积累。重商主义的发展经历了两个阶段:第一个阶段是早期重商主义阶段。早期重商主义学说以货币差额论为中心,代表人物为威廉·斯塔福。第二个阶段是晚期重商主义阶段,其中心思想是贸易差额论,代表人物为托马斯·孟。

(1) 早期重商主义注重货币差额,主张扩大出口、减少进口或根本不进口,因为出口可以增加货币收入,而进口必须支出货币。早期重商主义规定本国商人外出贸易必须保证有一部分金银或外国货币带回国内;外国商人来本国贸易必须把销售所得全部用于购买本国商品。禁止货币和贵金属出口,由国家垄断全部货币贸易。

(2) 晚期重商主义注重贸易差额,从管制货币进出口转为管制商品进出口,主张通过奖励出口、限制进口、保证出超,以达到金银货币流入的目的。

2. 幼稚工业保护政策

幼稚工业保护政策是18—19世纪资本主义自由竞争时期美国、德国等后起的资本主义国家实行的保护贸易政策。当时,这些国家的工业处于刚刚起步阶段,没有足够的优势与英国的工业品竞争,这些国家的政府代表资产阶级利益,为发展本国工业,实行保护贸易政策。保护的方法主要是建立严格的保护关税制度,通过高关税削弱外国商品的竞争力;同时也采取一些鼓励出口的措施,提高国内商品的竞争力,以达到保护民族幼稚工业发展的目的。

(1) 汉密尔顿的保护贸易理论。该理论强调发展工业的重要性,主张必须实行保护政策,推行保护关税,把关税作为保护工业发展的重要手段,这一主张对美国工业的进一步发展产生了重大影响。

(2) 李斯特的保护贸易理论。李斯特对古典贸易理论提出批评,指出"比较成本理论"忽视国家、民族的长远利益,只注重交换价值,不注重生产能力的形成,因而不利于德国生产力水平的提升,不利于国际竞争实力的增强,不利于德国实现真正意义上的政治经济独立。他认为各国对外贸易政策的选择应全面考虑该国所具备的各种条件、所达到的经济发展水平,以及对国民经济发展的影响。

李斯特根据国民经济发展程度,把国家经济发展划分为五个阶段:原始未开化时期、畜牧时期、农业时期、农工业时期、农工商时期。

李斯特主张国家干预经济活动,政府对国民经济活动进行部分限制,保证国家经济利益,从而保证个人持久利益。

保护贸易理论的观点主要包括:①农业不需要保护;②一国工业虽然幼稚,但在没有强有力的竞争者时,也不需要保护;③只有刚刚开始发展且遭遇国外强有力的竞争对手的工业才需要保护。

保护时间以 30 年为最高期限,如果在此期限内,被保护的产业始终发展不起来,那就放弃保护。保护手段为通过禁止输入与征收高额关税的方法来保护幼稚工业,以免税或征收少量进口关税的方式鼓励复杂机器进口。

3. 超保护贸易政策

超保护贸易政策是 19 世纪末至第二次世界大战期间资本主义垄断时期各资本主义国家普遍实行的保护贸易政策。在这一时期,垄断代替了自由竞争,成为社会经济生活的基础。同时,资本主义社会的各种矛盾进一步暴露,世界市场的竞争开始变得激烈。于是,各国垄断资产阶级为了垄断国内市场和争夺国外市场,纷纷要求实行保护贸易政策。但是,这一时期的保护贸易政策与自由竞争时期的保护贸易政策有明显的区别,是一种侵略性的保护贸易政策,因此称其为超保护贸易政策。

超保护贸易政策具有以下三个特点。

(1)保护的对象不再是国内幼稚工业,而是国内高度发达或出现衰落的垄断工业。

(2)保护的目的不再是培植进而提高国内工业的自由竞争能力,而是垄断国内外市场。

(3)保护的手段不仅是关税壁垒,而且出现了各种各样的限进奖出的非关税贸易壁垒措施。

4. 新贸易保护主义

新贸易保护主义形成于 20 世纪 70 年代中期。期间,资本主义国家经历了两次经济危机,经济出现衰退,陷入滞胀的困境,就业压力增大,市场问题日趋严重。尤其是在第二次世界大战后贸易自由化中起领先作用的美国,在世界市场的竞争中,日益面临着日本和欧共体(现欧盟)国家的挑战,从 20 世纪 70 年代开始,从贸易顺差转为逆差,且差额迅速上升。在这种情况下,美国率先转向贸易保护主义,并引起各国纷纷效尤,致使新贸易保护主义得以蔓延和扩张。

新贸易保护主义在保护手段上具有以下显著的特点。

(1)保护措施由过去以关税壁垒和直接贸易限制为主逐渐被间接的贸易限制所取代。

(2)政策重点从过去的限制进口转向鼓励出口,双边与多边谈判和协调成为扩展贸易的重要手段。

(3)从国家贸易壁垒转向区域贸易壁垒,实行区域内的共同开放和区域外的共同保护。

5. 反全球化浪潮下的贸易政策

20 世纪 90 年代以来,随着经济全球化的迅猛推进,反对全球化的浪潮日趋高涨。1999 年 11 月,美国西雅图世贸组织部长会议期间的大规模反全球化示威,被认为是"反全球化现象"的开始。2008 年以来,国际金融危机持续深化,许多资本主义大国的反全球化和逆全球化潮流影响到了国际政策的制定,表现在国际贸易政策领域主要为:反对贸易自由化、单方面采取数量众多的贸易保护措施、贸易协定双边、区域化等。2017 年,美国总统特朗普上台后,美国政府奉行美国优先原则,采取减税、放松金融管制、贸易保护、重建基础设施、吸引制造企业回流、限制非法移民等政策举措来重振美国经济。其政策主张具有反全球化、孤立主义、民粹主义特征,全球经济格局将面临重大调整,国际环境的不确定性因素明显增多。

课堂讨论:一国国际贸易政策的取向与其经济发展、国际竞争力有什么样的关系?

2.3.3 管理贸易政策

管理贸易政策(Managed Trade Policy)又称"协调贸易政策",是指国家对内制定一系列的贸易政策、法规,加强对外贸易的管理,实现一国对外贸易的有秩序、健康发展;对外通过谈判签订双边、区域及多边贸易条约或协定,协调与其他贸易伙伴在经济贸易方面的权利与义务。

管理贸易政策是 20 世纪 80 年代以来,在国际经济联系日益加强而新贸易保护主义重新抬头的双重背景下逐步形成的。在这种背景下,为了既保护本国市场,又不伤害国际贸易秩序,保证世界经济的正常发展,各国政府纷纷加强了对外贸易的管理和协调,从而逐步形成了管理贸易政策或者说协调贸易政策。管理贸易是介于自由贸易和保护贸易之间的一种对外贸易政策,是一种协调和管理兼顾的国际贸易体制,是各国对外贸易政策发展的方向。

重要信息

对外贸易政策的影响因素

一个国家在一定时期采取何种贸易政策,主要取决于以下几个因素。

(1)经济发展水平及其在世界市场上的地位和力量对比。一般来说,处于工业经济发展初期阶段的国家,采取保护贸易政策;而处于工业经济发达阶段的国家,采取自由贸易政策。处于竞争劣势地位、商品竞争力弱的国家,采取保护贸易政策;而处于优势地位、商品竞争力强的国家,则采取自由贸易政策。

(2)国内经济状况和经济政策。一般来说,在资本主义经济发展的繁荣阶段,各国经济普遍高涨,如 19 世纪中叶和 20 世纪中叶,贸易自由化倾向就占上风;在资本主义经济发展的危机、萧条阶段,如 20 世纪 30 年代和 20 世纪 70 年代,保护贸易倾向就会蔓延和加强。

(3)统治集团内部的矛盾和斗争。一般来说,商品市场主要在国外的一些资产阶级利益集团主张贸易自由化；相反地，商品市场主要在国内，并受到进口商品激烈竞争的资产阶级利益集团，则主张限制进口，实行保护贸易政策。

实训 2.3 国际贸易政策认知

实训目的

加深学生对国际贸易政策发展趋势的把握。

实训安排

（1）举例说明国际贸易政策对业务活动的影响（如我国的稀土出口、美国的高科技出口管制）。

（2）讨论自己所在地区的出口受贸易政策变化影响的情形（具体产品的进出口活动）。

教师注意事项

（1）由一般国际分工理论导入对国际贸易政策的认知。

（2）分组搜索资料，了解我国贸易政策的变迁过程。

（3）组织其他相应的学习资源。

资源（时间）

1 课时、参考书籍、案例、网页。

评 价 标 准

表 现 要 求	是否适用	已达要求	未达要求
小组活动中，外在表现（参与度、讨论发言积极程度）			
小组活动中，对概念的认识与把握的准确程度			
小组活动中，分工任务完成的成效与协作度			
小组活动中，作业或报告制作的完整与适用程度			

单元 2 小结

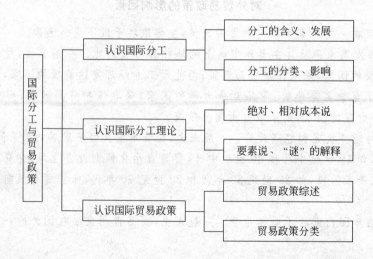

教学做一体化练习

重要名词

国际分工　国际贸易政策

同步自测

一、选择题

1. 国际分工的产生与发展主要取决于（　　）两个条件。
   A. 社会经济条件　　B. 社会条件　　　　C. 国家政策　　　D. 自然条件

2. 国际分工经历了（　　）。
   A. 萌芽阶段　　　　B. 形成阶段　　　　C. 发展阶段　　　D. 深化阶段

3. 按参与国资源、原材料、生产技术水平和工业发展情况的差异来分类，国际分工可划分为（　　）三种不同类型的国际分工形式。
   A. 垂直型分工　　　B. 水平型分工　　　C. 混合型分工　　D. 交叉型分工

4. 产业内部国际分工主要有（　　）三种形式。
   A. 同类产品不同型号规格专业化分工　　B. 零部件专业化分工
   C. 工艺过程专业化分工　　　　　　　　D. 国家分工

5. 亚当·斯密的主要理论观点表现为（　　）。
   A. 分工可以提高劳动效率　　　　　　　B. 交换促进分工
   C. 分工应建立在绝对优势基础上　　　　D. 分工必须促进贸易发展

6. 比较成本理论（　　）。
   A. 未能揭示出国际分工形成和发展的主要原因
   B. 属于静态分析法
   C. 与历史事实和经济发展规律明显不符
   D. 建立了许多假设，将复杂的经济情况过于简单化

7. 要素禀赋论（　　）。
   A. 由俄林系统创立
   B. 用生产要素的丰缺来解释国际贸易的产生和进出口类型
   C. 是现代国际贸易理论的新开端
   D. 不存在缺陷

8. 从对外贸易政策的内部构成看，一国的对外贸易政策应包括（　　）三个层次。
   A. 对外贸易总政策　　　　　　　　　　B. 对外贸易国别（或地区）政策
   C. 对外贸易具体政策　　　　　　　　　D. 歧视性政策

9. 从国际贸易的历史考察,以国家对外贸的干预与否为标准,可以把对外贸易政策归纳为(　　　)三种基本类型。

A. 自由贸易政策 　　　　　　　B. 保护贸易政策

C. 管理贸易政策 　　　　　　　D. 模糊贸易政策

二、判断题

1. 亚当·斯密的绝对优势理论建立在他对分工能提高劳动生产率认识的基础上。

(　　　)

2. 如果一国以现代经济结构为主,且其产品在国际市场上竞争力较强,则该国的贸易政策倾向于自由贸易政策。

(　　　)

3. 幼稚工业保护理论认为,一国在对外贸易中,应更多地重视贸易带来财富生产力的培育。

(　　　)

4. 一国只要参与国际分工与国际交换,便可从国际分工与国际交换中获得好处。

(　　　)

5. 一国实行何种贸易政策与其经济实力密切相关,当其经济实力较强时,多倾向于实行自由贸易政策;当其经济实力下降时,又多倾向于实行保护贸易政策。 (　　　)

6. 需求偏好相似说是从需求的角度解释国际贸易产生的原因。 (　　　)

7. 技术差距说认为,发展中国家可以通过国际贸易缩短同发达国家的技术差距。

(　　　)

三、简答题

1. 什么是国际分工?它分为哪几种类型?

2. 国际分工的形成与发展经历了哪几个阶段?每一阶段的国际分工各有何特点?

3. 国际分工对国际贸易有何影响?

4. 如何评价绝对成本理论?

5. 如何评价比较成本理论?

6. 国际贸易政策变化有哪些规律性?

四、案例分析

首届中国国际进口博览会举办在即,总部设在英国的全球知名传播服务集团 WPP 全球零售业务负责人大卫·罗思告诉记者,随着中国经济的转型升级,科技创新型企业已成为中国品牌发展的引擎,提升了中国在全球价值链中的地位。

大卫·罗思表示,中国是 WPP 仅次于美国和英国的第三大市场,WPP 将参加即将在上海举行的首届中国国际进口博览会,希望帮助中国企业与品牌在国内和国际市场实现成长。

长期关注中国企业发展的大卫·罗思注意到,近些年价值增长最快的中国品牌结构已经发生了显著变化。最具价值中国品牌 100 强排名,2014 年国企占 100 强品牌价值总和的 71%,而 2018 年仅占 40%,民营科技和零售类品牌价值增长迅速。

"尽管中国未来较长时期内仍将是世界上最大的制造业国家,但中国正努力提高在全球价值链上的位置。"大卫·罗思说。

Brand Z 全球负责人王幸说,中国品牌发展在过去 30 年大致经历了三代:第一代是以生产型为代表的联想、海尔等品牌;第二代是以互联网和数字化为代表的阿里巴巴及腾讯等品牌;第三代则是以共享经济为主体的美团和滴滴等品牌。从中国出海品牌看,除了家喻户晓的家电手机外,在新兴手游、快时尚、无人机等领域,中国品牌也有卓越表现。

"我们在西班牙访问的很多消费者说,他们愿意等上十天或者半个月时间在阿里巴巴买一些商品运过来,他们觉得这些商品很酷。那种认为中国产品'低价、不值得信赖'的陈旧观念,在海外年轻消费者心中慢慢减少。"王幸说。

王幸表示,尽管中国企业已经有了打造全球品牌的意识,甚至在某些行业已经占到主导地位,但是在某些领域,比如食品饮料、时尚、个人护理等,大多数中国品牌还没有出海,国外知名度有待提高。

他们均认为,中国商品在世界消费者眼中的形象是由若干品牌构成的,中国品牌对于塑造"品牌中国"能够发挥重要作用。中国企业在机器人、纳米科技、人工智能等领域取得突破,让中国品牌跟"高度创新""先锋""引领"等新锐词汇产生联系。随着时间的推移,这不仅会为中国品牌加分,也会为"品牌中国"加分。

谈到进口博览会对英国商家的意义,大卫·罗思说:"进口博览会对英国企业来说是个绝佳机遇。"英国"脱欧"在即,英国企业希望向中国传递这样一个信息,即英国企业能够以自身的创新创意、在建筑业和制造业领域的丰富经验,帮助中国企业发展,也愿意与中国企业合作推动"一带一路"建设。

资料来源:新华网客户端,2018-10-29.

阅读以上材料,回答问题:

1. 结合资料分析,概括中国在国际分工中地位发生的变化。
2. 在国际分工地位的变化中,中国企业该如何应对?

拓展实训:认识国际分工现象

实训目的
理解国际分工现象对国际贸易活动的影响。

实训安排
(1) 教师与企业接洽。
(2) 引领学生访问一些出口产品制造企业业务人员。
(3) 调查了解学校所在地纳入国际分工的产业内容(如富士康的加工装配、国际运动品牌产品的加工制造)。

教师注意事项
(1) 指导学生认识我国企业所处的国际分工定位情形。
(2) 聘请业务人员讲解应对措施。

43

（3）组织其他相应的学习资源。

资源（时间）

1 课时、参考书籍、案例、网页、实践基地企业。

评 价 标 准

表 现 要 求	是否适用	已达要求	未达要求
小组活动中的工作表现（参与度、讨论发言）			
整个认知活动过程的表现			
对整体职业学习活动的认识与把握			
学习活动过程中知识与经验的运用和反思			

学生自我总结

通过完成本单元的学习，我能够作如下总结。

一、主要知识

> 本单元主要知识点：
>
> 1.
>
> 2.

二、主要技能

> 本单元主要技能：
>
> 1.
>
> 2.

三、主要原理

> 本单元讲述的主要原理：
>
> 1.
>
> 2.

四、相关知识与技能

> 我在完成本单元的学习中学到的知识与技能：
>
> 1. 国际分工对于国际贸易的影响有：
>
> 2. 国际分工理论的实践意义有：
>
> 3. 国际贸易政策对于贸易活动的影响有：

五、成果检验

我完成本单元的学习后得到的成果：

1. 完成本单元的意义有：

2. 学到的经验有：

3. 自悟的经验有：

4. 我认为国际分工与贸易的关系是：

45

单元 3　世界市场

 学习目标

1. 知识目标

能了解世界市场的概念。

能认识世界市场的构成与发展。

能认识世界主要市场。

2. 能力目标

能理解世界市场的构成。

能理解世界市场的发展变化。

能识别世界主要市场商机。

任务描述

世界市场是在各国国内市场的基础上形成的。在世界市场,商品是交换的主体,其他活动都是为商品交换服务的。作为参与国际贸易活动的成员,应该了解世界市场的含义、构成、特征,熟悉其运作方式,并在此基础上,认识世界范围内的主要市场及其分类。

任务分解

根据国际贸易认知活动工作顺序和职业教育学习规律,"世界市场"可以分解为以下几个学习任务。

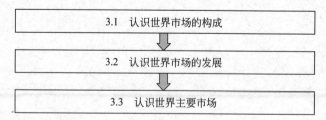

3.1　认识世界市场的构成

3.2　认识世界市场的发展

3.3　认识世界主要市场

同步实训

根据国际贸易认知活动、职业成长规律及职业学习原理,"世界市场"可以安排以下几个同步实训活动。

实训项目	活动名称	活动目的
实训 3.1	世界市场构成的讨论	加深学生对世界市场构成的理解
实训 3.2	世界市场发展的讨论	加深学生对世界市场发展变化的认识
实训 3.3	世界主要市场认知	加深学生对世界主要市场的认知
拓展实训	认知世界市场	认知世界市场

导入故事

过去 40 年,伴随中国经济的强势崛起,中国人餐桌上的美食也在不断变化,从某种角度来讲,中国人的餐桌,也是全球经贸的一大注脚。比如澳大利亚牛肉、法国葡萄酒、加拿大大龙虾、挪威三文鱼等食品已广泛出现在中国家庭的餐桌上。

因此,我们就不难理解全球多国农民都纷纷将目光投向中国市场,试图将更多的农产品卖给中国客户,以赚取更多外汇。中国目前是加拿大第二大农产品、农业食品和海产品出口市场,也是加拿大农业部门高度重视的市场。加拿大方面的数据显示,从 2015 年到 2017 年,中国从加拿大进口的农业食品和海鲜增加了 28%。加拿大农业和农业食品部长劳伦斯·麦考利表示,我们希望加拿大的农产品能够进入中国市场。加拿大期待通过线上和线下的渠道都为中国消费者提供更多、更好的产品,如蓝莓、车厘子、鱼类、海产品、牛肉、猪肉、冰酒及枫树糖浆。

然而自从"华为"事件之后,加拿大许多农民开始对该国农产品能否继续获得中国市场的青睐感到忧心忡忡。一些加拿大农民开始担心,前期投入的资金可能过多,但现实却令市场不埋单,甚至将会亏本。加拿大水产捕捞户莱德尔斯告诉 BWC 中文网,希望这些产品可以源源不断地卖给中国市场,因为这里有足够的购买力。但这一希望可能将会落空。

【感悟】 加拿大出口产品对中国市场的依赖现象生动地说明了世界市场的一体化特征。通过学习本单元,你怎样看待世界市场对我国外贸公司进出口业务的影响?

3.1 认识世界市场的构成

提示:完成本任务,你将初步认识世界市场。

学习行动:这是国际贸易活动参与人员认识世界市场的第一课。认识世界市场的构成,特别是从国际货物贸易的角度,认识世界市场的特征。在此基础上,能够在进出口市场、客户选择、商品价格制定等方面考虑不同世界市场的区别。

3.1.1 世界市场的含义

世界市场自古有之,如古代东西方各国之间就存在着各种各样的市场交易,中国的"丝绸之路""丝瓷之路"便是明证。

世界市场是在各国国内市场的基础上形成的。但是,世界市场并不是各国国内市场的简单相加,两者之间既有不可分割的联系,又有十分明显的差别。

1. 世界市场的概念

世界市场这一概念,可以从其外延与内涵两个方面来理解。世界市场的外延是指它的地理范围。世界市场的内涵是指与交换过程有关的全部条件和交换的结果,包括商品、技术转让、货币、运输、保险等业务,其中商品是主体,其他业务是为商品和劳务交换服务的。

在世界市场的外延和内涵两方面中,其内涵决定世界市场的经济本质。

重要名词

世 界 市 场

世界市场是世界各国之间进行商品和劳务交换的领域。它包括由国际分工联系起来的各个国家商品和劳务交换的总和。

世界市场的含义还体现在以下三个方面。

(1)各国国内市场的形成是世界市场形成的前提,只有各国国内市场发展到一定程度,商品交换突破国家界限而扩大到世界范围,世界市场才能真正形成。

(2)世界市场是以国家为媒介并超越国家界限而形成的商品交换关系的反映。

(3)世界市场受各国经济和政治关系的制约与影响。

2. 世界市场的分类

世界市场的构成十分复杂,可以按不同的标准进行分类。

(1)按地理方向划分。世界市场按洲别或地区可以划分为西欧市场、北美市场、非洲市场、东南亚市场等;也可以按国别划分为美国市场、日本市场、德国市场、英国市场、中国市场等;联合国在有关的统计中常把世界各国划分为发达国家市场、发展中国家市场和中央计划经济国家市场三大类。

(2)按市场对象划分。世界市场可以划分为商品市场、货币市场和劳务市场。其中商品市场是主体。世界市场也可按大类划分为纺织品市场、粮油市场、机械市场、化工市场等,还可按品种细分为小麦市场、咖啡市场、茶叶市场、汽车市场等。

(3)按消费者划分。世界市场可按性别、年龄、收入和职业等划分,如妇女用品市场、儿童用品市场、劳保用品市场等。

48

3.1.2 世界市场的发展

世界市场是随着资本主义发展与国际分工的拓展而形成的,随着资本主义生产方式的演变而经历不同的发展阶段。

1. 萌芽阶段（16 世纪初至 18 世纪 60 年代）

国际贸易虽然很早就已经出现，但在相当长的历史时期内，由于社会生产力水平低下、商品经济落后、交通不发达，因而并不存在世界性的市场。15 世纪末至 16 世纪初的地理大发现，对西欧经济的发展产生了巨大的影响，为世界市场的形成准备了条件。地理大发现之前，世界上只存在若干区域性的市场。地理大发现之后，区域性市场逐渐扩大为世界市场。新的世界市场不仅包括欧洲原有的区域性市场，还包括亚洲、美洲、大洋洲、非洲的许多国家和地区。这一阶段，世界市场中处于支配地位的是前资本主义的商业资本。这是萌芽阶段世界市场的主要特点。

2. 初步形成阶段（18 世纪 60 年代至 19 世纪 70 年代）

18 世纪中叶以后，英国和欧洲其他国家先后完成了产业革命，建立起机器大工业。在机器大工业的推动下，国际贸易发生了根本性的变化，促进了世界市场的迅速发展。这一阶段，世界市场的范围不断扩大，中欧、东欧、中东及印度洋沿岸的广大地区都成为世界市场的组成部分，南太平洋和远东的澳大利亚、日本、中国等也开始进入世界市场。同时，国际商品流通的基础已不再是小商品生产者的工场手工业品，而是发达资本主义国家（主要是英国）的工业制成品与经济落后国家的食品、原料的交换。世界市场上主要的经济联系是工业国家和农业国家之间的贸易联系，而各工业发达国家之间的贸易联系也在大大加强。这一阶段世界市场的主要特点是：产业资本取代商业资本而占据了统治地位。

3. 最终形成阶段（19 世纪 70 年代至第二次世界大战前）

19 世纪 70 年代，发生了第二次科技革命。一方面，促进了社会生产力的极大提高，工农业生产迅速增长，交通运输业发生了革命性的变革，大大改变了欧洲经济的面貌，也改变了世界的经济面貌。尤其是交通运输业的革命，成为 19 世纪末世界经济、世界市场发展的主要推动力。另一方面，第二次科技革命也推动了资本主义生产关系由自由竞争向垄断阶段的过渡，资本输出急剧扩大并具有特别重要的意义。资本输出使生产社会化和国际化逐步实现，并与商品输出相结合，从而加强和扩大了世界各国间的商品流通。这一阶段，国际贸易把越来越密的经济网铺到了整个地球的各个角落，世界各国从经济上互相联结起来了。这样，在世界历史上第一次实现了一个统一的世界市场。统一世界市场的主要特点是：垄断资本在世界市场占据了统治地位。

4. 发展阶段（第二次世界大战至今）

第二次世界大战后，以美国为主导的资本主义世界经济体系逐步建立起来。一方面，美国通过"布雷顿森林体系"建立起"世界银行"及"国际货币基金组织"，掌握了国际金融控制权。另一方面，通过《关税与贸易总协定》形成了以美国为中心的国际贸易体

49

系,还出现了经济区域化下三大组织——欧洲联盟、北美自由贸易区、亚太经合组织。在这个过程中,世界各国、各地区通过密切的经济交往与合作,在经济上相互联系和依存、相互竞争和制约达到了很高的程度,使全球经济形成一个有机整体。这一阶段世界市场的主要特点是:资本、商品、服务、生产要素与信息的跨国流通的规模和形式不断扩大及增加,打破了地域和国界,在世界市场范围内提高资源配置的效率,各国经济相互依赖程度日益加深。

重要信息

世界市场的作用

世界市场的形成是人类社会经济发展史上的重大事件,对各国各地区的经济增长和国际关系的加强产生了推动作用。

(1)促进了世界各国社会生产力的蓬勃发展。随着世界市场的形成,商品交换的数量和种类增加了,贸易往来的范围与领域扩大了,超越国界发展为国际之间的贸易并进而形成世界性的规模,这必然会使世界各国的社会生产力得到极大的推动。

(2)进一步推动了资本主义的发展,客观上促使东方国家新的经济结构发展壮大。世界市场把资本主义生产方式扩展到世界各地,并冲击、瓦解着各国原有的社会经济结构,加速了资本主义的发展。

(3)加强了世界各国经济的相互联系,导致世界经济体系的形成。世界市场的形成是世界经济体系形成的前提。商品交换的全球化,打破了各国经济的孤立性和闭关自守的割据状态,把落后民族卷入资本主义文明、卷入商品流通的旋涡。各国、各地区都为世界市场而生产,因此生产和消费越来越具有世界性。在这种全面交流中,各国的社会经济逐渐联结为互相依赖的统一体,世界经济体系形成。

实训 3.1　世界市场构成的讨论

实训目的
加深学生对世界市场形成的理解。

实训安排
(1)网络搜索世界市场的起源与发展资料,讨论其变化历程。
(2)讨论我国参与世界市场活动变化的过程,列举一些标志性的事件或进出口产品。

教师注意事项
(1)由一般市场活动事例导入对世界市场的认知活动。
(2)分组搜索资料,查找我国出口产品的主要市场。
(3)组织其他相应的学习资源。

资源(时间)
1课时、参考书籍、案例、网页。

表 现 要 求	是否适用	已达要求	未达要求
小组活动中,外在表现(参与度、讨论发言积极程度)			
小组活动中,对概念的认识与把握的准确程度			
小组活动中,分工任务完成的成效与协作度			
小组活动中,作业或 PPT 制作的完整与适用程度			

3.2 认识世界市场的发展

提示:完成本任务,你将初步理解世界市场的发展。

学习行动:这是国际贸易活动参与人员认识世界市场的第二课。认识世界市场的发展,特别是从国际货物贸易的角度,认识世界市场的特征。在此基础上,能够在进出口市场、客户选择、商品价格制定等方面考虑不同世界市场的区别。

3.2.1 当代世界市场特征

第二次世界大战后,世界市场的参加国越来越多,各国加入世界市场的深度也在增加,使世界市场的规模不断扩大,国际贸易商品结构也发生了相应的变化,工业制成品在世界贸易中所占的比重超过了初级产品。在国际分工深化的同时,国际服务贸易迅速发展起来,除传统的银行、保险、运输外,国际租赁、提供国际咨询和管理服务、技术贸易、国际旅游等在第二次世界大战后得到了快速发展。基于区域经济一体化和跨国公司的影响,在一个世界市场的范围内,存在许多跨国家的区域性市场。不同社会制度的国家在世界市场上的联系得到加强。

这一时期,世界市场表现出以下几个特点。

1. 世界市场的规模不断扩大

第二次世界大战后,一系列殖民地国家独立,不再由宗主国来安排进入世界市场,而以独立主权国家的身份进入世界市场,使世界市场的参加主体大大增多了。另外,各国介入世界市场的程度也在加深,表现为各国对外贸易额占其国民生产总值的比重,即外贸依存度有提高的趋势。1970 年世界各国的外贸依存度为 11.4%,1980 年上升为 14.1%,1990 年进一步上升为 16.2%,现在该数值仍在上升。2018 年,美国的外贸依存度约 20.5%、中国的外贸依存度约 33.99%、日本的外贸依存度约 29.9%,越南、新加坡、荷兰等国的外贸依存度超过 100%。国际贸易的方式也呈现多样化。第二次世界大战后的各国之间贸易除了传统的商品贸易之外,还在国际之间开展了多种形式的资金、技术、服务等合作和联合投资,共同开发生产各种新产品,开发新市场已屡见不鲜。特别是跨境电商异军突起,2018 年,中国成为最大、增长最快的市场。此外,国际经济合作形式的

51

多样化促进了国际贸易方式的多样化,补偿贸易、来料加工贸易、租赁贸易等新的贸易形式在第二次世界大战后得到很大发展。

2. 国际贸易商品结构发生了重大变化

由于第二次世界大战后国际分工格局的变化,国际贸易商品结构也发生了相应的变化。第二次世界大战前初级产品与工业制成品在世界贸易中所占的比重大约是 60% 与 40%,第二次世界大战后这个比例开始倒过来了。在工业制成品中,机械产品、电子产品等与新技术有关的产品的比重在加大。造成这种情况的根本原因是科技革命带来国际分工的深化。部门内分工的发展使国际贸易中的中间产品大大增加。大量的合成材料代替了原先的初级产品原料。发达资本主义国家的新技术使它们的农产品自给率提高,同时在产品价值含量提高的同时使所消耗的物质量减少。世界 GDP 在增长,但单位 GDP 消耗的能源资源是下降的。例如,20 世纪 80 年代石油需求占世界产出的比重为 7%,但 20 世纪 90 年代后期仅占 1.5%。2018 年,作为世界货物出口第一大国,我国出口商品结构持续优化,机电产品出口额 9.65 万亿元,增长 7.9%,占我国出口总值的 58.8%,比 2017 年提高 0.4 个百分点。其中,汽车出口增长 8.3%,手机出口增长 9.8%。同期,服装、玩具等七大类劳动密集型产品合计出口额 3.12 万亿元,增长 1.2%,占我国出口总值的 19%。

3. 国际服务贸易迅速发展

第二次世界大战后的科技革命和经济高速增长,在加深国际分工的同时,也使各种生产要素在国家间的流动加强,于是国际服务贸易迅速发展起来,不但传统的服务贸易项目,如银行、保险、运输等随着国际贸易发展而发展,其他的服务项目,如国际租赁、提供国际咨询和管理服务、技术贸易、国际旅游等也得到快速发展,服务贸易的增长速度大于同期商品贸易的增长速度。目前,世界服务贸易总额已相当于世界商品贸易额的 1/4 左右。2018 年,中国服务贸易总额 52402 亿元,出口 17658 亿元,同比增长 14.6%,是 2011 年以来的出口最高增速;进口 34744 亿元,增长 10%。

4. 区域经济一体化和跨国公司给世界市场带来巨大影响

世界各国的经济联系日益加强,有一部分国家通过结成地区性经济集团,在一个区域的范围内追求更加紧密的国际经济联系,于是,在一个世界市场的范围内存在许多跨国的区域性市场。这些地区性经济集团,对内实行程度较高的自由贸易,对外则实行一定程度的歧视或排斥,如欧盟、北美自由贸易区等就是这样的区域经济一体化组织。看起来,这似乎使世界市场被分割为一些板块,世界市场变小,但世界上众多国家在参与到世界市场中时,原本就实行内外有别的政策。因此,世界上有多少国家和地区就可以认为世界市场被分割为多少板块。现在地区经济一体化只是使一些较小的板块合并为大一些的板块而已,并大大促进了集团内的国际分工和国际贸易。

第二次世界大战后,跨国公司的大发展也给世界市场以巨大影响。跨国公司利用其雄厚的资本和科学技术上的优势,通过对外直接投资,绕过别国的关税和非关税壁垒,进入别国市场。它们采用多种组织形式和策略,垄断着世界的销售市场和原料产地,从而垄断了世界市场上很大一部分贸易。2018 年 7 月 19 日,最新的《财富》世界 500 强排行榜发布,与 2017 年相比,2018 年上榜 500 家公司的总营业收入近 30 万亿美元,同比增加 8.3%;总利润达到创纪录的 1.88 万亿美元,同比增加 23%;销售收益率则达到 6.3%,净资产收益率达到 10.9%,都超过了 2017 年。这些全球最大企业的经营状况正在明显改善。

课堂讨论:跨国公司的运营会给世界市场带来哪些影响?

5. 不同社会制度的国家在世界市场上的联系在加强

第二次世界大战前,作为唯一社会主义国家的苏联对参与世界市场持警惕态度。第二次世界大战后,在世界市场上出现了三种类型的国家,即发达市场经济国家、发展中国家或地区和社会主义国家。第二次世界大战后初期,东西方处于冷战状态,社会主义国家与资本主义国家的经济关系受到严重影响。我国实行改革开放之后,与其他国家、地区建立和发展多层次的经贸关系。随后恢复了在世界银行、国际货币基金组织的合法席位,加入了世界贸易组织。自从党的"十四大"确立我国建设社会主义市场经济体制的目标之后,我国在世界市场上的竞争力不断增强,与世界市场的联系也更加紧密。作为最大的发展中国家,我国与广大发展中国家一起,积极要求改变原来不合理的国际经济秩序,建立新的国际经济秩序,以便更有利于世界各国的发展。

3.2.2 世界市场交易方式

第二次世界大战后,世界市场的国际贸易方式呈现多样化特征,除了传统方式外,也出现了一些新的贸易形式。

1. 单纯的进出口贸易

买卖双方自由选择交易对象,通过函电往来或当面谈判,达成协议签订合同,进行交易活动,这是国际贸易最普遍的一种交易方式。

2. 展览交易

通过举办定期或不定期的、长期或短期的、有固定地点或无固定地点的各种类型的展览会、博览会、贸易中心,为本国和其他国家的商品展出与交易提供场所。

【例 3-1】 在国际性贸易展览会方面,德国是世界会展强国,世界著名的国际性、专业性贸易展览会中,约有 2/3 都在德国主办。按营业额排序,世界十大知名展览公司中,有 6 家是德国的。每年德国举办的国际性贸易展览会约有 130 多个,净展商 17 万个,其中有将近一半的参展商(约为 48%)来自国外。在展览设施方面,德国也称得上是头号世界会展强国。德国现拥有 23 个大型展览中心,其中,超过 10 万平方米的展览中心就有 8 个。目前,德国会展总面积达 240 万平方米,世界最大的 4 个展览中心有 3 个在德国。

3. 商品交易所

商品交易所是世界市场上进行大宗商品交易的一种特殊交易方式,是一种有组织的商品市场。其经营活动是根据交易所法和交易所规定的条例进行的。

【例 3-2】 世界各种商品贸易中心包括:有色金属(伦敦、纽约、新加坡);天然橡胶(新加坡、纽约、伦敦、吉隆坡);可可豆(纽约、伦敦、巴黎、阿姆斯特丹);谷物(芝加哥、温尼伯、伦敦、利物浦、鹿特丹、安特卫普、米兰);食糖(伦敦、纽约);咖啡(纽约、新奥尔良、芝加哥、亚历山大、圣保罗、孟买);棉籽油(纽约、伦敦、阿姆斯特丹);黄麻(加尔各答、卡拉奇、伦敦);大米(米兰、阿姆斯特丹、鹿特丹);豆油和向日葵(伦敦)。

4. 国际拍卖

国际拍卖是经过专门组织,在一定地点定期举行的一种公开竞争的交易方式。

【例 3-3】 从世界角度看,比较著名的拍卖行有苏富比、佳士得、邦瀚斯。前两大拍卖行为世界两大老牌劲旅,邦瀚斯近期出现了不少有价值的拍品,引起了新的关注。世界拍卖行普遍实行连锁经营。它们不但在国内设立分支机构,而且开发跨国拍卖业务,依靠连锁经营机制和手段,迅速占领了世界拍卖市场上的很大份额。

5. 补偿贸易

补偿贸易是与信贷相结合的一种商品购销方式。买方用进口设备开发和生产的产品或用其他产品或劳务去偿还进口设备的贷款。

【例 3-4】 我国在 20 世纪 80 年代,曾广泛采用补偿贸易方式引进国外先进技术设备,但规模不大,多为小型项目,外商以设备技术作为直接投资进入我国,故补偿贸易更趋减少。但是,随着我国市场经济的发展,补偿贸易在利用外资、促进销售方面的优越性不容忽视。

6. 加工贸易

加工贸易是将加工与扩大出口或收取劳务报酬相结合的一种购销方式。

【例 3-5】 2018 年,我国加工贸易总额 83773 亿元,同比增长 3.99%,占我国进出口总额的 27.46%,比 2017 年下降 1.52%。其中加工贸易出口额 52676 亿元,增长 2.5%;加工贸易进口额 31097 亿元,增长 6.6%。

7. 租赁贸易

租赁贸易是把商品购销与一定时间出让使用权相联系的一种购销方式。出租人把商品租给承租人在一定时期内专用。承租人根据租赁时间长短付出一定的资金。

【例 3-6】 我国在以租赁方式引进国外设备时,往往由我国的租赁公司作为承租人向国外租赁公司租用设备,然后再将该设备转租给国内用户。经营转租业务的租赁公司,一方面为用户企业提供了信用担保,即以自己的名义承担了支付租金的责任;另一方面为用户承办涉外租赁合同的洽谈和签订,以及各项进口手续和费用。

实训 3.2　世界市场发展的讨论

实训目的

加深学生对世界市场发展趋势的理解。

实训安排

(1) 搜索世界市场的发展资料,讨论其变化历程。

(2) 讨论我国广州进出口商品交易会的变迁过程及其对我国进出口的影响。

教师注意事项

(1) 由一般市场活动事例导入对世界市场发展的认知活动。

(2) 分组搜索资料,查找我国出口产品的主要市场。

(3) 组织其他相应的学习资源。

资源(时间)

1 课时、参考书籍、案例、网页。

评 价 标 准

表现要求	是否适用	已达要求	未达要求
小组活动中,外在表现(参与度、讨论发言积极程度)			
小组活动中,对概念的认识与把握的准确程度			
小组活动中,分工任务完成的成效与协作度			
小组活动中,作业或 PPT 制作的完整与适用程度			

3.3　认识世界主要市场

提示:完成本任务,你将初步认识世界主要市场。

学习行动:这是国际贸易活动参与人员认识世界市场的第三课。认识世界主要市场,特别是从国际货物贸易的角度,认识世界主要市场的特征。在此基础上,能够在进出口市场、客户选择、商品价格制定等方面考虑不同市场的区别。

3.3.1　认识欧盟市场

欧盟市场是由多个国家组建的单一市场,成立 20 多年来,欧盟成员方内部贸易额从 1992 年的 8000 亿欧元上升到 2017 年的 3.34 万亿欧元。欧洲单一市场国家以占世界 7％的人口创造了世界 20％的贸易量。

1. 成员概况

欧洲联盟(European Union,EU)简称欧盟,是由欧洲共同体(European Communities)

发展而来的,是一个集政治实体和经济实体于一身,在世界上具有重要影响的区域一体化组织。1991 年 12 月,欧洲共同体马斯特里赫特首脑会议通过《欧洲联盟条约》,通称《马斯特里赫特条约》(简称《马约》)。1993 年 11 月 1 日,《马约》正式生效,欧盟正式诞生。总部设在比利时首都布鲁塞尔。成员方 27 个,包括奥地利、比利时、保加利亚、塞浦路斯、捷克、丹麦、爱沙尼亚、芬兰、法国、德国、希腊、匈牙利、爱尔兰、意大利、拉脱维亚、罗马尼亚、立陶宛、卢森堡、马耳他、荷兰、波兰、葡萄牙、斯洛伐克、斯洛文尼亚、西班牙、瑞典、英国。2013 年 7 月 1 日,克罗地亚正式成为欧盟第 28 个成员方。欧盟人口 5.2 亿 (2018 年),面积 438 万平方千米。据国际货币基金组织统计,2018 年,国内生产总值 18.75 万亿美元,人均国内生产总值 3.61 万美元。2018 年 6 月 26 日,英国女王伊丽莎白二世批准脱欧法案成为法律,允许英国退出欧盟。

2. 经济概况

欧盟在经济上为世界上第一大经济实体(其中法国、意大利、英国、德国为八大工业国成员)。欧盟一体化建设半个多世纪以来在曲折中不断地取得积极进展,已先后建立了关税同盟,实行了共同贸易政策、农业和渔业政策,统一了内部大市场,基本实现了商品、人员、资本和服务的自由流通,建立了经济与货币联盟,统一了货币,欧盟一体化建设逐步向外交、安全、司法、内务等领域拓展,并不断取得进展。欧盟通过《阿姆斯特丹条约》和《尼斯条约》,陆续将"申根协议"纳入欧盟法律框架,把民事领域司法合作纳入欧盟机制,并为解决欧盟第五轮扩大带来的效率与公平问题提供了基础,对欧盟理事会表决份额、特定多数表决制和欧盟机构组成与规模进行了重大调整。2009 年,《里斯本条约》生效后,欧盟具备了国际法律人格,并正式取代和继承欧共体。欧盟机制机构改革陆续启动,当年欧盟选举产生了首任欧洲理事会主席范龙佩、欧盟外交和安全政策高级代表兼欧委会副主席阿什顿。2010 年 3 月,欧盟提出了对外行动署组建方案。截至 2011 年 3 月,行动署主要职位任命和机构组建工作已初步完成。

欧盟拥有统一货币——欧元(Euro),1999 年 1 月 1 日正式启用。除英国、希腊、瑞典和丹麦以外的 11 个国家于 1998 年首批成为欧元国,这些国家的货币政策从此统一交由设在德国法兰克福的欧洲中央银行负责。2002 年 1 月 1 日零时,欧元正式流通。截至 2018 年 7 月 31 日,欧元区有 19 个成员方。

3.3.2 认识美国市场

美国具有高度发达的现代市场经济,其国内生产总值和对外贸易额居世界前列。从国家角度看,美国经济被认为是世界上最大也是最重要的市场。

1. 地理概况

美国位于北美洲中部,领土还包括北美洲西北部的阿拉斯加和太平洋中部的夏威夷群岛;北与加拿大接壤,南靠墨西哥湾,西临太平洋,东濒大西洋;面积约为 962.9 万平方千米(其中陆地面积 915.896 万平方千米),本土东西长 4500 千米,南北宽 2700 千米,海岸线长 22680 千米；大部分地区属于大陆性气候，南部属于亚热带气候。

2. 人口概况

根据美国最新人口数据显示，2018 年美国人口总数约为 3.27 亿，美国人口密度为 35 人每平方千米，2018 年美国人口数量世界排名第三，美国人口相当于 4.30％的世界总人口。美国是个多人种混合的国家，非拉美裔白人占 62.1％；拉丁裔占 17.4％；非洲裔占 13.2％。美国通用语言为英语。

3. 经济概况

美国经济体系兼有资本主义和混合经济的特征。在这个体系内，企业和私营机构做主要的微观经济决策，政府在国内经济生活中的角色较为次要；然而，各级政府的总支出却占 GDP 的 36％；在发达国家中，美国的社会福利网相对较小，政府对商业的管制也低于其他发达国家。美国最大的贸易伙伴是毗邻的加拿大（19％），中国（12％）、墨西哥（11％）、日本（8％）紧随其后，每天大约有价值高达 11 亿美元的产品流经美国、加拿大的国界。美国经济高度发达，全球多个国家的货币与美元挂钩，而美国的证券市场被认为是世界经济的"晴雨表"。

美国有高度发达的现代市场经济，是世界第一经济强国。20 世纪 90 年代，以信息、生物技术产业为代表的新经济蓬勃发展，受此推动，美国经济经历了长达十年的增长期。在全国各地区，经济活动重心不一。例如，纽约是金融、出版、广播和广告等行业的中心；洛杉矶是电影和电视节目制作中心；旧金山湾区和太平洋沿岸西北地区是技术开发中心；中西部是制造业和重工业中心，底特律是著名的汽车城，芝加哥是该地区的金融和商业中心；东南部以医药研究、旅游业和建材业为主要产业，并且由于其薪资成本低于其他地区，因此持续地吸引制造业的投资。

美国的服务业占最大比重，全国 3/4 的劳动力从事服务业。美国拥有丰富的矿产资源，包括黄金、石油和铀，然而许多能源的供应都依赖于外国进口。美国是全球最大的农业出口国，占世界农业出口市场的一半以上。美国工业产品主要包括汽车、飞机和电子产品。美国也有发达的旅游业，排名世界第三。

美国幅员辽阔，主体部分地处太平洋和大西洋之间，地形呈南北纵列分布，平原面积占全国总面积的一半以上。密西西比河和五大湖为灌溉、航运等提供了良好的条件。充分利用不同地区的自然条件，美国的农业生产实现了地区生产的专业化，形成了一些农业带（区），生产规模很大。农业生产的各个过程和环节都实现了机械化与专业化，效率高，产量大。美国许多农产品的生产量和出口量居世界前列，是世界上的农业大国。

美国 2018 年国内生产总值总量首次突破 20 万亿美元，达到 20.5 万亿美元（世界国家和地区第 1 名，国际货币基金组织统计），人均国内生产总值 6.25 万美元。

57

重要名词

基 尼 系 数

基尼系数是反映一个国家或一个地区居民之间收入差距水平的统计指标。它能反映一个国家或一个地区的收入分配的公平状况。基尼系数习惯上用百分比表示,其取值范围为 0～1(0～100%)。百分比越大表示居民之间收入差距越大,收入分配越不公平;百分比越小表示居民之间收入差距越小,收入分配越公平。

在美国,高收入家庭占 5%——家庭净财富在 100 万美元以上,普遍具有大学以上文化;顶级高收入家庭占 0.9%——千万富翁与亿万富豪;中产阶层(白领)占 46%——平均男性年收入 5.7 万美元,女性年收入 4 万美元,基本具有大学文化;工人阶层(蓝领)占 40%～45%——平均男性年收入 4 万美元,女性年收入 2.6 万美元,大多具有中学文化;贫穷阶层占 12%——生活在贫困线以下,平均家庭年收入 1.8 万美元,一部分具有中学文化。

3.3.3 认识中国市场

1. 地理概况

中国位于亚洲大陆的东部、太平洋西岸,陆地面积约 960 万平方千米。中国领土北起漠河以北的黑龙江江心(北纬 53°30′),南到南沙群岛南端的曾母暗沙(北纬 4°),跨纬度超过 49°;东起黑龙江与乌苏里江汇合处(东经 135°05′),西到帕米尔高原(东经 73°40′),跨经度超过 60°。从南到北,从东到西,距离都在 5000 千米以上。中国陆地边界长达 2.28 万千米,大陆海岸线长约 1.8 万千米,海域面积 473 万平方千米。中国同 14 国接壤,与 8 国海上相邻。中国省级行政区划为 23 个省,5 个自治区,4 个直辖市,2 个特别行政区,首都是北京。

2. 人口概况

中国是世界上人口最多的发展中国家。第六次全国人口普查数据显示,我国总人口为 13.7 亿人。中国是一个统一的多民族国家,迄今为止,通过识别并由中央政府确认的民族有 56 个。中国各民族之间人口数量相差很大,其中汉族人口最多,其他 55 个民族人口相对较少,习惯上被称为"少数民族"。

3. 经济概况

1978 年 11 月,中国开始实行改革开放,之后经济持续高速发展达 40 年之久,备受全世界瞩目。这 40 年中,中国经济增长成为世界第二大经济体。持有超过 2 万亿美元的外汇储备,并已成为第一大贸易国和外国直接投资目的地。

2010 年,中国的经济总量跃居全球第二位,国内生产总值为 39.8 万亿元,约合 5.879 万亿美元,人均 GDP 由中下等收入国家进入中上等收入国家行列。中国、巴西、印度、俄罗斯、南非是世界上的五大经济体,被称为"金砖五国"。2018 年,中国国内生产总值为 90.03 万亿元,约合 13.6 万亿美元,稳居世界第二位(中国的国内生产总值占据了全球的 1/6)。

中国巨大的市场容量、完善的基础设施、完备的产业配套能力和稳定公平的市场环境,正在吸引越来越多的跨国企业到中国投资兴业。目前,中国是世界上吸引外资最多的国家之一,全球 500 强企业中已有 470 多家在中国落户。中国正由世界最大的工业品供应国逐渐转变为全球最大或者至少能与美国相媲美的世界市场。也就是说,"世界工厂"使中国跃进为"新兴发展中国家",而今后"世界市场"将使中国跃进为"新兴发达国家"。在中国由"世界工厂"向"世界市场"转变的过程中,电子商务的崛起和发展是最具代表性的例子。

2018 年 10 月 17 日,世界经济论坛发布了《2018 年全球竞争力报告》,该报告对世界 140 个国家和地区的竞争力进行了排名,是衡量全球各经济体促进生产力发展和经济繁荣程度的重要参考。在主要新兴经济体金砖国家中,中国竞争力最突出,在全球竞争力指数中排名第 28 位(得分 72.6)。"市场规模"指标中国居第 1 位,俄罗斯排名第 43 位,印度上升至第 58 位,南非和巴西分别下降至第 67 位和第 72 位。这也折射出中国经济发展速度和实力的不断提升,说明中国经济的环境在不断改善,创新力在不断增强,把控市场经济的宏观能力在不断提高。

3.3.4　认识日本市场

1. 地理概况

日本位于亚欧大陆东部、太平洋西北部,领土由北海道、本州、四国、九州 4 个大岛和其他 6800 多座小岛屿组成,因此被称为"千岛之国"。日本陆地面积约 37.79 万平方千米。日本东部和南部为一望无际的太平洋,西临日本海、东海,北接鄂霍次克海,隔海分别和朝鲜、韩国、中国、俄罗斯、菲律宾等国相望。日本人口为 1.268 亿(2017 年数据),主要民族为大和族,北海道地区约有 2.4 万阿伊努族人。日本通用语言为日语,主要宗教为神道教和佛教,首都是东京。

2. 经济概况

从国家角度看,日本是当今世界第三大经济体,仅次于美国和中国。日本经济高度发达,国民拥有很高的生活水平。日本内阁发布的数据显示,2018 年日本全年国内生产总值约为 548.5 万亿日元(约合 4.968 万亿美元)。

日本的服务业,特别是银行业、金融业、航运业、保险业及商业服务业占国内生产总值的最大比重,而且处于世界领先地位,首都东京不仅是全国第一大城市和经济中心,更是世界数一数二的金融、航运和服务中心。2018 年度亚洲最大的 64 家零售企业排行榜中,日本占一半;2018 年全球最佳航空公司 TOP10 排行榜中,日本的全日空(ANA)和日本航空(JAL)再次入围;2018 年《财富》全球 500 强企业中,日本占 66 家;2018 年《日本企业资产排行榜》,日本信越化学工业创收 7378 亿日元,任天堂创收 6627 亿日元,索那克(机器人制造业)创收 6297 亿日元,成为日本最赚钱的企业。此外,日本的电子产业和高科技著名制造商包括索尼、松下、佳能、夏普、东芝、日立等公司。汽车业方面,日本公司的汽车生产量超越美国和德国,是全球最大的汽车生产国。其中丰田、马自达、本田和日产等制造商,均生产汽车行销全球。日本拥有世界上资产最庞大的银行——邮储银行,

59

金融集团三菱 UFJ 金融集团、瑞穗金融集团和三井住友金融集团。

实训 3.3　世界主要市场认知

实训目的

加深学生对世界主要市场的认知。

实训安排

(1) 搜索世界主要市场的发展资料,讨论其变化历程。

(2) 查找近年来我国与美国、欧盟、日本的贸易往来数据,讨论这些市场对我国进出口的影响。

教师注意事项

(1) 由一般市场活动事例导入对世界主要市场发展的认知活动。

(2) 分组搜索资料,查找我国出口产品的主要市场分布。

(3) 组织其他相应的学习资源。

资源(时间)

1 课时、参考书籍、案例、网页。

评 价 标 准

表 现 要 求	是否适用	已达要求	未达要求
小组活动中,外在表现(参与度、讨论发言积极程度)			
小组活动中,对概念的认识与把握的准确程度			
小组活动中,分工任务完成的成效与协作度			
小组活动中,作业或 PPT 制作的完整与适用程度			

单元 3 小结

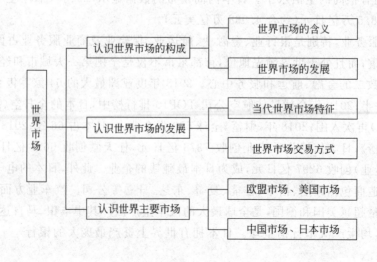

教学做一体化练习

重要名词

世界市场　基尼系数

同步自测

一、选择题

1. 世界市场的内涵是指与交换过程有关的全部条件和交换的结果,包括(　　)。
   A. 商品　　　　　B. 技术转让　　　　C. 货币　　　　　　D. 运输、保险

2. 世界市场的构成十分复杂,可以按不同的标准进行分类,主要标准包括(　　)。
   A. 地理方向标准　B. 市场对象标准　C. 消费者对象　　D. 产品质量

3. 联合国在有关的统计中常把世界各国划分为(　　)。
   A. 发达国家市场　　　　　　　　　B. 发展中国家市场
   C. 中央计划经济国家市场　　　　　D. 不发达国家市场

4. 世界市场的初步形成阶段,在机器大工业的推动下,(　　)。
   A. 国际贸易发生了根本性的变化
   B. 世界市场迅速发展
   C. 工业制成品与食品、原料的交换
   D. 产业资本取代商业资本而占据了统治地位

5. 世界市场发展阶段的主要特点是(　　)。
   A. 资本、商品、服务、生产要素与信息的跨国流通
   B. 在世界市场范围内提高资源配置的效率
   C. 各国经济相互依赖程度日益加深的趋势
   D. 垄断资本在世界市场占据统治地位

6. "金砖五国"包括(　　)。
   A. 中国　　　　　B. 俄罗斯　　　　　C. 印度
   D. 南非　　　　　E. 巴西

7. 2018 年,欧盟国内生产总值仅次于美国,为世界第二大经济实体,其中(　　)为八大工业国成员。
   A. 法国　　　　　B. 意大利　　　　　C. 英国
   D. 德国　　　　　E. 西班牙

二、判断题

1. 世界市场就是各国国内市场的简单相加。　　　　　　　　　　　　　　(　　)

2. 世界市场的内涵是指与交换过程有关的全部条件和交换的结果。　（　　）

3. 世界市场是以国家为媒介并超越国家界限而形成的商品交换关系的反映。

　　　　　　　　　　　　　　　　　　　　　　　　　　　　　　　　（　　）

4. 世界市场受各国经济和政治关系的制约与影响。　　　　　　　　（　　）

5. 世界市场可以划分为商品市场、货币市场和劳务市场,其中商品市场是主体。

　　　　　　　　　　　　　　　　　　　　　　　　　　　　　　　　（　　）

6. 区域经济一体化起着促进世界市场发展的作用。　　　　　　　　（　　）

7. 加工贸易是把加工与扩大出口或收取劳务报酬相结合的一种购销方式。（　　）

8. "金砖五国"的第五个成员方是南非。　　　　　　　　　　　　　（　　）

三、简答题

1. 世界市场的形成与发展经历了哪些阶段?

2. 世界市场的作用有哪些?

3. 当代世界市场有哪些特征?

4. 世界市场的交易方式有哪些?

5. 美国市场有哪些特点?

6. 欧盟市场有哪些特点?

四、案例分析

由国家信息中心"一带一路"大数据中心、大连瀚闻资讯有限公司共同编写的《"一带一路"贸易合作大数据报告 2018》正式发布。报告显示,2017 年中国与"一带一路"国家进出口总额实现较快增长,进口增速首超出口,中国已成为"一带一路"主要贸易国家的重要进出口市场。

2017 年,中国与"一带一路"国家的进出口总额达到 14403.2 亿美元,同比增长 13.4%,高于中国整体外贸增速 5.9 个百分点,占中国进出口贸易总额的 36.2%。其中,中国向"一带一路"国家出口 7742.6 亿美元,同比增长 8.5%,占中国总出口额的 34.1%;自"一带一路"国家进口 6660.6 亿美元,同比增长 19.8%,占中国总进口额的 39.0%,近 5 年来进口额增速首次超过出口。

从国别区域看,2017 年,亚洲大洋洲地区是中国在"一带一路"的第一大贸易合作区域,进出口总额达 8178.6 亿美元,占中国与"一带一路"国家进出口总额的 56.8%。从区域贸易额增速看,2017 年,中国对中亚地区贸易额增速最快,较 2016 年增长 19.8%,其次是东欧(17.8%)。

从商品结构看,机电类是中国对"一带一路"最主要的出口商品,电机电气设备和矿物燃料类是中国自"一带一路"国家最主要的进口商品。2017 年,中国对"一带一路"国家出口商品主要集中于机电类(含电机电气设备和锅炉机器等),占中国对"一带一路"国家出口额的比重分别为 23.2%、15%,其中,电机电气设备出口额增速明显较 2016 年增长 15.8%。而中国自"一带一路"国家进口商品主要集中于电机电气设备和矿物燃料,占中国自"一带一路"国家进口额的比重分别为 26.7%、23.6%,其中矿物燃料进口额增速较

2016 年增长 34.1%。

从贸易主体看,民营企业与"一带一路"国家的进出口总额占比最大,2017 年为6199.8 亿美元,占中国与"一带一路"国家贸易总额的 43.0%。国有企业进出口总额增速最快,2017 年国有企业与"一带一路"国家进出口总额为 2795.9 亿美元,较 2016 年增长 24.5%。

此外,从贸易方式看,2017 年一般贸易进出口 8407.6 亿美元,占中国与"一带一路"国家贸易额的 58.4%;从增速看,边境小额贸易进出口增速最快,2017 年边境小额贸易进出口总额达 379.5 亿美元,较 2016 年增长 17.3%,其次为一般贸易(16.1%)。一般贸易和边境小额贸易在进口增速方面表现突出,分别同比增长 28.7% 和 27.7%。

阅读以上材料,回答问题:

1. "一带一路"国家的市场情况怎样?

2. 从商品结构看,这些市场主要的进口商品是哪些?这反映了什么样的市场状况?

拓展实训:认知世界市场

实训目的

参观企业,认知世界市场。

实训安排

(1) 教师与企业接洽。

(2) 引领学生访问企业业务员,了解出口产品的主要市场。

教师注意事项

(1) 指导学生,认识某产品的出口市场。

(2) 请业务员讲解出口市场变动情况。

(3) 组织其他相应的学习资源。

资源(时间)

1 课时、参考书籍、案例、网页、实践基地企业。

评 价 标 准

表 现 要 求	是否适用	已达要求	未达要求
小组活动中的工作表现(参与度、讨论发言)			
整个认知活动过程的表现			
对整体职业学习活动的认识与把握			
学习活动过程中知识与经验的运用和反思			

63

学生自我总结

通过完成本单元的学习,我能够作如下总结。

一、主要知识

本单元主要知识点：
1.
2.

二、主要技能

本单元主要技能：
1.
2.

三、主要原理

本单元讲述的主要原理：
1.
2.

四、相关知识与技能

我在完成本单元的学习中学到的知识与技能：
1. 世界市场的作用有：
2. 世界市场对于货物选择的影响有：
3. 世界市场对于贸易伙伴选择的影响有：

五、成果检验

我完成本单元的学习后得到的成果：
1. 学习本单元的意义有：
2. 学到的经验有：
3. 自悟的经验有：
4. 我认为世界市场对我国出口带来的影响是：

单元 4　关 税 措 施

学习目标

1. 知识目标

能认识关税的概念。

能认识关税的种类。

能认识关税的影响。

2. 能力目标

能理解关税的作用机制。

能理解征税方法对货物报价的影响。

能认识关税措施对整个业务活动的影响。

任务描述

在国际贸易中,关税是一个国家贸易管理的重要措施之一。作为参与国际贸易活动的成员,应该认识关税的概念、种类与特征,熟悉其作用和计征方式,并在此基础上,理解关税与市场开放度的关系,在国际贸易活动中,能结合关税制度实际,以及关税措施对业务活动的影响,有针对性地选择商品、贸易对象、市场,熟练地进行货物通关工作。

任务分解

根据国际贸易认知活动工作顺序和职业教育学习规律,"关税措施"可以分解为以下几个学习任务。

同步实训

根据国际贸易认知活动、职业成长规律及职业学习原理,"关税措施"可以安排以下几个同步实训活动。

实训项目	活 动 名 称	活 动 目 的
实训 4.1	关税的认知	加深学生对关税实践意义的理解
实训 4.2	关税征收的认知	通过分析关税征收案例,总结对贸易效益的影响
实训 4.3	关税影响的认知	初步认识关税对进出口贸易的影响
拓展实训	认识企业报关工作	参观企业或海关,了解货物通关管理工作

导入故事

在中国消费者眼里,和国内产品同样的价钱能买到进口产品,不少消费者都乐意选择购买进口产品,不少人看好了这个商机,于是出现了一种新职业——代购。

香港之所以被称为中国人的"购物天堂",也正因为从香港免税店采购商品价格非常实惠,目前已经有不少人把"代购"当作职业,整箱地采购商品。日前,正逢十一国庆节,上海浦东机场就来了一次突击检查,对很多携带大量国外商品回国的"代购"人员进行了开箱检查,不少代购人员都被通知需要重新缴税。其中有的被查出代购的人员表示,已经从业代购多年,深知被查出辩解也没有用,只能交罚款。据曝出消息的代购人员表示,想不到这次突击检查这么严,当天不少代购被查出后,由于代购商品数量巨大,不少人都被罚款过万元。

【感悟】 海关这一举动当然是为了保护本国相关产业的发展。通过学习本单元,你是否能够找到更清晰的答案呢?

4.1 认识关税

提示:完成本任务,你将初步认识关税。

学习行动:这是国际贸易活动参与人员认识关税的第一课。认识关税,特别是从经济意义的角度,认识关税的作用。在此基础上,能够在进出口市场、客户选择、商品价格制定等方面考虑关税的影响。

4.1.1 关税的含义

和我们日常生活中所了解的其他一些税种一样,关税也是一个国家税收的一种。因其所涉业务及区域的不同,又体现出一些区别于其他税种的特殊性。

重要名词

关　税

关税(Customs Duty 或 Tariff)是进出口货物经过一国关境(Customs Frontier)时,由政府所设置的海关(Customs House)向其进出口商所征收的一种税。

66

1. 关税的征收机关

关税的征收机关是一国的海关。海关是设在关境上的行政管理机构,它受权于国家,行使国家权力。海关是贯彻执行本国有关进出口政策、法令与规章的重要机构,其基本职责是根据这些政策、法令与规章对进出口货物、货币、金银、行李、邮件和运输工具等实行监督管理、征收关税、查禁走私、临时保管通关货物、统计进出口商品等。

2. 关税的征收地域

海关对进出口货物实行监督和管理,都会规定一个地域界线。货物进入这个地域时称作进口,离开这个地域时称作出口,这个地域被称为关境。关境也称关税领土、海关境域、关税境域或关税领域。

一般来说,关境和国境是一致的,但在一些国家两者并不一致。关境与国境的不同主要有三种情况:第一,有些国家在国境内设有自由港、自由贸易区和出口加工区等经济特区,这些地区虽然在国境之内,但从征收关税的角度来看,它们是在该国的关境之外,这时关境在范围上小于国境。第二,有些国家相互之间结成关税同盟,参加同盟的国家领土合并成为一个统一的关境,成员方之间免征关税,货物自由进出口,只对来自或运往非成员方的货物进出共同关境时征收关税。这时关境则大于成员方各自的国境。第三,在一国两制的国家境内可能有两个或两个以上的关境同时并存。如中国就是这样,除中国内地(大陆)海关管辖的区域外,还有香港、澳门和台湾三个单独关税区域,这种情况下的关境范围小于国境。

随着国家对外开放程度的提高和经济的区域化发展,关境与国境不一致已经成为比较普遍的现象。

重要信息

关税的特点

关税具有以下几个特点。

(1) 关税是进出口商品经过一国关境时,由政府设置的海关向进出口商征收的税收。

(2) 关税具有强制性。强制性是指关税由海关凭借国家权力依法强制征收,而非自愿性的捐纳,纳税人必须按照法律规定无条件地履行其义务,否则就要受到国家法律的制裁。

(3) 关税具有无偿性。无偿性是指关税由海关代表国家单方面地向纳税人征收,作为国库收入,而国家不需给予任何补偿。

(4) 关税具有预定性。预定性是指关税由海关根据国家预先制定的法令和规章加以征收,海关与纳税人均不得任意更改有关的法规。

关税属于间接税。课税主体即关税的纳税人,是进出口商;课税客体即课税的对象,是进出口货物。因为关税主要是对进出口商品征税,其税负可以由进出口商垫付,然后把它作为成本的一部分加入货价,货物售出后可收回这笔垫款,因此关税负担最后转嫁由买方或消费者承担。

67

4.1.2 关税的种类

关税可以按照征税商品的流向、税率等不同标准进行分类。

1. 进口税、出口税和过境税

按照征税商品的流向,关税可分为进口税、出口税和过境税三类。

(1) 进口税(Import Duty)。进口税是指进口国海关在外国商品输入时,对本国进口商所征收的关税。进口税是关税中最主要的税种,它一般是在外国商品(包括从自由港、自由贸易区或海关保税仓库等地提出,运往进口国国内市场的外国商品)进入关境、办理海关手续时征收。进口税可以是常规性的按海关税则征收的关税,也可以是临时加征的附加税。

贸易实务

洋奶粉会降价吗

2017 年 12 月 1 日起,我国进一步降低部分消费品进口关税,平均税率由原来的17.3%降至 7.7%。其中,降税力度最大的是乳蛋白部分水解配方、乳蛋白深度水解配方、氨基酸配方、无乳糖配方等几种特殊婴幼儿奶粉,从此前的 20%税率直接降为 0。如今,距离关税调整落地已半个月,然而记者在探访市场时却发现,台州商超内进口婴幼儿奶粉的价格并没有大的波动。关税降了,洋奶粉为什么没降价呢?

某洋品牌不愿透露姓名的相关负责人表示,许多洋品牌在中国销售的产品,其部分原材料或生产流程已经本土化,同时特殊配方奶粉在各大洋品牌生产产品中占比甚微,因此新政对洋奶粉的价格影响不大。

业内人士也表示,对洋奶粉关税下调的只是"小众"的特殊配方婴幼儿奶粉,是针对一些因其特殊体质原因对通常奶粉过敏,或者有特殊需求的婴幼儿,其在国内市场占比不足万分之一,消费者受惠有限。

课堂讨论:对比进口奶粉关税下调前后的市场价格;分析关税对奶粉价格的影响程度。

(2) 出口税(Export Duty)。出口税是指出口国海关在本国商品输出时对本国出口商所征收的关税。出口税通常是在本国出口商品离开关境时征收。世界各国为了鼓励出口,追求贸易顺差和获取最大限度的外汇收入,许多国家特别是西方发达国家已不再征收出口税。征收出口税的主要是发展中国家,多数以原料或农产品为对象。

(3) 过境税(Transit Duty)。过境税也称通过税,是一国对通过其领土(或关境)运往另一国的外国货物所征收的关税。过境税最早产生于中世纪,并流行于欧洲各国,但是,作为一种制度,则是在重商主义时期确定起来的。征收过境税的条件是征税方拥有特殊的交通地理位置。征税方可以凭借这种得天独厚的条件获取一定的收入,既可以充实国库,又可以转嫁国内的某些经济负担。从 19 世纪后半叶开始,各国相继废止了过境税,代之以签证费、准许费、登记费、统计费、印花税等形式,鼓励过境货物增加,增加运费收入、保税仓库内加工费和仓储收入等。目前只有少数国家还在征收过境税。如白俄罗斯对通过其境内管道向欧洲出口石油的俄石油公司征收过境税。

课堂讨论：过境税的意义有哪些？

2．进口附加税

进口附加税(Import Surtax)是指对进口商品除了征收正常的进口关税以外，根据某种目的再加征的额外进口税。由于这类关税在海关税则中并不载明，并且是为了特殊目的而设置的，因此，进口附加税也称特别关税。

根据不同的目的，进口附加税主要分为反补贴税、反倾销税、报复关税、科技关税和惩罚关税等。

(1) 反补贴税(Anti-Subsidies Duty)。反补贴税又称抵销税或补偿税，是对于直接或间接接受任何奖金或补贴的外国商品进口所征收的一种附加税。凡进口商品在生产、制造、加工、买卖、输出过程中所接受的直接或间接的奖金或补贴，都构成征收反补贴税的条件，不论奖金或补贴来自政府或行业协会等。反补贴税的税额一般按奖金或补贴数额征收。

在国际贸易中，一般认为对出口商品采取补贴方式是不合适而且是不公平的，它与国际贸易体系的自由竞争原则相违背。为此，反补贴税被视作进口国抵御不公平贸易的正当措施。征收反补贴税的目的在于抵销进口商品所享受的补贴金额，削弱其竞争能力，保护本国产业。

【例 4-1】 美国商务部 2012 年 3 月 20 日宣布对中国光伏产品反补贴调查的初步裁定结果，美国商务部已将对中国进口的太阳能电池板的初步反补贴税定为最高 4.73%，最低 2.90%。

(2) 反倾销税(Anti-Dumping Duty)。反倾销税是对于实行商品倾销的进口货物所征收的一种进口附加税。征收反倾销税的目的在于抵制商品倾销，保护本国的市场与工业。所谓"倾销"，是指低于本国国内市场价格或低于正常价格在其他国家进行商品销售的行为。它会造成国际市场价格的不平等，使进口国厂商处于不平等的竞争地位，造成冲击。进口国政府为了保护本国产业免受外国商品倾销的冲击，就有可能考虑对实施倾销的产品征收反倾销税。

【例 4-2】 美国国际贸易委员会 2012 年 11 月 19 日作出复审裁定，继续维持对从中国进口的蜂蜜征收反倾销税。美国最早从 2001 年 12 月开始对从中国进口的蜂蜜征收反倾销税，这是进行第二次日落复审，目前的反倾销税率为 25.88%～183.8%。

但是，对于倾销的认定、"正常价格"的含义、反倾销的实施方式等，各个国家之间存在着一定的分歧。一些发达国家利用反倾销手段对来自低成本的发展中国家的产品进口加以限制，反倾销扩大化的趋势明显，成为非关税壁垒的手段之一。

(3) 报复关税(Retaliatory Duty)。报复关税是指对特定国家的不公平贸易行为采取行动而临时加征的进口附加税。加征报复关税大致有以下几种情况：对本国进口的物品征收不合理的高关税或差别税率，对特定国家物品出口设置的障碍，对贸易伙伴违反某种协定等采取措施。

【例4-3】 美国《1988年综合贸易和竞争力法案》的"超级301"条款,就是关于针对"不公平"贸易伙伴实施报复的条款,其报复手段之一就是加征临时性报复关税。

(4) 科技关税(Scientific Duty)。科技关税是对技术先进、竞争能力特别强劲的产品所征收的进口附加费用。科技关税是一种进出口价格控制。由于各国经济发展不平衡,技术发展相对迅速的国家出口,对技术发展相对较慢的国家市场形成了巨大的冲击力。进口国为了保护本国高新技术的发展,就通过征收这种进口附加费用,来提高这类进口产品的销售价格,削弱其竞争力。

【例4-4】 美国、日本和中国台湾多年来一直在对欧盟进行游说,希望降低商品的科技关税。这三个国家和地区是全球电子产品的最大出口市场。2010年8月,世界贸易组织(WTO)作出裁决,要求欧盟取消对高科技产品价值数十亿美元的进口关税,否则便有可能采取报复性贸易制裁。

(5) 惩罚关税(Penalty Duty)。惩罚关税是指出口国某商品违反了与进口国之间的协议,或者未按进口国海关规定办理进口手续时,进口国海关向该进口商品征收的一种临时性的进口附加税。

【例4-5】 中国商务部2012年12月14日表示,中国将对从美国进口的大型轿车和越野车征收22%的惩罚性关税。新关税将涉及美国价值40亿美元的车辆出口。在这之前,中国控告美国对中国轮胎征收惩罚性关税违反世贸组织规则。

3. 普通税和优惠税

根据国与国之间政治、经济关系的不同,对来自不同国家的同样产品会采取不同的税率,以示区别对待。普通税率适用于无任何外交关系国家的进口商品,是最高的税率。优惠税率适用于有经济贸易关系的国家的进口商品。优惠税率包括最惠国税率、特惠税率、普惠制税率等多种形式,这些都在一国的海关税则中一一列明。普通税率一般要比优惠税率高1~5倍,个别的甚至高达10倍。

(1) 最惠国税率。最惠国税率也称协定税率,是根据所签订的贸易条约或协定的最惠国待遇条款所给予的优惠税率,如关税与贸易总协定成员方之间相互适用最惠国税率。普惠制税率是发达国家向发展中国家的工业品提供的优惠税率。这种税率是在最惠国税率的基础上进行减税或免税,并且是单向的、非互惠的。特惠税率仅适用于与本国有特殊关系的国家,现在仅存的是与欧洲共同体签订《洛美协定》的成员方,是当前最低的一种税率。美国的关税就有普通税率、最惠国税率和普惠制税率三栏税率。

课堂讨论:一国为什么要分别设置普通税率和优惠税率?

(2) 特惠关税。特惠关税(Preferential Duty)是对特定的某一国家或地区进口的全部或部分商品,给予特别优惠的低关税或免税待遇。特惠关税最早实行于宗主国与殖民地之间,其目的是保持宗主国在殖民地市场上占据优势。现在实行特惠制的主要是欧盟(初创时的欧洲共同体)向非洲、加勒比海和太平洋地区的发展中国家单方提供特惠的《洛美协定》。第一个《洛美协定》于1975年2月签订;第四个《洛美协定》于1989年12月15日签订,通过《洛美协定》受惠的非洲、加勒比海和太平洋国家或地区已经从最初的46个增加到70多个。

（3）普遍优惠制度关税。普遍优惠制度（Generalized System of Preference，GSP）简称普惠制，是工业发达国家承诺对来自发展中国家的某些商品，特别是制成品或半制成品给予普遍的关税减免优惠的制度。普遍性、非歧视性和非互惠性是普惠制的三项主要原则。普遍性是指所有发达国家对发展中国家出口的制成品和半制成品给予普遍的优惠；非歧视性是指所有发展中国家都不受歧视、无例外地享受普遍优惠待遇；非互惠性是指发达国家单方面给予发展中国家关税优惠，而不要求发展中国家或地区提供反向优惠。

实施普惠制的国家都各自制订方案，在提供关税优惠待遇的同时，又规定了种种限制措施。各国的方案不尽相同，主要内容大致包括以下几个方面。

① 受惠国或地区。普惠制原则上是无歧视的，但各给惠国从各自的政治、经济利益出发，对受惠国或地区进行限制。例如，在美国公布的受惠国名单中，不包括石油输出国、非市场经济的社会主义国家、贸易中与美国有歧视或敌对的国家等。

② 受惠商品范围。一般来说，对发展中国家或地区工业制成品和半制成品都列入受惠范围，但一些敏感性商品，如纺织品、服装、鞋类及皮革制品和石油制品常被排除在外，农产品受惠较少。

③ 减税幅度。受惠商品的减税幅度取决于最惠国税率和普惠制税率的差额，即普惠制的差幅。假设某一商品的最惠国税率为 10%，普惠制税率为免税，则其普惠制差幅为 10%。一般来说，工业品的差幅较大，农产品的差幅较小。普惠制成为最惠国待遇的特例。

④ 保护措施。由于普惠制是一种单向的优惠，为了保护本国某些产品的生产和销售，给惠国一般都规定有保护措施。

⑤ 原产地规则（Rule of Origin）。原产地规则是普惠制的主要组成部分和核心。为了确保普惠制优惠的好处仅仅给予发展中国家生产和制造的产品，各给惠国对来自发展中国家的产品都制定了详细的原产地规则。原产地规则一般包括原产地标准、直接运输规则和证明文件三个部分。

重要信息

关税的作用

对于一国来讲，关税具有以下几个作用。

（1）维护国家主权和经济利益。一国采取什么样的关税政策直接关系到国与国之间的主权和经济利益。历史发展到今天，关税已成为各国政府维护本国政治、经济权益，乃至进行国际经济斗争的一个重要武器。

（2）保护和促进本国工农业生产的发展。一个国家采取什么样的关税政策，是由该国的经济发展水平、产业结构状况、国际贸易收支状况及参与国际经济竞争的能力等多种因素决定的。国际上许多发展经济学家认为，自由贸易政策不适合发展中国家的情况。相反地，这些国家为了顺利地发展民族经济，实现工业化，必须实行保护关税政策。

（3）调节国民经济和对外贸易。关税是国家的重要经济杠杆，通过税率的高低和关税的减免，可以影响进出口规模，调节国民经济活动。

（4）增加国家财政收入。征收进出口关税仍然是一些发展中国家取得财政收入的重要渠道之一。我国关税收入是财政收入的重要组成部分,发挥关税在筹集建设资金方面的作用,仍然是我国关税政策的一项重要内容。

实训4.1　关税的认知

实训目的

认识关税的经济意义。

实训安排

（1）搜索关税的起源与发展资料,讨论其变化历程。

（2）讨论关税税率变化对某企业进出口或某产品价格的影响（可以汽车产品为例,查找我国汽车进口关税税率规定,计算其对价格的影响,或找一些我国出口遭遇"双反"调查的案例进行讨论）。

教师注意事项

（1）由一般税收事例导入关税认知活动。

（2）分组搜索资料,查找我国出口遭遇反补贴、反倾销调查的案例。

（3）组织其他相应的学习资源。

资源（时间）

1课时、参考书籍、案例、网页。

评 价 标 准

表 现 要 求	是否适用	已达要求	未达要求
小组活动中,外在表现（参与度、讨论发言积极程度）			
小组活动中,对概念的认识与把握的准确程度			
小组活动中,分工任务完成的成效与协作度			
小组活动中,作业或PPT制作的完整与适用程度			

4.2　认识关税的征收

提示:完成本任务,你将初步认识关税的征收。

学习行动:这是国际贸易活动参与人员认识关税的第二课。认识关税的征收,特别是从国家关税政策的角度,认识关税的征收方法。在此基础上,能够在产品命名、归类、税率适用等方面考虑关税征收的影响。

4.2.1　关税征收的依据

海关征收关税的依据是海关税则。海关税则一般包括两个部分:一是海关课征关税的规章条例;二是商品分类及关税税率表。关税税率表则包括税则序列(Tariff No. 或 Heading No. 或 Tariff Item,简称税号)、货物分类目录(Description of Goods)、税率(Rate of Duty)三类。

重要名词

海 关 税 则

海关税则(Customs Tariff)也称关税税则(Tariff Schedule),是国家根据其关税政策和总体经济政策,以一定的立法程序制定和颁布实施的应税商品与免税商品的种类划分及按商品类别排列的关税税率表,是海关凭以征收关税的依据,并具体体现一国的关税政策。

1. 关税税则的货物分类

关税税则的货物分类主要是根据进出口货物的构成情况,对不同商品使用不同的税率及便于贸易统计而进行系统的分类。各国关税税则的分类不尽相同,主要有以下几种。

(1) 按照货物的自然属性分类,如动物、植物、矿物等。

(2) 按照货物的加工程度或制造阶段分类,如原料、半制成品和制成品等。

(3) 按照货物的成分分类或按照同一工业部门的产品分类,如钢铁制品、塑料制品、化工产品等。

(4) 按照货物的用途分类,如食品、药品、染料、仪器、乐器等。

实际分类依据上述方向排列层次,分为不同等级,一般可以分为3~5级。例如,先按自然属性分成大类,再按其他方法分成不同层次的章或组、项目、子目、分目等不同层次。

重要信息

关税协调制度

为了统一各国的商品分类,减少税则分类的矛盾,欧洲关税同盟研究小组于1952年12月制定了关税合作理事会税则目录(Customs Co-operation Council Nomenclature, CCCN)。因为该税则目录是在布鲁塞尔制定的,故又称布鲁塞尔税则目录(BTN)。国际上主要用于贸易统计的商品分类目录,是1950年由联合国经济和社会理事会下设的统计委员会编制并公布的"联合国国际贸易标准分类"(SITC)。由于上述两种分类分别用于海关税则和贸易统计,海关合作理事会成立专门研究小组,研究能够满足海关、统计、运输、贸易等各个方面共同需要的商品编码协调制度。经过10年的努力,1983年6月由海关合作理事会正式批准了《协调商品名称及编码制度的公约》,形成了《协调商品名称和编码制度》。

课堂讨论:关税税则中为什么要对货物进行分类?

2. 关税税则的国际协调

随着国际贸易和国际交往的不断发展,人们逐渐认识到,商品目录必须进行系统、科学的分类,使其具有国际通用性,以适应国际贸易发展的需要。

关税合作理事会税则目录的商品分类划分原则是以商品的自然属性为主,结合加工程度等,将全部商品分成21类(Section)、99章(Chapter)、101项税目号(Headings No.)。

《协调商品名称和编码制度》(The Harmonized Commodity Description and Coding System,以下简称《协调制度》),是于1988年1月1日正式生效的一种新的商品分类制度,是一部供国际贸易有关方面使用的税则和统计合并目录。它是在海关合作理事会分类目录和联合国国际贸易标准分类的基础上编制的,是一种新型的、系统的、多用途的商品分类制度。《协调制度》目录分21类、97章(其中,第77章是空章),共5019项商品组,每项以6位数编码的独立商品组组成。《协调制度》基本上是按社会生产的分工(或称生产部类)分类,按商品的属性或用途分章。

【例4-6】《协调制度》中,税目为01.04是绵羊、山羊,前两位数表示该项目的第一章,后两位表示该商品为第一章的第四项。六位数的子目,即表示包括税目下的子目,如5202为废棉,5202.10为废棉纱线。

《协调制度》的成功之处在于它是国际上多个商品分类目录协调的产物,是通过协调去适应国际贸易有关各方的需要,是国际贸易商品分类的"标准语言"。我国海关于1992年1月1日起正式采用《协调制度》。

【例4-7】 在世界海关组织制定的《协调制度》中商品编码的数字只有6位,而我国商品名称与编码表中的商品编码数字是8位,其中第7位、第8位是根据我国国情而增设的"本国子目"。

编码排列规律以03019210的"鳗鱼苗"为例说明如下。

编码: 0 3   0 1   9   2   1   0

位数: [1 2] [3 4] [5] [6] [7] [8]

含义: 章号   顺序号 1级子目 2级子目 3级子目 4级子目

第5位编码:它所在税(品)目下所含商品1级子目的顺序号。

第6位编码:它所在税(品)目下所含商品2级子目的顺序号。

第7位编码:它所在税(品)目下所含商品3级子目的顺序号。

第8位编码:它所在税(品)目下所含商品4级子目的顺序号。

若5～8位出现数字9,则它不一定代表在该级子目的实际顺序号,而是代表未具体列名的商品。

3. 单式税则和复式税则

(1)单式税则(Single Tariff)又称一栏税则,是指对每一种应税商品不论产于何地,每个税则项号下都只规定一个税率。单一税则的特点是无歧视对待不同国家的同种商品。

（2）复式税则（Complex Tariff）又称多栏税则，是指一个税目设有两个或两个以上的税率，以便对来自不同国家或地区的进口商品采用不同的税率。复式税则的特点是歧视性，对不同国家的同种商品实行有差别的待遇。

4. 自主税则和协定税则

根据各国税则制度制定方式的不同，可以分为自主税则、协定税则和混合税则。

（1）自主税则（Autonomous Tariff）又称国定税则（National Tariff System），或称通用税则（General Tariff System），是指一国立法机构根据本国经济发展状况，制定的独立自主的关税税法和税则。自主税则制度分为自主单一税则制度和自主多重税则制度。

（2）协定税则（Conventional Tariff）是指一国政府通过与其他国家订立贸易条约或协定的方式确定关税税率。这种税则是在本国原有的固定税则基础上，通过关税减让谈判，另行规定一种税率，不仅适用于该条约或协定的签字国，而且某些协定税率也适用于享有最惠国待遇的国家。协定税则制度分为双边协定、多边协定和片面协定税则制度三种形式。

（3）混合税则或称自主与协定税则（Automatic and Conventional Tariff）。混合税则是指一国关税的制定同时采用自主税则和协定税则方式的税则制度。混合税则兼容了自主税则和协定税则的长处，被越来越多的国家所采用。

4.2.2 关税的征收方法

关税的征收方法又称征收标准，是各国海关计征进出口商品关税的标准和计算方法，主要有从量税、从价税、混合税、选择税、滑动关税、差价税、其他关税等。

1. 从量税（Specific Duty）

从量税是指以商品的重量、数量、长度、容积、面积等计量单位为标准计征的关税。从量税的征税额是商品数量与单位从量税的乘积。征收从量税大多以商品的重量为单位，因重量的计算方法各有不同，一般有毛重、净重和公量三种。从量税的优点是：税负公平明确、易于实施。从量税额的计算公式如下：

应纳税额＝应税进口货物数量×关税单位税额

【例4-8】 在我国，盐税按盐的重量（吨）和单位税额计征，车船使用税按应税车辆数和每辆应纳税额计征。

2. 从价税（Ad Valorem Duty）

从价税是指按进口商品的价格为标准计征的关税，其税率表现为货物价格的百分率。从价税的优点是：税负合理，按货物的品质、价值等级比率课税，品质佳、价值高者，纳税较多，反之则较少；税负明确，且便于各国关税率的比较；税负公平，税额随物价的涨落而增减，纳税人的负担可以按比例增减，可抑制过分获利，减轻过分损失；进口物价上

涨、数量不变时,财政收入增加。从价税额的计算公式如下:

$$应纳税额＝应税进出口货物数量×单位完税价格×适用税率$$

【例4-9】 从量税为2美元/升,对于价值2美元/升的廉价酒来说,税率为100%;而对于价值20美元/升的高价酒而言,只相当于10%的税率。10%的从价税对于较廉价的酒的税赋为0.2美元/升,较昂贵的酒的税赋为2美元/升。

从价税的一个关键问题是如何核定完税价格(Duty Paid Value)。完税价格是经海关审定作为计征关税依据的货物价格。由于完税价格标准的选择直接关系到对本国的保护程度,因此,各国对此均十分重视。各国所采用的完税价格的依据各不相同,大体有以下三种:以运、保费在内价(CIF)作为完税价格的基础;以装运港船上交货价(FOB)为征税价格标准;以法定价格或称进口国规定价格为征税价格标准。目前,世界上大多数国家以运、保费在内价为基础计征关税,有的国家使用进口地市场价格。

完税价格的认定即海关估价(Customs Value),是指出口货物的价格经货主(或申报人)向海关申报后,海关按本国关税法令规定的内容审查,估定其完税价格。在上述所依据的价格的基础上进行审查和调整后,核定为完税价格。由于各国海关估价规定的内容不一,有些国家可以利用估价提高进口关税,形成税率以外的一种限制进口的非关税壁垒措施。

课堂讨论: 哪些商品适合采用从量税?哪些商品适合采用从价税?

3. 混合税（Mixed or Compound Duty）

混合税又称复合税,是对同一种商品同时采用从量、从价两种标准征收关税的一种方法。按从量税和从价税在混合税中的主次关系不同,混合税有的是以从价税为主,另加征从量税;有的是以从量税为主,另加征从价。混合税额的计算公式如下:

$$应纳税额＝从量税额＋从价税额$$

【例4-10】 2013年,我国继续对小麦等7种农产品和尿素等3种化肥的进口实施关税配额管理,并对尿素等3种化肥实施1%的暂定配额税率。对冻鸡等47种产品实施从量税或复合税,部分感光胶片进口关税的征收方式由从量计征改为从价计征。

4. 选择税（Alternative Duty）

选择税是指对同一物品,同时定有从价税和从量税两种税率,征税时由海关选择征税的方式,通常是按税额较高的一种征收。当高价品市价上涨时,选择从价税;当廉价品物价低落时,选择从量税。选择税具有灵活性的特点,可以根据不同时期经济条件的变化、政府关税目的及国别政策进行选择。选择税的缺点是征税标准经常变化,令出口国难以预知,容易引起争议。

【例4-11】 2012年12月,国务院关税税则委员会日前发出通知,自2013年1月1日起,我国进出口关税将进行部分调整,但业内广泛关注的天然橡胶进口关税维持不变,税率与2010年关税相同。如税则号40011000天然胶乳2013年暂定税率为10%或720元/吨,两者从低;税则号40012100烟片胶为20%或1600元/吨,两者从低;税则号40012200技术分类天然橡胶为20%或2000元/吨,两者从低。

5. 滑动关税（Sliding Duty）

滑动关税是根据商品的市场行情相应调整关税税率的一种方法，也称滑准税。滑动关税的经济功能是通过关税水平的适时调节影响进出口价格水平，以适应现时国际、国内市场价格变动的基本走势，免受或少受国内外市场价格水平波动的冲击。滑动关税包括滑动进口税和滑动出口税。滑动进口税根据同类商品的国内市场价格水平确定该种进口商品的关税率。国际市场价格较高时，相应降低进口税率；国际市场价格较低时，相应提高进口税率，以保持国内外价格水平大致相等。

【例4-12】 2013年，我国对关税配额外进口一定数量的棉花继续实施滑准税，并适当调整税率，主要是当棉花进口价格过低时，适用税率有所提高。

6. 差价税（Variable Levy）

差价税又称差额税，是按照进口商品价格低于国内市场同种商品价格的差额征收关税。由于差价税是随着国内外价格差额的变动而变动的，因此，它是一种滑动关税。差价税的目的是通过按差额征税，削弱进口商品的竞争能力，保护国内同类产业的生产。对于征收差价税的商品，有的规定按价格差额征收，有的规定在征收一般关税以外另行征收，后者实际上属于进口附加税。

差价税分为部分差价税、全部差价税和倍数差价税三种具体类型。部分差价税是以小于国内市场商品价格与进口商品价格的差额水平征收关税。全部差价税是以价格差额水平征收关税，也称全额差价税。

【例4-13】 欧洲共同市场是实行差价税的典型，为了实行其共同农业政策，建立农畜产品统一市场、统一价格，对进口的谷物、猪肉、食品、家禽、乳制品等农畜产品征收差价税，其目的在于排斥非成员的农畜产品大量进入欧洲共同市场。

欧洲共同市场征收差价税的方法较复杂，一般分为三个步骤：首先，由欧洲共同体委员会对有关产品按季节分别制定统一的指标价格（Target Price），即以欧洲共同市场内部生产效率最低而价格最高的内地中心市场的价格为依据而制定的价格。其次，确定入门价格（Threshold Price），即从指标价格中扣除把有关产品从进口港运至内地中心市场所需的一切开支（包括运、保费等）的余额。入门价格是差价税估价的基础。最后，根据进口价与入门价格的差额决定差价税额。

7. 其他关税

指数税（Index Duty）是以进口货物在市场价格指数的倍数为标准征收关税的一种方法。指数税的特点是税率不变，税额则随物价指数的变动而变动。

季节税（Seasonal Duty）是对那些具有明显季节性特征的农产品制定两种或两种以上不同水平的税率，实际征税时，根据季节特征选择其中一种税率予以征收。季节税的目的是平衡国内市场供求关系，调节进出口规模。

77

【例 4-14】 欧美和日本等国家均有季节税的规定,出口商如果向这些国家出售水果蔬菜则需考虑供货季节和相应的季节税,争取有利的出口价格。例如,日本 1978—1979 年税则中规定,橘子在 6 月 1 日至 11 月 30 日期间进口的税率为 20%,在 12 月 1 日至次年 5 月 31 日期间进口的税率为 40%。

实训 4.2　关税征收的认知

实训目的

认识关税的征收方法。

实训安排

(1) 选定某一商品,查阅我国海关税则,看其进出口关税征收方法。

(2) 讨论产品关税税率的变化对某企业进出口的影响。

教师注意事项

(1) 选取关税不同征收方法案例,供学生讨论。

(2) 分组查找海关税则资料,讨论其对企业某具体产品进出口的影响。

(3) 组织其他相应的学习资源。

资源(时间)

1 课时、参考书籍、案例、网页。

评 价 标 准

表 现 要 求	是否适用	已达要求	未达要求
小组活动中,外在表现(参与度、讨论发言积极程度)			
小组活动中,对概念的认识与把握的准确程度			
小组活动中,分工任务完成的成效与协作度			
小组活动中,作业或 PPT 制作的完整与适用程度			

4.3　认识关税的影响

提示:完成本任务,你将初步认识关税的影响。

学习行动:这是国际贸易活动参与人员认识关税的第三课。认识关税的影响,特别是从业务活动的角度,认识关税措施对进出口工作的要求。在此基础上,能够从多个方面理解关税措施的意义。

4.3.1　关税对进口货物价格的影响

国家对进口货物征收关税后,立即会表现出对该货物价格的影响。主要原因是:一个进口商人在其货物被征收关税后,总会设法把关税税负转嫁给消费者,这就会引起进口国国内外市场价格的变化。正如我们日常生活中所感知的一样:同样的东西,如果是纯粹进口的,价格就要贵很多。对进口货物征收关税产生的价格影响,称为关税的价格效应(Price Effect)。但进口国是贸易大国还是贸易小国,征收关税产生的价格效应并不完全相同。

1. 进口国国内市场价格提高

在整个国际贸易的货物中进口数量所占比例很小的国家被称作贸易小国,它们在国际市场上只能是被动的"价格接受者"(Price Taker)。当这些国家对进口货物征收关税,由于其进口数量占国际市场销售总量的比例很小,进口品数量的多少对国际市场的价格影响很小,关税税负完全转由其国内的消费者承担,关税的价格效应完全表现为进口国国内市场价格的提高。

2. 进口国国内市场价格提高,国际市场价格下降

一些贸易大国征收关税后,一方面导致进口国国内市场销售价格的提高;另一方面,由于贸易大国的进口数量占国际市场销售量的比例很大,就会形成一定程度的市场控制力量。当进口国国内价格的提高引起其进口数量减少时,出口国的生产者或出口商为了刺激出口,不得不降低其出口货品的价格。所以,与贸易小国相比,贸易大国征收关税不仅导致进口国国内市场价格提高,而且通常会导致国际市场价格下降。

当其他条件相同时,贸易大国国内市场价格提高的幅度小于贸易小国价格提高的幅度。

重要信息

碳关税对中国出口的影响

所谓碳关税,是指主权国家或地区对进口的高耗能产品(包括铝、钢铁、水泥、化肥和一些化工产品等)征收的二氧化碳排放特别关税。在很大程度上,碳关税是一种"绿色保护主义",其本质是将气候变化问题与贸易问题捆绑在一起,以环境保护为名行贸易保护之实。碳关税将会成为21世纪世界经济和国际贸易的一大挑战。

碳关税对中国经济的影响,直接表现在碳关税对中国出口造成严重损害。它增加了中国出口产品特别是高能耗产品的成本,减少了中国出口产品在国外的市场份额,削弱了中国国内产品的成本优势和国际竞争力,导致出口规模显著下降。

4.3.2 关税对进口货物销售的影响

征收关税后,进口国国内市场的价格提高,理性的消费者因价格提高而减少消费,这一结果称为消费效应(Consumption Effect)。这将给进口货物的销售带来重大影响。

1. 抑制进口商品的销售

从国家层面看,征收关税有积极的地方。如利用关税的价格效应,国家可以引导人

79

们的消费倾向或人们的生活习俗,减少对非必需品或奢侈品的高消费,从而限制这些商品的进口销售。

2. 促进本国产品的销售

通过征收关税,使本国生产的产品替代了进口商品,某种程度上提升了本国产品的销售。但这也是征收关税消极的方面,其实,本国产品生产的增加可能意味着是在高成本、低效率的基础上进行的,生产同样数量的产品,国内生产者比国外生产者消耗了更多的资源,资源的浪费降低了社会福利水平。此外,进口国的消费者因价格提高而不得不减少消费数量,也降低了社会福利水平。

贸易实务

关税调整带来商机

《2013年关税实施方案》经国务院关税税则委员会审议,并报国务院批准,自2013年1月1日起,我国将对进出口关税进行部分调整。

新增和进一步降低税率的产品主要分为五大类。其中包括调味品、特殊配方婴幼儿奶粉、心脏起搏器、血管支架等促进消费和改善民生,与人民群众密切相关的生活和医疗用品。

老百姓平时比较喜欢的民生类进口商品,如单反相机、婴幼儿食品、婴儿配方奶粉等,税率将在原来基础上再降低,其中配方婴幼儿奶粉的关税将从20%降到5%,降幅达75%。规模超过百亿的中国海外代购市场,奶粉是第二大商品。

北京圣衣医疗用品公司主要从事医疗器械、用品的进出口贸易,得知2013年关税实施方案通过后,已着手开始制订新一年的进出口计划。

公司市场部认为,进口关税的降低必将引起进口医用器械价格的进一步降低,从而会吸引一部分消费者而带来新的商机。

4.3.3 关税对出口的影响

征收出口关税的国家主要是一些经济不发达的国家。这些国家国内的税源有限,对该国资源丰富、出口量较大的商品征收出口关税,仍然是它们财政收入的一项稳定可靠的主要税源。也有一些国家曾因荒年灾害,用出口关税限制货物等出口;或在战时,用出口关税限制一些战略物资出口。其目的是限制该国有大量需求而供应不足的商品出口,或为了防止该国某些有限的自然资源耗竭,或利用出口税控制和调节某种商品的出口流量,防止盲目出口,以稳定国内外市场价格,争取在国外市场保持有利价格。目前,中国只对少数商品征收出口关税。

通过对出口商品征收出口关税,增加了出口商品的成本,提升了其价格,削弱了其在国外市场上的竞争力,因而征收出口关税会对出口商品形成一种限制。

一个多世纪以来,国际市场竞争非常激烈,各国已很少使用出口关税。但在某些情况下,它依然存在,甚至具有正保护作用。

中国稀土出口税率调整

稀土有工业"黄金"之称,由于其具有优良的光电磁等物理特性,能与其他材料组成性能各异、品种繁多的新型材料,其最显著的功能就是大幅度提高其他产品的质量和性能。

我国是全球最大的稀土生产国,同时也是最大的出口国,但长期以来并未拥有稀土的定价权。为争夺市场,国内生产企业相互压价、无序竞争,国外稀土矿山因我国廉价稀土的充足供应而关闭,并趁机在低价位进行囤积,稀土行业的混乱和战略资源的廉价流失引起我国政府的警觉与高度重视。我国从2003年开始,取消了稀土金属矿的出口退税,提高稀土出口门槛,征收稀土出口关税并逐年增加关税税率。2011年12月9日,国家关税税则委员会公布了《2012年出口关税实施方案》,规定自2012年1月1日起,我国将对镨、钇金属及氧化镨新征收25%的出口关税;对钕、镨、钇的氟化物、氯化物、碳酸盐类新征收15%的出口关税;对镧、镨、钕、镝、铽、钇的其他化合物新征收25%的出口关税;对钕铁硼速凝永磁片新征收20%的出口关税。

通过这些措施,初步改变了我国稀土质高价廉的局面,进一步规范了我国稀土的出口现状。

实训4.3 关税影响的认知

实训目的
认识关税的影响。

实训安排
(1)选择某一商品,查阅其关税调整变化过程。
(2)分析每一次变化对进出口活动的影响。

教师注意事项
(1)指导学生,认识关税的影响。
(2)聘请业务人员讲解关税调整对进出口的影响。
(3)组织其他相应的学习资源。

资源(时间)
1课时、参考书籍、案例、网页。

评价标准

表现要求	是否适用	已达要求	未达要求
小组活动中,外在表现(参与度、讨论发言积极程度)			
小组活动中,对概念的认识与把握的准确程度			
小组活动中,分工任务完成的成效与协作度			
小组活动中,作业或PPT制作的完整与适用程度			

81

单元 4 小结

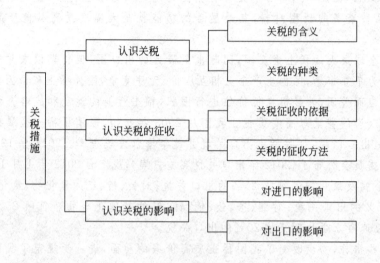

教学做一体化练习

重要名词

关税　海关税则　碳关税

同步自测

一、选择题

1. 海关是一国设在关境上的行政管理机构,(　　　)。
   A. 受权于国家,行使国家权力
   B. 对外代表国家行使国家主权,对内代表中央政府行使对地方的权力
   C. 是贯彻执行本国有关进出口政策、法令与规章的重要工具
   D. 基本职责是根据这些政策、法令和规章对进出口货物实行监督管理

2. 关税与其他税收一样,具有(　　　)。
   A. 强制性　　　　　B. 无偿性　　　　　C. 预定性　　　　　D. 自愿性

3. 按照征税商品的流向,关税可分为(　　　)。
   A. 进口税　　　　　B. 营业税　　　　　C. 出口税　　　　　D. 过境税

4. 优惠税率包括(　　　)。
   A. 最惠国税率　　　B. 特惠税率　　　　C. 普惠制税率　　　D. 零税率

5. 关税税则的货物分类可以按照其( )来划分。
   A. 自然属性　　　　B. 加工程度　　　　C. 成分类别　　　　D. 用途
6. 根据各国税则制度制定方式的不同,可以分为( )。
   A. 自主税则　　　　B. 协定税则　　　　C. 混合税则　　　　D. 关税制度
7. 征收从量税大多以商品的重量为单位,因重量的计算方法各有不同,一般有( )。
   A. 毛重　　　　　　B. 净重　　　　　　C. 公量　　　　　　D. 千克
8. 差价税分为( )。
   A. 部分差价税　　　B. 全部差价税　　　C. 倍数差价税　　　D. 估计差价税
9. 通过对出口商品征收出口关税,( )。
   A. 增加了出口商品的成本,提高了其价格
   B. 削弱了其在国外市场上的竞争力
   C. 对出口商品形成一种限制
   D. 保障了本国市场供应

二、判断题

1. 关税的征收有特定的区域。　　　　　　　　　　　　　　　　　　　　( )
2. 有的国家境内可能有两个或两个以上的关境同时并存。　　　　　　　　( )
3. 一些发达国家利用反倾销手段对来自低成本的发展中国家的产品进口加以限制,反倾销扩大化的趋势明显,成为非关税壁垒的手段之一。　　　　　　　　　　( )
4. 随着国家对外开放程度的提高和经济的区域化发展,关境与国境不一致已经成为较普通的现象。　　　　　　　　　　　　　　　　　　　　　　　　　　　　　　( )
5. 进口税可以是常规性的按海关税则征收的关税,也可以是临时加征的附加税。
   　　　　　　　　　　　　　　　　　　　　　　　　　　　　　　　　　( )
6. 我国海关于 1992 年 1 月 1 日起正式采用《协调制度》。　　　　　　　( )

三、简答题

1. 关税的性质有哪些?
2. 国际上海关税则是怎样协调的?
3. 碳关税对我国出口的影响有哪些?
4. 关税对进口货物价格有何影响?
5. 关税对进口货物销售有何影响?
6. 关税对出口有何影响?

四、案例分析

美国商务部之前已初步决定对多数中国太阳能面板课征 35% 的关税,而终裁决定将在 10 月 10 日出炉。这也将为美国国际贸易委员会 11 月初的最终投票结果定调。

按照惯例,美国国际贸易委员会过去鲜少作出驳回课税的决定,若想要国际贸易委员会改变判决,那么至少有 4 名委员变更 2011 年投出的选票。国际贸易委员会 6 名委员

2011年一致通过美国太阳能制造业者受到中国进口品实质上的损害。

据悉,美国国际贸易委员会在审理案件中,将检视美国太阳能制造业者是否在实质上受到损害或受到实质损害的威胁。代表德国太阳能巨擘美国分部 Solar World Americas 及其他美国太阳能制造业者的主要律师蒂姆·布莱特比在接受采访时大倒苦水,称已有多达13家公司倒闭、破产或大幅裁员。

美国商务部3月20日发布新闻稿宣布,初步判定自中国进口的硅晶太阳能电池、模组必须缴纳2.90%～4.73%的平衡税。此外,依据商务部5月17日公布对中国太阳能电池产品反倾销调查的初裁结果,认定强制应诉企业无锡尚德太阳能公司税率为31.22%,常州天合光能公司税率为31.14%,其他59家单独税率应诉企业税率也均超过30%。

除美国外,欧盟委员会9月6日对中国光伏电池发起反倾销调查。这是迄今对我国最大规模的贸易诉讼,涉案金额超过200亿美元,折合人民币近1300亿元。印度反倾销局近日也发布公告称,该局9月12日收到企业申请,要求对原产于中国等地的太阳能电池组件或部分组件进行反倾销调查。

资料来源:朱仙佳.美对华光伏双反终裁本周出炉 初裁征35%关税[N].上海证券报,2012-10-08.

阅读以上材料,回答问题:

1. 中国光伏电池为什么会屡屡被发起反倾销调查?
2. 中国光伏电池生产企业应该如何应对?

拓展实训:认识企业报关工作

实训目的
参观企业或海关,认识货物报关管理工作。

实训安排
(1)教师与企业或海关接洽。
(2)引领学生访问海关或企业报关员,了解其工作职责、流程。

教师注意事项
(1)指导学生,认识通关岗位。
(2)聘请报关员讲解通关工作内容。
(3)组织其他相应的学习资源。

资源(时间)
1课时、参考书籍、案例、网页、实践基地企业。

评 价 标 准

表 现 要 求	是否适用	已达要求	未达要求
小组活动中的工作表现(参与度、讨论发言)			
整个认知活动过程的表现			
对整体职业学习活动的认识与把握			
学习活动过程中知识与经验的运用和反思			

学生自我总结

通过完成本单元的学习,我能够作如下总结。

一、主要知识

本单元主要知识点:

1.

2.

二、主要技能

本单元主要技能:

1.

2.

三、主要原理

本单元讲述的主要原理:

1.

2.

四、相关知识与技能

我在完成本单元的学习中学到的知识与技能:

1. 关税对于货物价格的影响有:

2. 关税对于货物选择的影响有:

3. 关税对于贸易伙伴选择的影响有:

五、成果检验

我完成本单元的学习后得到的成果:

1. 完成本单元的意义有:

2. 学到的经验有:

3. 自悟的经验有:

4. 我认为海关限制从中国香港携带 iPad 的原因是:

单元 5 　非关税措施

学习目标

1. 知识目标

能认识非关税措施的概念。

能认识非关税措施的种类。

能认识非关税措施的影响。

2. 能力目标

能理解非关税措施的作用机制。

能理解其他非关税措施的影响。

能认识新型非关税措施对业务的影响。

任务描述

国际贸易中,非关税措施是指关税以外的一切限制进口的措施。作为参与国际贸易活动的成员,应该认识非关税措施的概念、种类与特征,熟悉其作用和实施方式,并在此基础上,理解非关税措施与市场活动的关系,在国际贸易活动中,能结合非关税措施实际,以及非关税措施对业务活动的影响,灵活地选择商品、贸易对象。

任务分解

根据国际贸易认知活动工作顺序和职业教育学习规律,"非关税措施"可以分解为以下几个学习任务。

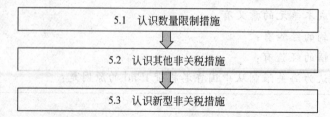

5.1　认识数量限制措施

5.2　认识其他非关税措施

5.3　认识新型非关税措施

同步实训

根据国际贸易认知活动、职业成长规律及职业学习原理,"非关税措施"可以安排以下几个同步实训活动。

实训项目	活 动 名 称	活 动 目 的
实训 5.1	数量限制措施的认知	加深学生对数量限制实践意义的理解
实训 5.2	其他非关税措施的认知	加深学生对其他非关税措施的认识
实训 5.3	新型非关税措施的认知	初步认识新型非关税措施对于进出口贸易的影响
拓展实训	认识非关税措施的应对	收集资料,了解非关税措施对我国出口的影响

导入故事

广东飞达贸易有限公司与荷兰一家百货超市签署了一份 LED 照明产品出口合同。业务员小张按照合同规定时间发货,货到荷兰海关后,被禁止入境。小张百思不得其解,整个合同履行过程中没有一点差错,"荷兰海关这是怎么啦?"

细问之下才知道,欧美作为全球重要的 LED 应用基地,采用高要求的技术及安规标准作为技术性壁垒,正向广东 LED 出口企业袭来,对进入国的定向灯和 LED 灯具产品覆盖节能环保、生态设计、能效标签、测试检验、性能、安全性、尺寸、重量、形状等方面提出更高、更严格的要求。例如,欧盟对定向灯和 LED 灯提出了高能效要求。只有能效指数达到 0.2 以上的定向 LED 灯和定向荧光灯才能进入欧盟市场,比之前的能效要求提高了 2.5 倍,是目前我国国家标准要求的 2.2 倍。

【感悟】 非关税措施对进口的限制作用更加直接。随着我国出口规模的不断扩大,遭遇的贸易摩擦日益增多。怎么办呢? 通过学习本单元,你是否能够找到答案呢?

5.1 认识数量限制措施

提示:完成本任务,你将初步认识数量限制措施。

学习行动:这是国际贸易活动参与人员认识非关税措施的第一课。认识非关税措施,特别是从经济意义的角度认识数量限制措施的作用及特点。在此基础上,能够在进出口市场、客户选择、商品价格制定等方面考虑数量限制措施的影响。

根据世界贸易组织规则要求,各成员方必须承诺关税减让。因此,在一国对外贸易管理措施中,关税的作用已经处于下降趋势。为此,许多国家纷纷将贸易政策的限制手段从关税壁垒转向了非关税壁垒,并将其作为限制进口或达到对外贸易管理目的的主要措施。

重要信息

非关税措施

非关税措施(Non-Tariff Barriers,NTBs)是与关税措施相对来讲的,是指一国政府采取的除了关税措施以外的一切用于限制进口的各种措施。非关税措施大类可以分为数量限制措施、其他非关税措施与新兴非关税措施。

数量限制措施是非关税措施的主要形式,是指一国(地区)政府在一定的期限内(通常为一年)规定某种商品进出口数量的行政措施。它是国际贸易中一种十分迅速有效的限制进出口的非关税壁垒,客观上抑制了国际贸易的顺利发展。同时,由于数量限制措施本身缺少透明度,在现实的对外贸易管理活动中常常被滥用。

数量限制措施主要包括进口配额制、自动出口限制和进口许可证制。

5.1.1 进口配额制

进口配额(Import Quotas)又称进口限额,是一国政府对一定时期内(通常为一年)进口的某些商品的数量或金额加以直接限制。在规定的期限内,配额以内的货物可以进口,超过配额不准进口,或者征收较高关税后才能进口。因此,进口配额制是限制进口数量的重要手段之一。进口配额制主要有绝对配额和关税配额两种形式。

1. 绝对配额

绝对配额(Absolute Quotas)是指在一定时期内,对某些商品的进口数量或金额规定一个最高限额,达到这个限额后,便不准进口。绝对配额按照其实施方式的不同,又有全球配额、国别配额和进口商配额三种。

(1) 全球配额(Global Quotas)是一种世界范围内的绝对配额,对来自任何国家或地区的商品一律适用。全球配额不限制进口商品的来源国或地区,在实施贸易限制过程中,仍贯彻了非歧视原则。

(2) 国别配额(Country Quotas)是将总配额按国家或地区分给一定的额度。为了区分来自不同国家或地区的商品,在进口时必须提交原产地证明书。国别配额的最初分配通常是以各主要出口国在本国市场的份额为基础进行分配,一些国家则往往会根据国家关系不同而给予差别待遇。

【例 5-1】 根据《中华人民共和国政府与新西兰政府自由贸易协定》,2012 年自新西兰进口羊毛、毛条国别关税配额量(以下简称国别配额)分别为 28941 吨和 521 吨(该数量为洗净/公定数量)。

(3) 进口商配额(Importer Quotas)是将某些商品的配额直接分配给本国的进口商。进口商按政府行政机构分配的额度组织进口,超过额度则不予进口。

【例 5-2】 日本曾将食用糖、食用肉、化工甲醛等的配额分配给进口商。实施进口商配额的国家往往把配额给予本国的垄断进口的商人,而中小商人则难以得到额度。

2. 关税配额

关税配额(Tariff Quotas)是一种进口配额与关税相结合的形式,是指在配额额度内进口,可以享受优惠关税或免税,超过额度则要按一般正常的税率计征关税。有的国家则对超额进口加征附加税甚至罚款。关税配额与绝对配额的主要区别在于:绝对配额规定一个最高进口数额,不能超过;关税配额则表现为超过额度仍可进口,只是成本将增加。

【例 5-3】 我国发展和改革委员会公布《2013 年粮食、棉花进口关税配额数量、申请条件和分配原则》,棉花为 89.4 万吨,国有贸易比例为 33%。

88

5.1.2 自动出口限制

自动出口限制(Voluntary Export Restraint)又称自愿出口限制或自动出口配额制(Voluntary Export Quotas),也是一种限制进口的手段。自动出口限制是指出口国家或地区在进口国的要求或压力下,或为了维护出口价格的稳定,自动规定某一时期内(一般为5年),某些商品对该国出口的数量或金额的限制,在限定的配额内自行控制出口,超过配额即禁止出口。自动出口限制主要有单方面自动出口限制和协定自动出口限制。

1. 单方面自动出口限制

单方面自动出口限制是指由出口国单方面自行规定出口配额,限制商品出口。此种配额有的由出口国政府规定并予以公布,出口商必须向有关机构申请配额,领取出口许可证后才能出口,有的由出口国的出口厂商或同业公会根据政府的政策意向来规定。

【例5-4】 出于环境保护与维持价格水平的考虑,根据相关规定,中国自1998年起实施稀土产品出口配额许可证制度,并将稀土原料列入加工贸易禁止类商品目录。2011年5月19日,商务部和海关总署联合发布公告,规定"其他按重量计稀土元素总含量>10%的铁合金"将被纳入稀土出口配额许可证管理,从而将稀土合金纳入配额,并征收25%的关税。

2. 协定自动出口限制

协定自动出口限制是指由进口国与出口国通过谈判签订自限协定或有秩序销售协定,在协定的有效期限内规定某些产品的出口配额,出口国据此配额实行出口许可证制,自动限制有关商品出口,进口国则根据海关统计来进行监督检查。

【例5-5】 1981年,迫于美国的压力,美日双方签订了第一份协议,把日本每年向美国的汽车出口量限制在168万辆,1984—1985年又把总数修正到185万辆。

5.1.3 进口许可证制

进口许可证制(Import License System)是一种凭证进口的制度。为了限制商品进口,国家规定某些商品进口必须领取许可证,没有许可证一律不准进口。许可证制与进口配额制一样,也是一种进口数量限制,是运用行政管理措施直接干预贸易行为的手段。大多数国家将配额制和进口许可证制结合起来使用。进口许可证还可以有以下分类。

1. 有定额许可证与无定额许可证

进口许可证根据其是否有配额可以分为有定额许可证和无定额许可证两种。

(1) 有定额的进口许可证。有定额的进口许可证是与配额结合的许可证。管理当局预先规定有关商品的进口配额,然后在配额的限度内,根据进口商申请,逐笔发放具有一

89

定数量或金额的许可证,配额用完即停止发放。进口许可证一般由进口国当局颁发给本国提出申请的进口商,也有将此权限交给出口国自行分配使用(通常是国别配额情况),又转化为出口国依据配额发放的出口许可证。有的国家则要求进口商用出口国签发的出口许可证来换取进口许可证,即所谓的"双重管理",如欧盟对中国出口的纺织品就采用这种办法。

(2)无定额的进口许可证。无定额的进口许可证是指政府管理当局发放有关商品的进口许可证只是在个别考虑的基础上进行,而没有公开的配额数量依据。由于此种许可证没有公开的标准,在执行上具有很大的灵活性,起到的限制作用更大。

2. 公开一般许可证与特种许可证

根据对来源国有无限制,进口许可证可以分为公开一般许可证和特种许可证两类。

(1)公开一般进口许可证(Open General License,OGL)又称公开进口许可证、一般进口许可证或自动进口许可证,是指对国别或地区没有限制的许可证。凡属公开一般许可证项下所列商品,进口商只要填写此许可证,即可获准进口。此类商品实际上是"自由进口"的商品,填写许可证只是履行报关手续,供海关统计和监督需要。

(2)特种许可证(Special License,SL)又称非自动进口许可证,即进口商必须向有关当局提出申请,获准后才能进口。这种许可证适用于特殊商品及特定目的的申请,如烟、酒、麻醉物品、军火武器或某些禁止进口物品。进口许可直接受管理当局的控制,并用以贯彻国别地区政策。进口国定期公布须领取不同性质进口许可证的商品项目,并根据需要加以调整。

重要信息

非关税措施的特点

关税措施是通过提高进口商品的成本间接起到限制进口的作用,与关税措施相比,非关税措施的特点如下。

(1)非关税措施具有较大的灵活性和针对性。关税税率的制定往往需要一个立法程序,一旦以法律的形式确定下来,便具有相对的稳定性,且受到最惠国待遇条款的约束,进口国往往难以做到有针对性的调整。非关税措施的制定和实施,通常采用行政手段,进口国可根据不同的国家作出调整,因而具有较强的灵活性和针对性。

(2)非关税措施更易达到限制进口的目的。关税措施是通过征收高额关税,提高进口商品的成本来削弱其竞争力。若出口国政府对出口商品予以出口补贴或采取倾销的措施销售,则关税措施难以达到预期效果。非关税措施则能更直接地限制进口。

(3)非关税措施更具有隐蔽性和歧视性。一国的关税一旦确定下来之后,往往以法律法规的形式公布于世,进口国只能依法行事。而非关税措施往往不公开,或者规定为烦琐复杂的标准或程序,且经常变化,使出口商难以适应。而且,有些非关税措施就是针对某些国家的某些产品设置的。

实训 5.1 数量限制措施的认知

实训目的

加深学生对数量限制措施实践意义的理解。

实训安排

(1) 分析数量限制措施的特点,并举例与关税措施作对比。

(2) 讨论数量限制措施对某企业进出口的影响(如对进口汽车征收关税与直接规定进口数量的对比)。

教师注意事项

(1) 由一般关税限制事例导入非关税限制事例。

(2) 分组搜索资料,查找我国出口遭遇数量限制的产品案例。

(3) 组织其他相应的学习资源。

资源(时间)

1 课时、参考书籍、案例、网页。

评 价 标 准

表 现 要 求	是否适用	已达要求	未达要求
小组活动中,外在表现(参与度、讨论发言积极程度)			
小组活动中,对概念的认识与把握的准确程度			
小组活动中,分工任务完成的成效与协作度			
小组活动中,作业或 PPT 制作的完整与适用程度			

5.2 认识其他非关税措施

提示:完成本任务,你将初步认识其他非关税措施。

学习行动:这是国际贸易活动参与人员认识非关税措施的第二课。认识非关税措施,特别是从经济意义的角度,认识其他非关税措施的作用及特点。在此基础上,能够在进出口市场、客户选择、商品价格制定等方面考虑这些措施的影响。

非关税措施范围宽泛,形式多样,名目繁多,除了数量限制措施外,其他非关税措施主要体现为政府对进出贸易经营权限管制和商品进出口环节的管制,从而达到间接限制进口的目的。

5.2.1 进出口经营权管制措施

1. 对外贸易的国家垄断

对外贸易的国家垄断(State Monopoly of Imports and Exports)是指对外贸易由国

家指定的机构和组织集中管理、集中经营。在以私营经济为主体的西方国家,平时仅对少数商品,如军火、烟酒和粮食等实施国家垄断,在战争或经济萧条时期,垄断的范围有可能扩大。这样做的目的在于,保证国内的供应和生产,防止国内市场的混乱;可以贯彻政府的意图,限制部分商品的进口。

2. 歧视性的政府采购政策

政府采购(Government Procurement)政策是指政府制定政策或通过制定购买本国货法(Buy National Act),规定国家行政部门在采购时必须优先购买本国产品,从而形成了对外国产品的歧视,限制外国产品的进口。

5.2.2 进出口环节管制措施

1. 最低限价

最低限价(Minimum Price)是指进口国就某一商品进口时规定一个最低价格,进口时低于该价格就不准进口或征收附加税。附加税税额即是进口价格和最低价格之间的差额。

【例5-6】 某商品的最低限价为 100 美元,进口价格为 80 美元,则附加税为 20 美元。进口国有时把最低限价定得很高,进口商若以最低限价进口,则无利可图,进口商品在国内市场也必然缺乏竞争能力。当数量限制或最低限价仍然不能达到目标时,一些国家往往颁布法令禁止某些商品的进口。

2. 外汇管制

外汇管制(Foreign Exchange Control)是指各国政府通过政府法令对国际结算和外汇买卖加以管制,平衡国际收支,控制外汇的供给与需求,防止外汇投机,维持本国货币币值稳定的一种管理措施。在外汇管制下,国家设立专门机构或专业银行进行管理。出口商必须把出口所得的外汇收入按规定卖给管理银行,进口商必须向外汇管理机构申请外汇才能向外购买。禁止外币自由买卖。外汇管制形式主要有成本型和数量型。

3. 海关估价制度

海关估价(Customs Valuation)是指一国在实施从价征收关税时,由海关根据国家的规定,确定进口商品完税价格,并以海关估定的完税价格作为计征关税基础的一种制度。但是,海关估价若被滥用,人为地高估进口商品的价格,无疑就增加了进口商的税收负担,对商品进口形成了障碍。

【例5-7】 美国的"售价制"的特殊估价标准使焦油产品、胶底鞋类、蛤肉罐头和毛皮手套等商品的国内售价很高,从而使这些商品的进口税收负担大大增加。关税与贸易总协定为了制约成员方的这种保护主义行为,也达成了"海关估价法则",提供一个公正、统一、中性的货物估价制度,避免使海关估价成为国际贸易发展的障碍。

4. 进口押金制或进口存款制

进口押金制（Advanced Deposit）又称进口存款制，是指一种通过支付制度限制进口的措施。在这种制度下，进口商在进口货物运达以前，必须预先按进口金额的一定比率和规定的时间，在指定的银行无息存放一笔现金，方能获准报关进口，存款须经一定时期后才发还给进口商。其作用是政府可以从进口商处获得一笔无息贷款，进口商则因周转资金减少并损失利息收入而减少进口，从而起到了限制进口的作用。

【例5-8】 意大利在20世纪70年代曾对400多种商品实行这种制度，要求进口商必须向中央银行缴纳相当于进口货值半数的现金，无息冻结6个月。

5. 国内税收和商业限制

某些国家特别是西欧国家，广泛采用国内税收（Internal Taxes）制度来限制进口，即通过对进口货物和国内生产货物的差别税收，使进口商品的国内税收负担增加，包括消费税、增值税、临时附加税等。这种方法比关税更加灵活，更具有伪装性，不受贸易条约或多边协定的约束。国内税收的制定和执行属于本国政府机构，有时甚至是地方政权机构的权限。有的国家则通过复杂的国外商品难以适应的商业限制对进口产品形成障碍。

【例5-9】 日本的有关商业规定就令许多国家的商品难以进入，这使美国厂商深为不满，也成为日美贸易的争端之一。

重要信息

非关税措施的作用

不同的国家，实施非关税措施的诉求与目的都不同。

（1）发达国家。发达国家非关税壁垒的作用主要表现在三个方面：一是作为防御性武器限制外国商品进口，用以保护国内陷入结构性危机的生产部门，或者保障国内垄断资产阶级能获得高额利润。二是在国际贸易谈判中用作砝码，逼迫对方妥协让步，以争夺国际市场。三是用作对其他国家实行贸易歧视的手段，甚至作为实现政治利益的手段。总之，发达国家设置非关税壁垒是为了保持其经济优势地位，继续维护不平等交换的国际格局。

（2）发展中国家。发展中国家设置非关税壁垒的目的主要是：限制非必需品进口，节省外汇；限制外国进口品的强大竞争力，以保护民族工业和幼稚工业；发展民族经济，以摆脱发达资本主义国家对本国经济的控制和剥削。发展中国家的经济发展水平与发达国家相距甚远，完全不在同一条起跑线上，因而设置非关税壁垒有其合理性和正当性。

实训5.2 其他非关税措施的认知

实训目的
加深学生对其他非关税措施实践意义的理解。

实训安排

（1）分析这些限制措施的特点，试举一例说明其作用原理（可以是外汇管制、海关估价）。

（2）讨论这些限制措施对企业进出口的影响。

教师注意事项

（1）由数量限制事例导入其他非关税限制事例。

（2）分组搜索资料，查找我国出口遭遇其他非关税措施限制的产品案例。

（3）组织其他相应的学习资源。

资源（时间）

1课时、参考书籍、案例、网页。

评价标准

表 现 要 求	是否适用	已达要求	未达要求
小组活动中，外在表现（参与度、讨论发言积极程度）			
小组活动中，对概念的认识与把握的准确程度			
小组活动中，分工任务完成的成效与协作度			
小组活动中，作业或 PPT 制作的完整与适用程度			

5.3 认识新型非关税措施

提示：完成本任务，你将初步认识新型非关税措施。

学习行动：这是国际贸易活动参与人员认识非关税措施的第三课。认识非关税措施，特别是从经济意义的角度，认识新型非关税措施的作用及特点。在此基础上，能够在进出口市场、客户选择、商品价格制定等方面考虑这些措施的影响。

由于关税和传统的非关税措施容易引发贸易争端而不便采用，世界各国开始探索并推行新型的更具隐蔽性的非关税壁垒措施。比较典型的有贸易救济措施中的反倾销、反补贴、技术性贸易壁垒、绿色贸易壁垒等。

5.3.1 反倾销

倾销（dumping）是指一国或地区的生产厂商或出口商以低于其国内市场价格或低于生产成本价格将其商品抛售到另一国或地区市场的行为。倾销会给进口国同类产业或产品带来冲击，造成损害。因而，反倾销是世界贸易组织所允许采用，以抵制不公平国际贸易行为的一种措施。

94

重要名词

反 倾 销

反倾销（Anti-dumping）是指进口国主管部门根据受损害国内企业的申诉，按照一定的法律程序对以低于正常价值的价格在进口国进行销售的,并对进口国生产相似产品、产业造成损害的外国产品,进行立案、调查和处理的过程与措施。

1. 反倾销的条件

反倾销税的征收必须同时具备以下三个基本条件。

(1) 存在倾销,即产品出口价格低于其正常价格。正常价格是指进口产品出口方国内的销售价格或对第三国出口价格或以其成本加上一般销售费用及合理利润后组成的价格。

(2) 存在损害,即进口国竞争产业受到实质损害。进口产品的进口已经影响到了进口国同类产品的正常销售和生产。

(3) 损害与倾销之间存在因果关系,即进口国竞争产业所受到的损害是由倾销产品所造成的。

贸易实务

我国对进口产品征收反倾销税和反补贴税

根据《中华人民共和国反倾销条例》和《中华人民共和国反补贴条例》的规定,2018 年 4 月 19 日,商务部发布 2018 年第 39 号公告,公布对原产于美国、欧盟和新加坡的进口卤化丁基橡胶(也称卤代丁基橡胶)反倾销调查的初裁裁定。自 2018 年 4 月 20 日起,进口经营者在进口原产于美国、欧盟和新加坡的卤化丁基橡胶时,应依据裁定所确定的各公司倾销幅度(26.0%～66.5%)向中华人民共和国海关提供相应的保证金。2018 年 4 月 20 日,商务部公告 2018 年第 37 号,关于原产于美国、加拿大和巴西的进口浆粕反倾销措施再调查裁定的公告:调查机关裁定,在原审调查期内,原产于美国、加拿大和巴西的进口浆粕的倾销行为导致中国国内浆粕产业受到了实质损害,倾销与实质损害之间存在因果关系。调查机关决定,继续按照商务部 2014 年第 18 号公告内容实施反倾销措施。

2. 反倾销的程序

反倾销一般遵循以下程序。

(1) 反倾销调查的提起和受理。反倾销调查可由受损害的国内企业以书面形式向有关部门提起,也可由受损害国政府提起。

(2) 初步裁定。在调查基础上,有关当局作出是否存在倾销或损害的初步裁定。

(3) 价格承诺。实施倾销的一方主动提高其国际市场售价,消除倾销损害。如果调查部门认为承诺价格可接受,可中止或终止调查;如果调查部门觉得承诺价格不可接受,也可拒绝此价格承诺。

(4) 临时措施。临时措施是指进口国当局为了避免国内相关产业受到倾销的进一步损害而采取的措施。可采取的临时措施有征收临时性关税、缴纳保证金等。临时措施应在立案之日起 60 天后才可以实施,实施时效不得超过 4 个月。

(5) 征收反倾销税。进口国最终确定进口商品存在倾销且对进口国相同或类似产业造成实质性损害时，可对该进口商品征收反倾销税，但征收幅度一般不高于倾销幅度。世界贸易组织《反倾销措施协议》的"日落条款"(Sunset Clause)规定，反倾销税的征收期限一般为 5 年。

（6）行政复议和司法审查。在征收反倾销税一段时间后，有关部门应根据当事人请求或自身判断，确定是否有必要继续征收反倾销税，这一行为称为行政复议。该复议也可通过司法、仲裁或行政法庭进行。

【例 5-10】 美国采取的"追溯征税"做法，即如果最终裁定倾销幅度为 28%，进口商通关时只需缴纳 28% 的保证金，但实际要缴纳多少，要待一年后商务部作出复审时再定；再如欧盟采取的"超前征税"做法，如果欧盟最终裁定对某公司产品征收 28% 的反倾销税，则自该决定之日起一年内，对该产品一律征收 28% 的反倾销税，而不管该产品的出口价格实际上是否提高或降低。

5.3.2 反补贴

补贴(Subsidies)是一国政府或公共机构直接或间接向本国生产厂商或出口商提供现金支持或财政优惠，以提高受补贴商品在国内或国际市场上的竞争力的行为。

重要名词

反 补 贴

反补贴(Anti-subsidies)是指一国政府或国际社会为了保护本国经济健康发展，维护公平竞争的秩序，或者为了国际贸易的自由发展，针对补贴行为而采取必要的限制性措施。包括临时措施、价格承诺和征收反补贴税。

反补贴的目的在于提高进口产品的成本，抵销进口产品享受的补贴金额，削弱其竞争力，使进口产品和本国产品在同等条件下公平竞争，从而保护本国市场。

世界贸易组织反补贴协议将补贴分为三种基本类型：禁止性补贴、可诉补贴和不可诉补贴。针对前两种补贴，一是向世界贸易组织申诉，通过世界贸易组织的争端机制经授权采取的反补贴措施；二是进口成员根据国内反补贴法令通过调查征收反补贴税。

1. 反补贴的条件

采取反补贴措施必备三个基本前提条件。

（1）补贴存在，即发起国必须按照规定程序进行调查，在获得充分证据的基础上，才能征收反补贴税。

（2）生产同类或相同产品的国内企业受到实质损害，即通过调查，测算补贴进口的数量及其对国内市场同类产品价格的影响，对国内同类产品生产者所带来的影响，如产量、销售、利润、市场份额等，从而确定损害存在。

（3）补贴与损害之间存在因果关系，即通过对国内产品价格及生产者影响的分析，确定补贴与损害之间存在因果关系。

96

2. 反补贴的程序

（1）书面请求。由受补贴影响的产业或产业代表以书面形式提出发起补贴调查的书面请求。

（2）立案。反补贴调查机关可以应产业代表提出的书面请求或基于自己掌握的证据立案。

（3）磋商。在发动调查以前，调查机关应邀请其产品涉及的成员方参加磋商以澄清补贴事实，并达成各方所能接受的解决办法。

（4）调查。一旦调查机关认定有关证据足以发起调查，调查即可进行。调查的目的在于确定补贴和损害的存在，并确定数量和损害的数额。

（5）反补贴税的征收。若调查机关确认存在补贴、符合相当数量要求，并对本国产业造成损害，则进口国当局有权决定是否及按何数额征收反补贴税。

（6）临时措施。自调查发起日满 60 天后，调查当局初步确认存在补贴并且受补贴产品对国内产业已造成实质性损害或损害威胁，为防止在调查期间继续造成损害而有必要采取临时措施，征收反补贴税。

（7）承诺。如果进口国政府接受出口方作出的下述承诺：政府同意取消或限制补贴或反补贴税；出口商同意修正其价格并使调查机关满意地认为补贴所造成的损害性影响已经解除，则调查程序可以停止或终止，而不再采取临时措施或反补贴税。

（8）如承诺无实际行动，可继续调查，计算出补贴数额，征收反补贴税。

（9）日落条款，即规定征收反补贴税期限不得超过 5 年，除非国家有关部门在审定的基础上认定，取消反补贴税将导致损害的继续和再现。

5.3.3　技术性贸易壁垒

技术性贸易壁垒以技术面目出现，常常会披上合法的外衣，成为当前国际贸易中最为隐蔽、最难对付的非关税壁垒。也因为国与国之间的技术差距，技术性贸易壁垒成为发达国家人为设置的贸易壁垒，是推行贸易保护主义的最有效手段。

重要名词

技术性贸易壁垒

技术性贸易壁垒是指进口国通过广泛严格的技术标准、卫生检疫规定、商品包装和商品标签规定等来限制主要竞争对手的商品进口而设立的各种技术标准与法规。

技术标准一般通过法规确定，既可能包括商品的质地、纯度、营养价值、尺寸、用途等，也可能包括商品的设计和说明、证书、标记、商标及检验程序等。这些标准不仅日益复杂，而且经常变化，使外国商品难以适应，从而起到限制进口的作用。目前，已经显现出保护对象和政策手段的日益多样化、保护手段更加难以防范、标准日益复杂、科学技术推动、发达国家带头等特点。

97

技术性贸易壁垒主要包括以下几项措施。

1. 繁杂的技术法规与标准

利用技术标准作为贸易壁垒具有非对等性和隐蔽性。在国际贸易中，发达国家常常是国际标准的制定者。他们凭借在世界贸易中的主导地位和技术优势，强制推行根据其技术水平定出的技术标准，使广大经济落后国家的出口厂商望尘莫及。而且这些技术标准、技术法规经常变化，有的地方政府还有自己的特殊规定，使发展中国家的厂商无从知晓、无所适从。

【例 5-11】 越南《年轻人报》2013 年 4 月 16 日报道，越南工贸部和科技部完成了《钢铁质量管理指导通知》草案。根据草案，未来进口钢铁须进行抽样检查，符合新的质量标准才可进口。对于国内钢铁生产企业，草案规定须采用质量管理体系保证产品质量。

2. 复杂的合格评定程序

在贸易自由化渐成潮流的形势下，质量认证和合格评定对于出口竞争能力的提高与进口市场的保护作用日益突出。目前，世界上广泛采用的质量认定标准是 ISO 9000 系列标准。此外，美、日、欧盟等国家还有各自的技术标准体系。

【例 5-12】 据尼日利亚当地媒体《先锋报》报道，自 2013 年 2 月起，未来所有在尼市场上流通的产品都必须拥有电子注册代码，以便清楚地识别制造商及进口商的信息。任何产品在 2013 年 5 月前如未获得电子注册代码，将在市场上被清除和销毁。

3. 严格的包装、标签规则

为了防止包装及其废弃物可能对生态环境、人类及动植物的安全构成威胁，许多国家颁布了一系列包装和标签方面的法律和法规，以保护消费者权益和生态环境。从保护环境和节约能源来看，包装制度具有积极的作用，但它增加了出口商的成本，且技术要求各国不一、变化无常。

【例 5-13】 2013 年 4 月 9 日，中国台湾地区"行政院"卫生署发布署授食字第 1021300776 号令，修正发布"食品器具容器包装卫生标准"第 5 条、第 6 条、第 7 条条文。本次修订主要针对婴幼儿奶瓶、塑料类和乳品用容器、包装。比如第 5 条规定婴幼儿奶瓶不得使用含双酚 A（Biphenyl A）的塑料材质。

5.3.4 绿色贸易壁垒

绿色贸易壁垒通常是进出口国为保护本国生态环境和公众健康而设置的各种保护措施、法规和标准等，也是对进出口贸易产生影响的一种技术性贸易壁垒。它是国际贸易中的一种以保护有限资源、环境和人类健康为名，通过蓄意制定一系列苛刻的、高于国际公认或绝大多数国家不能接受的环保标准，限制或禁止外国商品的进口，从而达到贸易保护目的而设置的贸易壁垒。

重要名词

绿色贸易壁垒

绿色贸易壁垒是指各国为了保护人类、动物和植物的生命或健康,对进出口的农、畜、水产品等采取或实施必要的卫生措施。它又被称为环境壁垒。

绿色贸易壁垒主要包括以下几项措施。

1. 质量技术标准

质量技术标准是指由公认机构核准的描述产品或有关工艺和生产方法的规则、指南或特性的一系列非强制性文件。1995 年 4 月以后,国际标准化组织公布 ISO 9000, ISO 14000;1998 年欧盟制定了 ASOUN 9000,对 26 大类的消费品制定了详细和全面的标准。

2. 绿色环境标志

绿色环境标志是由政府部门、公共或民间团体依照一定的环境保护标准,向申请者颁发的并印在产品及包装上的特定标志,向消费者表明该产品从研制、开发到生产、销售、使用直到回收利用的整个过程都符合环保要求,对生态环境和人类健康均无损害。

【例 5-14】 全球已有 40 多个国家和地区实施绿色标志制度,如德国的"蓝色天使"、加拿大的"环境选择"、日本的"生态标志"等,涉及的产品范围也越来越广。

3. 绿色包装制度

绿色包装是为了节约资源,减少废弃物品,用后易于回收利用或再生,易于自然分解,不污染环境的包装。

4. 卫生检疫制度

基于保护环境和生态资源,确保人类和动植物免受污染物、毒素、微生物、添加剂等的伤害,要求对进口产品进行卫生检疫的国家不断增多,检疫规定日益严格。

5. 绿色环境管制制度

绿色环境管制是指为了保护环境而采取的贸易限制措施。如以保护环境为名,对进口产品征收关税,甚至采取限制、禁止或制裁的措施。此外,对本国厂商还进行环境补贴。

实训 5.3　新型非关税措施的认知

实训目的
加深学生对新型非关税措施实践意义的理解。

实训安排

(1) 分析这些限制措施的特点,并举例与关税措施的作用作对比。

(2) 收集我国出口遭遇反倾销、反补贴的案例,讨论这些限制措施对企业进出口的影响。

教师注意事项

(1) 由数量限制事例导入新型非关税限制事例。

(2) 分组搜索资料,查找我国出口遭遇新型非关税措施限制的产品案例。

(3) 组织其他相应的学习资源。

资源(时间)

1 课时、参考书籍、案例、网页。

评 价 标 准

表 现 要 求	是否适用	已达要求	未达要求
小组活动中,外在表现(参与度、讨论发言积极程度)			
小组活动中,对概念的认识与把握的准确程度			
小组活动中,分工任务完成的成效与协作度			
小组活动中,作业或 PPT 制作的完整与适用程度			

单元 5 小结

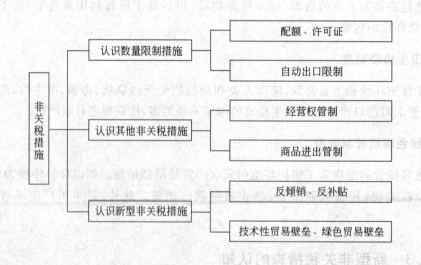

教学做一体化练习

重要名词

非关税措施　反倾销　反补贴　技术性贸易壁垒　绿色贸易壁垒

同步自测

一、选择题

1. 与关税措施相比,非关税措施的特点是(　　)。
   - A. 灵活性
   - B. 针对性
   - C. 有效性
   - D. 隐蔽性
   - E. 歧视性

2. 国别配额主要包括(　　)。
   - A. 绝对配额
   - B. 全球配额
   - C. 自主配额
   - D. 协议配额
   - E. 关税配额

3. 技术性贸易壁垒主要包括(　　)。
   - A. 技术标准
   - B. 卫生检疫标准
   - C. 环境标准
   - D. 商品包装规定
   - E. 商品标签规定

4. 通过改变进口价格,限制进口的非关税壁垒有(　　)。
   - A. 海关估价制
   - B. 征收国内税
   - C. 进口押金制
   - D. 进口最低限价制
   - E. 外汇管制

5. 外汇管制(　　)。
   - A. 是一种数量限制的非关税壁垒
   - B. 是一种间接的非关税壁垒
   - C. 形式主要有成本型和数量型
   - D. 目的是应付国际收支危机
   - E. 可增强一国出口产品的竞争能力

6. 以下几种非关税壁垒措施中,属于数量限制措施的有(　　)。
   - A. 进口配额制
   - B. 外汇管制
   - C. 进口押金制
   - D. "自动"出口配额制
   - E. 进口许可证制

7. 美国 2010 年 2 月对加拿大及墨西哥以外国家进口的钢铁线材实施为期三年的限制措施,第一年进口的总数量限为 143 万吨,超出部分课征 10% 关税。其中采用的非关税措施有(　　)。
   - A. 进口配额
   - B. "自动"出口配额
   - C. 全球配额
   - D. 关税配额
   - E. 国别关税配额

8. 大多数国家的进出口国家垄断主要集中在(　　　)。

    A. 烟酒　　　　　　　　　B. 农产品　　　　　　　　C. 武器

    D. 工业品　　　　　　　　E. 化学品

9. 下列对关税壁垒与非关税壁垒的描述,正确的有(　　　)。

    A. 非关税壁垒比关税壁垒具有更大的灵活性

    B. 非关税壁垒比关税壁垒具有更大的针对性

    C. 非关税壁垒比关税壁垒更能达到限制进口的目的

    D. 非关税壁垒比关税壁垒更具有隐蔽性

    E. 非关税壁垒比关税壁垒更具有歧视性

二、判断题

1. "自动"出口配额不是一种限制进口的手段。　　　　　　　　　　　　(　　)

2. 非关税壁垒和关税壁垒一样,都能限制进口,导致进口商品价格上涨。(　　)

3. 目前西方国家制定苛刻的技术标准都是为了保护消费者的身心健康。(　　)

4. 全球配额是指进口国在总配额内按国别和地区分配一定的配额,超过配额后便一律不准进口。　　　　　　　　　　　　　　　　　　　　　　　　　　　　　(　　)

5. 歧视性的政府采购是指政府机构在采购时不得购买外国产品。　　　　(　　)

6. 非关税壁垒取代关税壁垒成为新贸易保护主义的主要手段。　　　　　(　　)

7. 关税壁垒比非关税壁垒更能直接达到限制进口的目的。　　　　　　　(　　)

8. 歧视性的国内税就是指进口国对外国商品征收较高的进口关税来限制外国商品的进口。　　　　　　　　　　　　　　　　　　　　　　　　　　　　　　　　(　　)

9. "自动"出口配额是出口国自愿限制出口的措施,它不具有强制性。　　(　　)

10. 绿色贸易壁垒是指一种以保护生态环境、自然资源和人类健康为借口的贸易保护主义新措施。　　　　　　　　　　　　　　　　　　　　　　　　　　　　(　　)

三、简答题

1. 非关税措施的特点有哪些?

2. 为什么会出现"自动出口限制"?

3. 反倾销的条件是怎样的?

4. 反补贴的条件是怎样的?

5. 非关税措施的作用有哪些?

6. 技术性贸易壁垒主要包括哪些方面?

7. 绿色贸易壁垒主要包括哪些措施?

8. 技术性贸易壁垒的特点有哪些?

四、案例分析

    据中山市检验检疫局负责相关业务的人员介绍,2012 年经该局检验出口的玩具 48514 批次,货值 6.42 亿美元,同比分别减少 2.7% 和 6.6%。这是中山市玩具出口连续第二年下跌。中山市如此,中国其他玩具产区的情况也大抵如此,甚至比中山市有过之而无不及。

中国玩具企业长期加工、贴牌生产,赚取的只是低廉的加工费用。过低的利润使企业的抗风险能力脆弱。多数企业包括已经具备自主研发能力的企业没有成熟的销售渠道,也养不起自有品牌,只能把自己研发的产品贴牌销售。而人工成本持续上升,也加剧了这一趋势。

虽然 2012 年是汇改以来人民币升值最为平缓的一年,但是,欧洲、日本央行均表示将维持宽松的货币政策,2013 年资金将继续流入新兴市场,人民币仍面临着较强的升值压力,这也让中国的玩具厂商感到痛苦。

而订单价格却始终难涨,在接单就赔钱、不接单就停产的情况下,中国的玩具企业纷纷陷入了两难境地。中山市友利玩具公司的客户就不同意其欲提价保生存的要求,结果2012 年该公司业绩下滑了近一半。中山市善浓玩具公司的境遇相对好些——经过反复协商,客户勉强同意订单提价 2%,再高,则取消订单。欧美向来是中国玩具出口的主要市场。相关国家均在 2012 年实施了大量的新的准入标准,给中国的玩具行业带来了重重考验,也为其未来发展蒙上了一层阴影。

广东乐美达集团公司是全国首个童车类"出口免验"企业。就越来越多的贸易壁垒,这家企业的负责人举例说:2012 年 3 月 23 日,欧盟 2012/7/EC 指令正式实施,再次降低了三类玩具材料中的镉限量,新标准允许的含量普遍比旧标准降低 2~4 成。其检测的重金属元素也由 8 种增加到了 17 种。

中山市检验检疫局通过调查发现,上述贸易壁垒实施后,绝大部分企业认为总成本增加了 5%~20%,少部分企业认为总成本增加了 20%~40%。这对利润微薄的玩具出口企业而言,不啻雪上加霜,只有大企业才勉强有能力应对这一险境。

记者在调研时发现,"不调整产业结构,就要被产业结构所调整"。不少企业在"先行先试",尝试扭转被动局面。

资料来源:广东省出入境检验检疫局网站。

阅读以上材料,回答问题:
1. 贸易壁垒给中国玩具企业带来了什么样的影响?
2. 中国企业该如何应对?

拓展实训:认识非关税措施的应对

实训目的
参观企业,收集企业应对非关税措施或受非关税措施影响的实例。

实训安排
(1) 教师与企业接洽。
(2) 引领学生访问企业业务人员。

教师注意事项
(1) 指导学生,认识所访问企业遇到非关税措施的情形。

（2）聘请业务人员讲解应对措施。

（3）组织其他相应的学习资源。

资源（时间）

1 课时、参考书籍、案例、网页、实践基地企业。

评 价 标 准

表 现 要 求	是否适用	已达要求	未达要求
小组活动中的工作表现（参与度、讨论发言）			
整个认知活动过程的表现			
对整体职业学习活动的认识与把握			
学习活动过程中知识与经验的运用和反思			

学生自我总结

通过完成本单元的学习，我能够作如下总结。

一、主要知识

本单元主要知识点：

　　1.

　　2.

二、主要技能

本单元主要技能：

　　1.

　　2.

三、主要原理

本单元讲述的主要原理：

　　1.

　　2.

四、相关知识与技能

我在完成本单元的学习中学到的知识与技能：

　　1. 关税对于货物价格的影响有：

　　2. 关税对于货物选择的影响有：

　　3. 关税对于贸易伙伴选择的影响有：

五、成果检验

我完成本单元的学习后得到的成果：

    1. 完成本单元的意义有：

    2. 学到的经验有：

    3. 自悟的经验有：

    4. 我认为荷兰海关限制广东 LED 照明产品入境的原因是：

单元 6　　出口管理措施

 学习目标

1. 知识目标

能认识出口管理措施的含义。

能认识出口管理措施的种类。

能认识出口管理措施的作用。

2. 能力目标

能理解出口管理措施的具体要求。

能理解不同国家的出口管理措施。

能认识企业出口管理工作。

任务描述

在国际贸易中，许多国家还采取各种鼓励出口和限制出口的措施，对本国出口贸易实施管理。作为参与国际贸易活动中的成员，应该认识鼓励出口措施和限制出口措施的含义、种类，并在此基础上，理解各种措施具体的规定要求；在国际贸易活动中，能结合实际情况，解释各国包括我国所采取的各种出口管理措施，并运用于外贸企业出口管理工作。

任务分解

根据国际贸易认知活动工作顺序和职业教育学习规律，"出口管理措施"可以分解为以下几个学习任务。

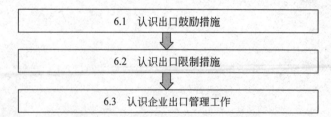

6.1　认识出口鼓励措施

6.2　认识出口限制措施

6.3　认识企业出口管理工作

同步实训

根据国际贸易认知活动、职业成长规律及职业学习原理，"出口管理措施"可以安排以下几个同步实训活动。

实训项目	活动名称	活动目的
实训6.1	出口鼓励措施的认知	认识出口鼓励措施的具体规定
实训6.2	出口限制措施的认知	认识出口限制措施的具体规定
实训6.3	出口管理工作的认知	使学生明确企业出口管理工作的内容
拓展实训	认识企业出口管理工作	加深学生对企业出口管理工作的理解

导入故事

资料显示,我国稀土资源约占全球的36%,却供应着全球90%以上的稀土市场。大量的企业进入该行业,出现了行业恶性竞争,价格普降。与此同时,一些地方因为稀土过度开采,还造成山体滑坡、河道堵塞、突发性环境污染事件。一般来讲,一个国家对出口采取鼓励措施。可是,出于特定目的,也可能采取管制措施。在我国,对稀土出口进行管制就是一例。

稀土是一种稀有的不可再生资源,开发稀土会对环境造成影响,基于保护环境和资源的考虑,为实现可持续发展,中国政府对稀土的开采、生产和出口各个环节均实施了管理措施,相关措施符合世贸规则。多年来,尽管面临巨大的环境压力,中国一直努力保持一定数量的稀土出口。今后,中国将继续向国际市场供应稀土,并依据世贸规则对稀土出口实行有效的管理。

【感悟】 为促进进出口平衡,中国正在完善一系列贸易政策,包括控制高能耗、高污染、资源型产品的出口,鼓励企业自主品牌出口和优势农产品出口。通过学习本单元,你是否能够找到我国对稀土出口采取管制的原因?

6.1 认识出口鼓励措施

提示:完成本任务,你将初步认识出口鼓励措施。

学习行动:这是国际贸易活动参与人员认识出口管理措施的第一课。认识出口管理措施,首先要认识出口管理措施的概念,特别是出口鼓励措施的概念、种类及各种出口鼓励措施的具体含义和规定。在此基础上,认识出口鼓励措施对一国贸易的影响。

无论对于实施保护主义还是实施自由贸易的国家,出口鼓励措施都是其贸易政策的重要组成部分。由于它会通过推动出口贸易的发展带动国内经济增长的良性循环,扩大进口能力,因此一直受到各国政府的重视。

6.1.1 出口鼓励措施的概念

和我们所了解的关税、非关税等贸易管理措施一样,出口管理措施也是一个国家贸易管理措施的一种,是出口国出于某些政治、经济或军事等方面的原因所采取的鼓励出口和限制出口的各种措施。出口鼓励措施是出口管理措施之一。

重要名词

出口鼓励措施

出口鼓励措施是出口国政府为了促进本国商品的出口,开拓和扩大国外市场所采取的各种政治、经济与组织等方面的措施,主要包括出口信贷、出口信贷国家担保制、出口补贴、商品倾销、外汇倾销、经济特区及其他措施等。

6.1.2 出口鼓励措施的种类

1. 出口信贷

出口信贷(Export Credit)是一个国家的银行为了鼓励商品出口,提高商品的竞争能力,对本国出口厂商或进口厂商提供的贷款。这是一国的出口厂商利用本国银行的贷款扩大商品出口,特别是金额较大、期限较长,如成套设备、船舶等出口的一种重要手段。出口信贷一般低于相同条件资金贷放的市场利率,利差由国家补贴,并与国家信贷担保相结合。

出口信贷按借贷关系可以分为卖方信贷和买方信贷。

(1) 卖方信贷(Supplier's Credit)。卖方信贷是指出口方银行向出口商提供的贷款,其贷款合同由出口商与银行之间签订。卖方信贷通常用于金额较大、期限较长的项目。因为这类商品的购进需要很多资金,进口商一般要求延期付款,而出口商为了加速资金周转,往往需要取得银行的贷款。卖方信贷正是银行直接资助出口商向外国进口商提供延期付款,以促进商品出口的一种方式。

(2) 买方信贷(Buyer's Credit)。买方信贷是指出口方银行直接向进口商或进口方银行提供的贷款,其附加条件就是贷款必须用于购买债权国的商品,这就是所谓的约束性贷款。贷款的提供与商品的出口直接相联系,因而能够起到促进出口的作用。

当出口方银行直接贷款给外国进口厂商时,进口厂商先用本身的资金,以即期付款的方式向出口厂商交纳买卖合同金额 15%～20% 的订金,其余货款以到期付款的方式将银行提供的贷款支付给出口厂商。以后按贷款合同规定的条件,向供款银行还本付息;当出口方银行贷款给进口国银行时,进口国银行以即期付款的方式代进口厂商支付应付的货款,并按照贷款协议规定的条件向供款银行还本付息,并与进口厂商按双方商定的办法在国内结清债权债务。

2. 出口信贷国家担保制

出口信贷国家担保制(Export Credit Guaranteed System)是指各国为了扩大出口,对于本国的出口厂商或商业银行向外国进口厂商或银行提供的信贷,由国家设立的专门机构出面担保的一种制度。当外国债务人不能付款时,该国家机构便按照承保的金额给予赔偿。

出口信贷国际担保制的主要内容如下。

(1) 担保的项目和金额。风险不同,承保的金额也不同。对于由于进口国发生政变、革命、暴乱、战争及政府实行禁运、冻结资金或限制对外支付等政治原因所造成的经济损失,承保的金额一般为合同金额的85%~95%;对于由于进口厂商或借款银行破产倒闭、无力偿付、货币贬值或通货膨胀等经济原因所造成的经济损失,承保的金额一般为合同金额的70%~85%。

(2)担保对象。担保对象有两种:一是对出口厂商的担保。为出口厂商输出商品时提供的短期信贷或中长期信贷可以向国家担保机构申请担保。二是对银行的直接担保。银行所提供的出口信贷通常均可向国家担保机构申请担保,这种担保是担保机构直接对供款银行承担的一种责任。

(3)担保期限与费用。根据出口信贷的期限,担保期限通常可分为短期与中长期。短期信贷担保期为6个月左右。中、长期信贷担保通常为2~15年,最长可达20年。承保时间可从出口合同成立日或货物装运出口时起直到最后一笔款项付清为止。

出口信贷国家担保制的主要目的在于担保出口厂商与供款银行在海外的风险,以扩大商品的出口,因而所收取的费用一般不高,以减轻出口厂商和银行的负担。保险费率根据出口担保的项目内容、金额大小、期限长短、输往国别或地区的不同而有所差别。

3. 出口补贴

出口补贴(Export Subsidy)是指一国政府在某种商品出口时给予出口厂商的现金补贴或财政上的优惠待遇,目的在于支持出口商降低出口商品的价格,加强其在国际市场上的竞争力。

出口补贴的基本形式有两种:一种是直接补贴,是出口某种商品时,由政府直接付给出口厂商的现金补贴,其目的是弥补出口商品国内价格高于国际价格所带来的亏损,或者补偿出口商所获利润率低于国内利润率所造成的损失;另一种是间接补贴,是政府对有关出口商给予财政上的优惠待遇,具体形式主要有退还或减免出口商品所缴纳的国内税、暂时免税进口、退还进口税、免征出口税、延期纳税、降低运费、提供低息贷款、复汇率等,其目的仍然在于降低商品价格,以便更有效地打进国际市场。

> **贸易实务**
>
> #### 巴西诉印度糖补贴
>
> 2019年3月,巴西方已经基本完成了推进在WTO申诉印度糖补贴政策所需的步骤。在要求印度方澄清其食糖政策失败后,巴西于2018年12月开始采取正式行动。据巴西生产商表示,印度向国内市场投放的食糖补贴导致出口价格下降,每年造成其15亿美元的损失。
>
> 在WTO的申诉主要针对印度的两个措施:一是蔗农补贴;二是提供500万吨糖的出口补贴。预计澳大利亚和危地马拉等糖出口国家将在这一争端中支持巴西,不过最终决定尚未作出。

4. 商品倾销

商品倾销(Dumping)是出口厂商以低于该商品国内市场出售的价格在国外市场上

出售商品,其目的是打开市场、战胜竞争对手、扩大销售或垄断市场。世界贸易组织负责实施管理的《反倾销协议》认定,倾销属于不公平贸易行为,允许世界贸易组织成员对有倾销行为国家的厂商主张反倾销的权利。

重要信息

商品倾销的类型

按照倾销的具体目的和时间不同,商品倾销可分为以下三种。

(1) 偶然性倾销。偶然性倾销是因为销售旺季已过,或因公司改营其他业务,在国内市场上出现不能出售的"剩余货物",而以低于成本或较低的价格在国外市场上抛售。

(2) 间歇性倾销。间歇性倾销是以低于国内价格甚至低于成本价格在某一国外市场上出售商品,把该国的生产者挤出该商品的生产领域,形成垄断局面,再借助垄断,提高价格,弥补过去低价出售时遭受的损失。

(3) 持续性倾销。持续性倾销是在较长时期内以低于国内市场价格在国外市场出售产品,以打击竞争对手,占领并垄断市场。弥补低价出口的办法是国家给予补贴或者垄断市场后,再把价格提高。

5. 外汇倾销

外汇倾销(Exchange Dumping)是国家利用本国货币对外贬值的机会向国外倾销商品的一种特殊措施。当一国货币对外贬值后,用外币表示的本国出口商品的价格会降低,该商品的竞争能力则相应地提高,从而有利于扩大出口。

重要信息

外汇倾销的条件

外汇倾销不能无限制、无条件地进行,必须具备以下两个条件才能起到扩大出口的作用。

(1) 货币贬值的程度要大于国内物价上涨的程度。货币贬值必然引起一国国内物价上涨的趋势,当国内物价上涨程度赶上或超过货币贬值的程度,外汇倾销的条件就不存在了。但国内价格与出口价格的上涨总要有一个过程,并不是本国货币一贬值,国内物价立即相应地上涨,而总是在一定时期内落后于货币对外贬值的程度,因此垄断组织就可以获得外汇倾销的利益。

(2) 其他国家不同时实行同等程度的货币贬值或采取其他报复性措施。如果其他国家实行同等程度的货币贬值,那么两国货币贬值程度就相互抵销,汇价仍处于贬值前的水平。如果外国采取提高关税等其他限制进口的报复性措施,也会起到抵销的作用,外汇倾销的条件就不存在了。

6. 经济特区

经济特区(Economic Zone)是指一个国家或地区在其管辖的地域内划出一定非关境的地理范围,实行特殊的经济政策,以吸引外商从事贸易和出口加工等业务活动。其目的是促进对外贸易的发展,鼓励转口贸易和出口加工贸易,繁荣本地区经济,增加财政收入和外汇收入。

（1）自由港和自由贸易区（Free Port and Free Trade Zone）。自由港又称自由口岸,是全部或绝大多数外国商品可以豁免关税自由进出口的港口。自由港一般具有优越的地理位置和港口条件,其开发目标和营运功能与港口本身的集散作用密切结合,以吸引外国商品的扩大出口。我国的香港特区,德国的汉堡、不来梅,丹麦的哥本哈根等都是世界著名的自由港。

自由贸易区由自由港发展而来,它是以自由港为依托,将范围扩大到自由港的邻近地区,一般分为两种:一种包括港口及其所在的城市,如中国香港;另一种仅包括港口或所在城市的一部分,有人称为"自由港",如德国汉堡自由贸易区是汉堡市的一部分,占地5.6平方千米。

自由港和自由贸易区都是划在一国关境以外,外国商品除了进港口时免缴关税外,一般还可在港区内进行改装、加工、挑选、分类、长期储存或销售,外国商品只有在进入所在国海关管辖区时才纳税。

（2）保税区（Bonded Area）。保税区又称保税仓库区,是由海关设置的或经海关批准设置的特定地区和仓库。外国商品可以免税进出保税区,在保税区内还可对商品进行储存、改装、分类、混合、展览、加工和制造等。商品若从保税区进入本国市场,则必须办理报关手续,缴纳进口税。

（3）出口加工区（Export Processing Zone）。出口加工区是指一个国家或地区在其港口、机场附近交通便利的地方,划出一定的区域范围,新建和扩建码头、车站、道路、仓库和厂房等基础设施,并提供减免关税和国内税等优惠待遇,鼓励外商在区内投资设厂,生产以出口为主的制成品。

（4）科学工业园区（Science-based Industrial Park）。科学工业园区又称工业科学园、科研工业区、高技术园区等,是以加速新技术研制及其成果应用,服务于本国或本地区工业的现代化,以便于开拓国际市场为目的,通过多种优惠措施和方便条件,将智力、资金高度集中,专门从事高新技术研究、试验和生产的新兴产业开发基地。如我国台湾地区的"新竹科学工业园区",美国的"硅谷",英国的"剑桥工业园区"等都是世界上较有影响的科学工业园区。

科学工业园区的主要特点是:有充足的科技和教育设施,以一系列企业组成的专业性企业群为依托。区内企业设施先进,资本雄厚、技术密集程度高,优惠政策更加完善。与出口加工区侧重于扩大制成品加工出口不同,科学工业园区旨在扩大科技产品的出口和扶持本国技术的发展。

（5）自由边境区和过境区（Free Perimeter and Transit Zone）。自由边境区也称自由贸易区,是指设在本国省市地区的某一地段,按照自由贸易区或出口加工区的优惠措施,对区内使用的机器、设备、原料和消费品实行减税或免税,以吸引国内外厂商投资。与出口加工区不同,外国商品在自由边境区内加工制造后主要用于区内使用,仅少数用于出口。设立自由边境区的目的是吸引投资开发边境地区的经济。

边境区又称中转贸易区,是指某些沿海地区国家为方便内陆邻国的进出口货运,根

111

据双边协定,开辟某些海港、河港或边境城市作为过境货物的自由中转区,对过境货物简化海关手续,免征关税或只征收小额的过境费。过境区与自由贸易港的明显区别在于,过境货物在过境区内可短期储存或重新包装,但不得加工制造。

重要信息

经济特区的特点

经济特区有以下几个特点。

(1) 以扩大出口贸易、开发经济和提高技术水平为目的。各国建立经济特区,首要的目的就是扩大出口,增加外汇收入,在此基础上,通过发展出口加工业,吸收外资和引进先进技术设备,开发本地区和邻近地区的经济,提高国内生产的技术水平。

(2) 有一个开放的投资环境。经济特区大都提供优惠待遇,同时,国家还采取财政措施等对特区的生产经营进行扶持,并简化各种行政手续,为外商投资提供方便。

(3) 具有一定的基础设施。基础设施包括水电设施、交通运输设施、仓储设施、通信邮电设施、生活文化设施等。

(4) 具有良好的社会经济条件。一般来说,经济特区都有较丰富的劳动力资源,文化程度较高,技术力量和管理能力也较强。

(5) 拥有良好的自然条件。经济特区大都设在地理位置和自然环境较好的地区,交通运输方便,资源丰富或易于获得,气候温和,风景秀丽。

7. 其他措施

除上述措施以外,各国还从其他方面来鼓励、促进商品出口。

(1) 设立专门组织,研究和制定出口战略,扩大出口。

(2) 建立商业情报系统,提供商业情报服务。

(3) 组织贸易中心和贸易展览会。

(4) 组织贸易代表团和接待来访。

(5) 组织出口商的评奖活动。

实训 6.1 出口鼓励措施的认知

实训目的
认识出口鼓励措施的具体规定。

实训安排
(1) 选取某一种或几种出口鼓励措施,讨论其具体的规定。
(2) 选取具体案例,分析某几种出口鼓励措施的弊端及后果。

教师注意事项
(1) 选取典型的出口鼓励措施案例,供学生讨论。
(2) 分组查找有关我国出口鼓励措施的具体规定。
(3) 组织其他相应的学习资源。

1课时、参考书籍、案例、网页。

评价标准

表现要求	是否适用	已达要求	未达要求
小组活动中,外在表现(参与度、讨论发言积极程度)			
小组活动中,对概念的认识与把握的准确程度			
小组活动中,分工任务完成的成效与协作度			
小组活动中,作业或报告制作的完整与适用程度			

6.2 认识出口限制措施

提示:完成本任务,你将初步认识出口限制措施。

学习行动:这是国际贸易活动参与人员认识出口管理措施的第二课。认识出口限制措施的含义、目的及形式,在此基础上了解出口限制的对象和具体的出口限制措施。

一些国家从其本身的政治、军事和经济利益出发,通过国家法令和行政措施,对本国出口贸易实行管理和控制,即出台一系列的出口限制措施。

6.2.1 出口限制的目的与形式

出口限制通常是西方发达资本主义国家实行贸易歧视政策的重要手段,这些国家的出口管制法令,总是打着国家的"政治利益""安全利益"和"经济利益"等旗号,为防止战略物资和国内短缺物资输往某些国家或地区而制定的。

重要名词

出口限制措施

出口限制又称出口控制(Export Control),是指一些国家特别是西方资本主义国家,为了达到某种目的,对某些商品,特别是战略物资与先进技术资料,实行限制出口或禁止出口的措施。

1. 出口限制的目的

出口限制的目的有出于经济方面的,也有出于政治军事方面的,概括来说,可以归纳为以下几个方面。

(1)国家间的敌对与歧视。发达国家经常采用出口禁运的措施,希望推翻敌对国家或迫使他们改变立场。例如,第二次世界大战后,西方工业化国家对社会主义国家进行全面的经济封锁。

(2)保持军事及技术上的优势。发达国家对本国战略物资与高科技产品及资料均有

113

严格限制。例如,军用武器、先进的电子计算机设备及软件、航空航天及技术资料等方面的出口都必须向国家出口管理部门领取出口许可证方可出口。这样,一方面是为了保持自己在军事上的优势;另一方面,通过控制高新技术的输出,可保持本国在技术上的优势,获得更多的垄断利润。

(3) 保护本国工业与国内市场。有些国家通过对国内工业生产所需的稀缺原材料、半成品的出口加以限制,以保证国内工业获得稳定充足的收入。例如,日本对稀缺的矿产品,瑞士对废金属等都控制出口。另外,为保证一些有关国计民生的重要产品的供应,一些国家在这些产品供应不足时,也会限制出口。实际上,对某些投入的原料征收出口税,等于征收负的名义进口税,从而提高了该产业的有效保护率。

(4) 稳定出口商品价格。一些国家对本国出口量在国际市场份额所占比例较大产品的生产及出口予以统一计划和安排,避免出口恶性竞争。另外,有些出口国家采取联合行动,限制出口量以提高国际市场价格。

课堂讨论:为什么要对军事或战略物资出口采取管制措施?

2. 出口限制的形式

(1) 单边出口限制。单边出口限制是指一国根据本国的出口管制法律或条例,设立专门机构对本国某些商品出口审批和办理出口许可证,实行出口限制。例如,美国政府根据国会通过的有关出口限制法,在美国商务部设立贸易管制局,专门办理出口限制的具体事务,美国绝大部分受出口限制的商品出口许可证都在该局办理。

(2) 多边出口限制。多边出口限制是几个国家政府出于共同的政治经济目的,通过一定的方式建立国际性的多边出口管制机构,商讨和编制多边出口管制货单和出口管制国别,规定出口管制的办法等,以协调彼此的出口管制政策和措施,达到共同的政治与经济目的。例如,1994 年宣布解散的巴黎统筹委员会就是一个典型的国际性多边出口限制机构。

6.2.2 出口限制的对象与措施

1. 出口限制的对象

出口限制的对象主要包括以下商品。

(1) 战略物资及其有关的尖端技术和先进技术资料,如军事、武器、军舰、飞机、先进的电子计算机和通信设备等。各国尤其是发达国家控制这类物资出口的措施主要是从所谓的"国家安全"和"军事防务"的需要出发,防止它们流入政治制度对立或政治关系紧张的国家。

(2) 国内的紧缺物资。国内生产紧迫需要的原材料和半成品,以及国内供应明显不足的商品,倘若允许自由流往国外,只能加剧国内供应不足和市场失衡,严重阻碍经济发展。

(3) 历史文物和艺术珍品。各国出于保护本国文化艺术遗产和弘扬民族精神的需要,一般都要禁止该类商品的输出。

(4) 需要"自动"限制出口的商品。这是为了缓和与进口国的贸易摩擦,在进口国的要求下或迫于对方的压力,不得不对某些具有很强国际竞争力的商品实行出口管制。

(5) 本国在国际市场上占主导地位的重要商品和出口额大的商品。发展中国家对这类商品实行出口管制尤为重要。因为发展中国家往往出口商品单一,出口市场集中,出口商品价格容易出现大起大落的波动。当国际市场价格下跌时,发展中国家应控制该商品的过多出口,从而促使这种商品国际市场价格的提高,出口效益增加,以免加剧世界市场供大于求的不利形势,使本国遭受更大的经济损失。

(6) 跨国公司的某些产品。跨国公司在发展中国家的大量投资,虽然会促进东道国经济的发展,但同时也可能利用国际贸易活动损害后者的对外贸易和经济利益。例如,跨国公司实施"转移定价"策略。因此,发展中国家有必要利用出口管制手段来制约跨国公司的这类行为,以维护自己的正当权益。

2. 出口限制的主要措施

(1) 出口税。海关就某些出口商品对本国出口商征税。

(2) 出口工业的产业税。有些国家对某些生产资料密集型产品的产业征收产业税。这些产业往往是出口产业,征收产业税也会起到限制出口的作用。

(3) 出口配额。出口国政府规定一定时期内某种商品出口的数量或金额,超过这一额度不准出口。

(4) 出口许可证。这是某些国家对本国出口商品实行全面管制的一种措施。

(5) 出口禁运。这是贸易制裁的一种手段,是出口国为迫使被制裁国作出某种让步,禁止本国出口商向该国出口商品。

(6) 出口卡特尔。这是指某些商品的主要出口国组成国际垄断组织,采取联合行动,主宰国际市场的价格。例如,最著名的出口卡特尔是由以中东地区的 13 个国家组成的石油输出国组织。

实训 6.2 　出口限制措施的认知

实训目的
认识出口限制措施的具体规定。

实训安排
(1) 选取某一种或几种出口限制措施,讨论其具体的规定。
(2) 选取具体案例,分析出口限制措施的原因与实质。

教师注意事项
(1) 选取典型的出口限制措施案例,供学生讨论。
(2) 分组查找有关我国、美国等国出口限制措施的具体规定。
(3) 组织其他相应的学习资源。

资源(时间)

1课时、参考书籍、案例、网页。

评 价 标 准

表 现 要 求	是否适用	已达要求	未达要求
小组活动中,外在表现(参与度、讨论发言积极程度)			
小组活动中,对概念的认识与把握的准确程度			
小组活动中,分工任务完成的成效与协作度			
小组活动中,作业或报告制作的完整与适用程度			

6.3 认识企业出口管理工作

提示:完成本任务,你将初步认知企业出口管理工作。

学习行动:这是国际贸易活动参与人员认识出口管理措施的第三课。认识出口管理工作,首先要从外贸企业的角度认识出口管理工作的重要性,在此基础上,从货物、结算方式、运输、收汇、出口核销和出口退税的角度,认识出口管理工作的具体内容和要求。

在了解国家出口管理措施的基础上,作为一名国际贸易工作人员,应该认识到外贸企业出口管理工作的重要性。进出口双方经过磋商达成交易并签订书面合同,出口商应按照合同的规定交付货物,移交一切与货物有关的单据并转移货物的所有权。为了保证出口的有序进行,企业业务人员必须在了解国家出口管理政策的前提下,做好以下管理工作。

6.3.1 备货管理

备货是进出口公司根据合同和信用证规定,向生产加工及仓储部门下达联系单(有些公司称其为加工通知单或信用证分析单等),要求有关部门按联系单的要求,对应交的货物进行清点、加工整理、刷制运输标志及办理申报检验和领证等项工作。一般来说,备货应当包括以下两项具体活动。

1. 筹集货物

贸易活动中,筹集货物(或者说组织货源)是由不同的人来完成的。若生产企业直接进行配送,则筹集货物的工作由生产企业自己去完成。但是在专业化流通体制下,组织货源和筹集货物的工作会出现两种情况:第一,由提供配送服务的配送企业直接承担。一般是通过向生产企业订货或购货完成此项工作。第二,选择商流、物流分开的模式进行配送、订货、购货等筹集货物的工作由生产企业自己去做,配送企业只负责进货和集货等工作,货物所有权属于生产企业。然而,无论具体做法怎样不同,总的来说,筹集货物由订货、进货、集货和相关的验货、结算等一系列活动组成。

2. 存储货物

存储货物是购货、进货活动的延续。在配送活动中，货物存储有两种表现形态：一种是暂存形态；另一种是储备形态，包括保险储备和周转储备。

（1）暂存形态的存储。暂存形态的存储是指按照分拣、配货工序的要求，在理货场地储存少量货物。这种形态的货物存储是为了适应"日配""即时配送"的需要而设置的。其数量多少对下一个环节的工作方便与否会产生很大影响。一般来说，不会影响存储活动的总体效益。

（2）储备形态的存储。储备形态的存储是按照一定时期配送活动要求和根据货源的到货情况，比如到货周期，有计划地确定的。它是使配送持续运作的资源保证。

用于支持配送的货物储备有两种具体形态：保险储备和周转储备。无论是哪种形态的储备，相对来说，数量都比较多。因此，货物储备合理与否，会直接影响配送的整体效益。

6.3.2　运输管理

在进出口贸易货物运输中，海洋运输是采用最多的一种方式，海洋运输中涉及租船订舱与运输安排等多个方面的工作。在成本加运费（Cost and Freight，CFR）和成本、保险费加运费（Cost、Insurance and Freight，CIF）贸易条件下，由出口商办理租船订舱手续，成交货物数量较大而且租船人又不愿受船公司固定船期、固定航线、固定港口的约束时，选择租船运输方式；如果成交货物数量非常少，则选择班轮运输方式。出口商在租船时，一是注意租船合同与进出口贸易合同的衔接，做到装运时间一致，贸易条件一致，货物的条款一致等；二是明确港口的地理位置，及时了解港口的作业时间等；三是注意船龄与船方的信誉，一般不租 15 年以上的船，不租二船东的船；四是报价前要比价，争取按较为有利的条件达成协议。

6.3.3　结算方式选择

在进出口贸易中，结算方式主要有以下三种。

1. 汇付

汇付方式的使用取决于贸易双方中的一方对另一方的信任，它是一种商业信用，是出口商向进口商，或进口商向出口商提供信用，进行资金融通的一种方式。使用时，一定要了解付款人的资信状况。

2. 托收

托收是一种商业信用，银行办理托收业务，只是按委托人的指示办事，并不承担要求付款人必须付款的责任。出口商在使用托收时，一是调查和考虑进口商的资信情况及经营作风,妥善把握其成交额,不宜超过其信用额度;二是了解进口国家的贸易管制和外汇管制条例,对贸易管制与外汇管制较严的国家和地区不宜使用托收;三是了解进口国家的商业惯例,以避免由于当地习惯做法而影响安全收汇;四是出口时尽量争取按 CIF 或 CIP 条件成交,由出口人办理货运保险或投保出口信用险,在不按 CIF 或 CIP 条件成交时,应投保卖方利益险;五是海运提单的抬头不应做成记名式抬头,而应做成空白抬头。

3. 信用证

信用证是一种银行信用,但也并非是一种完美的支付方式,也不可能完全避免商业风险,必须加强管理,防范风险。一是出口商加强信用风险管理,重视对进口商资信的调查;二是努力提高业务人员的素质,保持高度的警惕性;三是加强催证、审证、改证工作,认真审核信用证,仔细研究信用证条款可否接受,并向客户提出改证要求。在制单过程中,严格遵守"相符交单"原则,以防产生不符点,影响安全收汇。

6.3.4 收汇管理

货物出口后,出口商应当按照出口合同约定的收汇时间和方式及报关单注明的成交总价,及时、足额地收回货款。即期收汇项下应当在货物报关出口后 180 天内收汇,远期收汇项下应在远期备案的收汇期限内收汇。在信用证方式下,出口商要按照信用证的有关规定,正确、及时地缮制有关单据,应交银行办理结汇手续。开证行只有在审核单据与信用证完全相符后才承担付款责任,如果提交的单据有任何不符,都会遭开证行拒付,所以缮制单据时,要做到正确、完整、及时、简明和整洁。

重要信息

我国出口制单结汇的方式

(1) 定期结汇。出口地的银行根据向国外付款行索偿所需的时间预先确定一个固定的结汇期限。如果出口地银行审核单据后发现单据无误,不管它是否收到款项,在审单后 10～20 天内把货款折合成人民币后转到出口商的账户上。

(2) 押汇(埋单结汇)。在单据无误的情况下,出口地银行按照信用证规定买入受益人的汇票和单据,从汇票票面金额中扣除从议付日到收到票款之日的利息,将余款按议付日的外汇牌价折合成人民币拨交给出口商。根据国际贸易惯例,议付行可以向受益人追索。也就是说,如果国外付款行发现单据有不符点而拒付时,议付行就不得不向受益人追索。因此,受益人在制单时要特别小心,要确保单证相符、单单相符。

(3) 收妥结汇。出口地银行审查受益人交来的单据,在发现单据无误后将单据航空邮寄到国外付款行或指定的偿付行。收到国外银行寄来的贷记通知单后,出口地银行将外汇按当日的外汇牌价折合成人民币并拨交给出口商。

6.3.5　出口退税管理

出口退税是一种补贴,是国家为了鼓励出口而采取的一种措施。企业应在办理核销手续后,办理出口退税。

1. 核对海关电子信息

出口企业收到海关签退的出口货物报关单后,通过"电子口岸"核对海关报关单电子信息。

2. 备妥出口退税单证

(1)"一单三票"。"一单三票"包括出口货物报关单(出口退税联专用)、增值税发票(税款抵扣联)或普通发票、税收(出口货物专用)缴款书(第二联)或出口货物完税分割单(第二联)、出口企业商业发票。

(2)出口货物退(免)税申报表。出口退税进货凭证申报表(一式两份),退消费税的,还应提供消费税进货凭证申报表(一式两份);出口货物退税申报明细表(一式四份);出口退税汇总申报表(一式四份),并经商务主管部门稽核盖章。

(3)退税申报软盘。软盘中申报数据的顺序、内容要与申报资料、申报表一致。

(4)出口货物销售明细账。出口货物销售明细账记载的内容与申报资料、申报表、申报软盘内容一致。

实训 6.3　出口管理工作的认知

实训目的
使学生明确企业出口管理工作的主要内容。

实训安排

(1)了解企业出口管理工作内容与要求。

(2)访问企业相关人员,分析他们的工作职责。

教师注意事项

(1)指导学生,初步认识出口管理工作。

(2)聘请业务员讲解出口管理对企业的重要性。

(3)组织其他相应的学习资源。

资源(时间)

1课时、参考书籍、案例、网页。

表 现 要 求	是否适用	已达要求	未达要求
小组活动中,外在表现(参与度、讨论发言积极程度)			
小组活动中,对概念的认识与把握的准确程度			
小组活动中,分工任务完成的成效与协作度			
小组活动中,作业或报告制作的完整与适用程度			

单元 6 小结

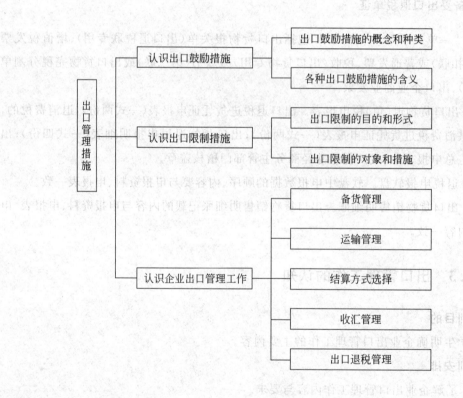

教学做一体化练习

重要名词

出口鼓励措施　出口限制措施

同步自测

一、选择题

1. 出口信贷是一种国际信贷方式,它分为卖方信贷和买方信贷,其中买方信贷是指( )。

    A. 出口商所在地银行借款给进口商的银行

    B. 进口商所在地银行借款给出口商

    C. 出口商所在地银行借款给出口商

    D. 出口商所在地银行贷款给进口商

2. 出口加工区一般有( )。

    A. 综合性出口加工区   B. 先进技术性出口加工区

    C. 劳动密集型出口加工区   D. 专业性出口加工区

3. 出口信贷国家担保机构的担保对象包括( )。

    A. 对进口厂商的担保   B. 对出口厂商的担保

    C. 对进口方银行的担保   D. 对出口方银行的担保

4. 扩大出口的行政措施主要包括( )。

    A. 扶植出口企业和出口项目   B. 以法律手段维护出口秩序

    C. 为出口企业提供信息   D. 出口倾销

5. 在国际贸易实践中,各国普遍实行反倾销,主要是基于( )因素的考虑。

    A. 倾销导致进口国经济的不稳定

    B. 倾销有可能形成垄断

    C. 进口国政府一般更关心生产者的利益

    D. 进口国政府一般更关心消费者的利益

6. 商品倾销是指以低于国内市场的价格,甚至低于生产成本的价格,在国际市场上大量抛售商品的一种占领市场的手段,其主要形式有( )。

    A. 外汇倾销   B. 偶然性倾销   C. 长期性倾销   D. 掠夺性倾销

7. 属于出口管制的商品有( )。

    A. 战略物资及其有关的先进技术和资料

    B. 国内紧缺的商品

    C. 需要"自动"限制出口的商品

    D. 历史文物和艺术珍品

8. 属于出口限制措施的有( )。

    A. 出口税   B. 出口配额   C. 出口许可证   D. 出口卡特尔

二、判断题

1. 买方信贷要求进口商必须将贷款用于购买债权国的商品。   ( )

2. 实施本国货币贬值的外汇倾销策略,并不一定能达到扩大出口的目标。（　　）

3. 发达国家实施农产品出口补贴对发展中国家是有利的。（　　）

4. 出口退税是一种鼓励出口的直接的出口补贴形式。（　　）

5. 由于卖方信贷是向本国出口商提供,因此其风险低于买方信贷。（　　）

6. 出口加工区一般应设在进出口运输方便,运输费用较节省的地方,如港口、机场附近。（　　）

7. 买方信贷是出口方银行向出口商提供贷款,然后由出口商转向进口商(即买方)提供的信贷。（　　）

8. 外国商品进入保税区后再从保税区提出进入该国国内市场销售必须缴纳进口税。（　　）

三、简答题

1. 外汇倾销应具备哪些条件?

2. 什么是出口补贴? 出口补贴有哪两种形式?

3. 出口限制的目的和对象各是什么?

4. 出口信贷有哪些特点?

5. 一国在鼓励出口的同时为什么又管制出口?

6. 为什么买方信贷要比卖方信贷使用普遍?

四、案例分析

近几年,由于政府对新能源客车补贴的大幅倒退,新能源客车的销量增速减缓,龙头企业的业绩出现明显下滑。面对政策的变化,客车企业将目光转移到海外市场,或许会带来新的利润增长点。

面对国家补贴政策变化带来的不利影响,我国新能源客车龙头企业转向大力开拓海外业务。据不完全统计,2018 年上半年,我国有近 2000 辆新能源客车出口海外。在“一带一路”倡议的发酵效应下,更加助推各客车企业在国际市场上的开拓。

但事实上,早在我国开始推广新能源客车之时,我国新能源客车就已开启了海外市场之路。2009 年,金龙客车将首辆混合动力公交车卖到了新加坡,实现了国内自主品牌混合动力客车出口海外的零突破。此后,宇通客车、苏州金龙、厦门金旅、比亚迪等众多国内客车制造企业,也纷纷开辟了新能源客车海外市场。

目前,我国新能源客车不仅在南美等发展中国家实现了销售运营,还走向了欧美等发达国家及地区。2017 年,在欧洲市场,我国出口新能源客车 95 台,占到中国出口欧洲的客车数量的 5.5%,相对于 2017 年中国出口全球新能源客车数量仅占出口全球客车数量的 0.55%,中国新能源客车出口欧洲的市场表现较强,未来中国新能源客车在欧洲市场上应该有更大的潜力,主要原因在于欧洲新能源客车发展缓慢,传统的欧洲本土在新能源客车领域的研发投入不够,欧洲政府对新能源大型车辆几乎没有补贴政策。

阅读以上材料,回答问题:

1. 我国为什么对新能源汽车出口采取鼓励措施?

2. 你所了解的中国汽车出口鼓励措施有哪些?

拓展实训:认识企业出口管理工作

实训目的

通过接触企业实践,认识外贸企业出口货物的管理工作,分析国家政策对其影响。

实训安排

(1) 教师与实践基地接洽。

(2) 引领学生访问企业跟单员,了解其工作职责。

教师注意事项

(1) 指导学生,认识出口货物管理工作。

(2) 聘请跟单员讲解出口货物管理工作的内容。

(3) 组织其他相应的学习资源。

资源(时间)

1 课时、参考书籍、案例、网页、实践基地企业。

评价标准

表 现 要 求	是否适用	已达要求	未达要求
小组活动中的工作表现(参与度、讨论发言)			
整个认知活动过程的表现			
对整体职业学习活动的认识与把握			
学习活动过程中知识与经验的运用和反思			

学生自我总结

通过完成本单元的学习,我能够作如下总结。

一、主要知识

本单元主要知识点:

  1.

  2.

二、主要技能

本单元主要技能:

  1.

  2.

三、主要原理

本单元讲述的主要原理：

1.

2.

四、相关知识与技能

我在完成本单元的学习中学到的知识与技能：

1. 出口限制措施主要有：

2. 出口鼓励措施主要有：

3. 企业出口管理环节工作主要有：

五、成果检验

我完成本单元的学习后得到的成果：

1. 完成本单元的意义有：

2. 学到的经验有：

3. 自悟的经验有：

4. 我国对稀土出口管制的原因有：

单元 7　国际贸易协调

1. 知识目标

能认识国际贸易条约的概念。

能认识国际贸易条约的种类。

能认识国际贸易条约的影响。

2. 能力目标

能理解国际贸易协调的作用。

能认识世界贸易组织规则。

能认识贸易协调对业务活动的影响。

任务描述

在国际贸易中，关税与非关税都是一国从自己角度出发，管理进出口贸易的主要措施。从国际的角度看，需要在国际范围内进行国际贸易的协调，以使国际贸易活动能够顺利进行。作为参与国际贸易活动的成员，应该认识国际贸易条约的概念、种类与特征，熟悉其管辖范围，并在此基础上，理解关税与贸易总协定和世界贸易组织的主要内容及运作方式。

任务分解

根据国际贸易认知活动工作顺序和职业教育学习规律，"国际贸易协调"可以分解为以下几个学习任务。

7.1　认识国际贸易条约

↓

7.2　认识关税与贸易总协定

↓

7.3　认识世界贸易组织

同步实训

根据国际贸易认知活动、职业成长规律及职业学习原理，"国际贸易协调"可以安排以下几个同步实训活动。

实训项目	活动名称	活动目的
实训7.1	国际贸易条约的讨论	加深学生对国际贸易条约实践意义的理解
实训7.2	关税与贸易总协定的讨论	通过分析案例，认识关税与贸易总协定的影响
实训7.3	世界贸易组织的讨论	通过分析案例，认识世界贸易组织的影响
拓展实训	认识国际贸易协调	参观企业，了解国际贸易协调对企业的影响

📂 导入故事

2018年3月23日，美国总统特朗普签署对中国贸易备忘录，宣布将有可能对从中国进口的600亿美元商品加征关税，并限制中国企业对美投资并购，中美贸易战正式爆发。除了中国，美国对全球多个国家和地区采取了关税行动，并引发其他国家采取报复措施，世界贸易组织已收到12起贸易争端裁决请求，显示出全球贸易的紧张程度加剧。

2018年5月，双方开始进入贸易谈判，已解决日益加大的贸易摩擦。断断续续的贸易谈判持续进行到2019年5月，关于中美贸易问题仍然没有一个结局，这场不见硝烟的战争最终延续多久、什么时候结束是目前大家关心的问题，美国尤其是特朗普的反复无常使市场对于贸易谈判的结果充满质疑。中美贸易是一场没有赢家的战争，最终结果是两败俱伤，所以能够尽早结束是大家乐于见到的结果。

【感悟】 随着世界范围内国际贸易的发展，国与国之间的贸易争端将会越来越多。通过学习本单元，你怎样看待国际贸易协调的必要性？企业可以做哪些工作？

7.1　认识国际贸易条约

提示：完成本任务，你将初步认识国际贸易条约。

学习行动：这是国际贸易活动参与人员认识国际贸易协调的第一课。认识国际贸易条约，特别是从经济意义的角度，认识国际贸易条约的作用。在此基础上，能够在进出口市场、客户选择、商品价格制定等方面考虑条约的影响。

7.1.1　国际贸易条约的含义

在世界范围内，国际贸易争端之所以频繁发生，一个很大的原因就在于国与国之间缺乏有效的协调与沟通机制。20世纪50—80年代，经济全球化得到了空前发展，其中最具代表性的应属贸易全球化、生产全球化和金融全球化。人们在讨论经济全球化时，一般都认为，经济全球化的发展是历史的必然，同时它又是把"双刃剑"。这给一国出于自身利益去管理对外贸易带来了很多不确定性，同时也给世界范围内国际贸易的协调提出了新的课题。于是，建立一种能够对全球性贸易进行协调机制的共同愿望也就应运而生了。

126

国际贸易条约

国际贸易条约(International Trade Treaty)是两个或两个以上的国家之间、国家与国际组织之间,以及国际组织之间依据国际经济法所缔结的,以条约、公约、协定和协议等名称出现的,以调整国际贸易关系为内容的一切有法律拘束力的文件。

国际贸易条约就是国际贸易协调的主要形式,国际贸易条约可以是双边的,也可以是多边的;前者是指仅有两个缔约方的国际贸易条约,后者是指有三个或三个以上缔约方的国际贸易条约。有的由国家政府签署,有的由民间团体签署。

7.1.2 国际贸易条约的种类

国际贸易条约按照内容不同,可分为通商航海条约、贸易协定、贸易议定书、支付协定、国际商品协定等。

1. 通商航海条约

通商航海条约(Treaty of Commerce and Navigation)又称友好通商条约,是指全面规定缔约国之间经济、贸易关系的条约。它的内容涉及缔约国经济和贸易关系的各个方面,包括关税的征收、海关手续、船舶航行、使用港口、双方公民与企业在对方国家所享受的待遇、知识产权的保护、进口商品征收国内税、过境、铁路、争端仲裁、移民等。

2. 贸易协定

贸易协定(Trade Agreement)是缔约国间为调整和发展相互间经济贸易关系而签订的书面协议。贸易协定的内容通常包括贸易额、双方出口货单、作价办法、使用的货币、支付方式、关税优惠等。

【例7-1】 截至2018年3月,中国已经和24个国家或地区签署了16个自由贸易协定,这16个自由贸易协定可以说是立足周边、辐射"一带一路"、面向全球,既有我们周边国家包括东盟的成员,也有"一带一路"沿线国家比如巴基斯坦、格鲁吉亚,还有世界上其他国家比如拉美的秘鲁、智利。这个自由贸易区网络既包括发达国家,如澳大利亚,也包括一些发展中国家。自由贸易协定为我们国家开展国际贸易、投资合作提供了一个广阔的空间,为我们的对外贸易投资关系的发展发挥了重要的推动作用。

3. 贸易议定书

贸易议定书(Trade Protocol)是缔约国就发展贸易关系中某项具体问题所达成的书面协议。这种议定书往往是作为贸易协定的补充、解释或修改而签订的。贸易议定书有的是作为贸易协定的附件而存在;有的则是独立文件,具有与条约、协定相同的法律效力。其签订程序比贸易协定更为简单,一般经签字国有关行政部门的代表签署后即可生效。

4. 支付协定

支付协定(Payment Agreement)大多为双边支付协定,是规定两国间关于贸易和其他方面债权债务结算方法的书面协议。其主要内容包括清算机构的确定、清算账户的设立、清算项目与范围、清算货币、清算办法、差额结算办法的规定等。

5. 国际商品协定

国际商品协定(International Commodity Agreement)是某项商品的主要出口国和进口国就该项商品的购销、价格等问题,经过协商达成的政府间多边协定。国际商品协定的主要对象是发展中国家所生产的初级产品。其主要目的在于稳定该项商品的价格和供销,消除短期和中期的价格波动。

贸易实务

我国已加入的国际贸易条约

(1)《联合国国际货物销售公约》。我国于 1981 年签署了该公约,并于 1986 年交存了核准书。

(2)《统一国际航空运输某些规则的公约》,简称《华沙公约》。我国于 1958 年加入该公约。

(3)《修订华沙公约的议定书》或《海牙议定书》。我国于 1978 年加入。

(4)《国际铁路货物联运协定》。我国于 1953 年加入。

(5)《联合国班轮公会行动守则》。我国于 1980 年加入。

(6)《关于简化和协调海关业务制度的国际公约》。我国于 1988 年加入,在加入时对某些条款提出了保留。

(7)《建立海关合作理事会的公约》。我国于 1983 年加入。

(8)《1972 年集装箱关务公约》。我国于 1986 年加入。

7.1.3 国际贸易条约的法律原则

1. 最惠国待遇原则

最惠国待遇是贸易条约中的一项重要条款,其含义是:缔约一方现在和将来给予任何第三方的一切特权、优惠和豁免,也同样给予缔约对方。其基本要求是使缔约一方在缔约另一方享有不低于任何第三方享有或可能享有的待遇。

【例 7-2】 日本、韩国、欧盟都是世贸组织的成员,则其相同排气量的汽车出口到美国时,美国对这些国家的汽车进口要一视同仁,不能在他们中间搞歧视待遇。如果美国的汽车进口关税是 5%,则这几个国家的汽车在正常贸易条件下,美国均只能征收 5% 的关税,不能对日本征收 5%,而对韩国、欧盟征收高于或低于 5% 的关税。

2. 互惠待遇原则

互惠待遇原则的基本要求是:缔约双方根据协议相互给予对方的法人或自然人对等

的权利和待遇。这项原则不能单独使用,必须与其他特定的权利或制度的内容结合在一起,才能成为独立的单项条款。互惠待遇在现代国际贸易中广泛使用,这是因为互惠待遇可以拓展一国产品的国外市场;可以促进两国的贸易关系;可以维持两国贸易的平衡;可以表示两国互相尊重的平等精神;可以长期保持经济与贸易关系。

3. 国民待遇原则

国民待遇原则就是缔约双方相互承诺,保证对方的公民、企业和船舶在本国境内享有与本国公民、企业和船舶同等的待遇。其基本要求是:缔约一方根据条约的规定,应将本国公民、企业和船舶享有的权利与优惠扩及缔约对方在本国境内的公民、企业和船舶。其适用范围通常包括外国公民的私人经济权利、外国产品应缴纳的国内税、利用铁路运输转口过境的条件、船舶在港口的待遇、商标注册、著作权及发明专利权的保护等。但沿海航行权、领海捕鱼权、土地购买权、零售贸易权等通常不包括在内。

【例7-3】 2012年12月,我国政府部门联合下发《外国人在中国永久居留享有相关待遇的办法》,规定持有外国人在中国永久居留证(中国"绿卡")的外籍人员除政治权利和法律法规规定不可享有的特定权利与义务外,原则上和中国公民享有相同权利,承担相同义务。如持"绿卡"外国人在办理社会保险参保手续、缴存和使用住房公积金、缴纳所得税、办理金融业务、进行国内商旅消费、申请机动车驾驶证等方面都享受中国公民同等待遇。

实训7.1 国际贸易条约的讨论

实训目的
加深学生对国际贸易条约实践意义的理解。

实训安排
(1)分析国际贸易条约的法律适用原则,并举例说明。
(2)讨论我国涉外经济发展中最惠国待遇与国民待遇原则的表现。

教师注意事项
(1)由一般国际贸易协调事例导入对国际贸易条约法律适用原则的认知。
(2)分组搜索资料,查找我国已经参与的国际贸易条约或协定。
(3)组织其他相应的学习资源。

资源(时间)
1课时、参考书籍、案例、网页。

评价标准

表现要求	是否适用	已达要求	未达要求
小组活动中,外在表现(参与度、讨论发言积极程度)			
小组活动中,对概念的认识与把握的准确程度			
小组活动中,分工任务完成的成效与协作度			
小组活动中,作业或PPT制作的完整与适用程度			

129

7.2　认识关税与贸易总协定

提示：完成本任务，你将初步认识关税与贸易总协定。

学习行动：这是国际贸易活动参与人员认识国际贸易协调的第二课。认识关税与贸易总协定，特别是从经济意义的角度，认识关税与贸易总协定的作用。在此基础上，能够在贸易机会选择等方面，认识关税与贸易总协定的影响。

7.2.1　关税与贸易总协定的产生

第二次世界大战后，各国为了恢复经济，先后成立了国际货币基金组织和世界银行。为了进一步处理国与国之间的贸易问题，在美国的主导下，多个国家在谈判的基础上，准备建立一个世界性国际贸易组织。由于各方争议和一些国家的国内阻力，这一提议未能实现。

尽管国际贸易组织未能正式成立，却促成了一个重要国际贸易协定的诞生。1947年10月，包括中国在内的23个国家共同签署从《国际贸易组织宪章》中抽出的123项关税减让多边协定，这就是《关税与贸易总协定》。由于各国的立法机构未批准《国际贸易组织宪章》，作为一项国际贸易协调的多边协定，于1948年1月1日起开始"临时适用"。此后，《关税与贸易总协定》在许多方面担当了国际贸易组织的角色。如在各缔约国贸易政策制定方面确立了某些共同规则，推行了多边贸易和贸易自由化。

课堂讨论：关税与贸易总协定是正式国际组织吗？

7.2.2　关税与贸易总协定的基本原则

1. 非歧视原则

非歧视原则是最基本的原则之一。该原则规定：一缔约方在实施某种限制或禁止措施时，不得对其他缔约方实施歧视待遇。这一原则表明，在缔约国之间不能存在差别和歧视待遇，一国给予第三国的贸易优惠，必须自动地给予其他所有缔约方，不得歧视。这一原则通过最惠国待遇和国民待遇原则来实现。

课堂讨论：非歧视原则是指贸易双方之间互不歧视吗？

2. 贸易自由化原则

贸易自由化原则就是限制和取消一切妨碍和阻止国际间贸易开展与进行的障碍，包括法律、法规、政策和措施诸方面。关税与贸易总协定的贸易自由化主要是通过关税减让原则、互惠原则及一般取消数量限制原则来实现的。

3. 关税减让原则

关税减让原则是执行非歧视原则、互惠原则和最惠国原则的载体。《关税与贸易总协定》中的关税减让有 4 种形式：削减关税，并将削减后的税率水平加以约束；约束现有的关税税率；上限约束，即将关税约束在高于现行税率的某一特定水平，承诺即使提高税率也不超过该水平；对免税待遇加以约束，即承诺税率保持为零。

4. 互惠原则

在国际贸易中，互惠是指两国相互给予对方的贸易优惠待遇。

5. 一般禁止数量限制原则

一般禁止数量限制原则是指在国际贸易中一般不允许采用数量限制，阻止外国商品的进入。

6. 对发展中国家和最不发达国家优惠待遇原则

《关税与贸易总协定》是以发达国家居于支配地位的国际组织，它们是主要受益者。而发展中国家则往往处于不利地位。这种局面促使发达国家和发展中国家之间的经济实力和地位差距越来越悬殊，并因此而产生新的贸易障碍。所以，发达国家应对发展中国家发展工业加以支持。当确认是发展中国家进入世界市场或发达国家市场时受抑制，或涉及对欠发达国家有特殊利益的初级产品和其他出口产品上实行新壁垒时，工业国家应同意，在减少或取消关税和其他壁垒的谈判中，不从发展中国家得到双边对等的承诺。

7.2.3　关税与贸易总协定主持进行的多边贸易谈判

自 1948 年 1 月 1 日临时实施至 1995 年 1 月世界贸易组织（World Trade Organization，缩写为 WTO，简称世贸组织）成立，在 47 年的历程中，关税与贸易总协定主持了 8 轮多边贸易谈判，使其缔约方之间的关税与非关税水平大幅度下降。

1. 第一轮谈判

第一轮谈判于 1947 年 4—10 月在瑞士日内瓦举行。关税与贸易总协定的 23 个创始缔约方参加了谈判，并正式创立了关税与贸易总协定。谈判共达成双边减让协议 123 项，涉及应税商品 45000 项，影响近 100 亿美元的世界贸易额，使占应税进口值约 54% 的商品平均降低关税 35%。

2. 第二轮谈判

第二轮谈判于 1949 年 4—10 月在法国安纳西进行。29 个国家参加了谈判。在此轮谈判期间，瑞典、丹麦、芬兰、意大利、希腊、海地、尼加拉瓜、多米尼加、乌拉圭、利比亚等国就其加入关税与贸易总协定进行了谈判，9 个国家加入关税与贸易总协定。谈判结果达成了 147 项双边协议,增加关税减让 5000 多项,使占应税进口值 5.6％的商品平均降低关税 35％。

3. 第三轮谈判

第三轮谈判于 1950 年 9 月至 1951 年 4 月在英国托奎举行,共有 32 个国家参加。又有 4 个国家加入关税与贸易总协定。黎巴嫩、叙利亚及利比里亚不再是关税与贸易总协定缔约方,中国台湾当局非法地以中国的名义退出了关税与贸易总协定。

4. 第四轮谈判

第四轮谈判于 1956 年 1—5 月在瑞士日内瓦举行,日本加入了关税与贸易总协定。由于美国国会对美国政府的授权有限,使谈判受到了严重影响。参加谈判国减少到 33 个,所达成的关税减让只涉及 25 亿美元的贸易额,共达成 3000 多项商品的关税减让,使占应税进口值 16％的商品平均降低关税 15％。

5. 第五轮谈判

第五轮谈判于 1960 年 9 月至 1961 年 7 月在瑞士日内瓦举行,共有 39 个国家参加。因为根据《1958 年美国贸易协定法》,建议发动本轮谈判的是美国副国务卿道格拉斯·狄龙,故命名为“狄龙回合”。谈判结果达成了 4400 多项商品的关税减让,涉及 49 亿美元的贸易额,使占应税进口值 20％的商品平均降低关税 20％。

6. 第六轮谈判

第六轮谈判于 1964 年 5 月至 1967 年 6 月在瑞士日内瓦举行,共有 46 个国家参加,而实际缔约方在该轮谈判结束时达到 74 个。由于是当时美国总统肯尼迪根据《1962 年美国贸易扩大法》提议举行的,故称“肯尼迪回合”。

这轮谈判确定了削减关税采取一刀切的办法,在经合组织成员间工业品一律平均削减 35％的关税,涉及贸易额 400 多亿美元,对出口产品较集中、单一的国家,如加拿大、澳大利亚、新西兰等作出了特殊安排。对 17 个发展中国家根据特殊的、非互惠的优惠待遇原则,要求发达国家对其给予优惠关税待遇。41 个最不发达国家缔结可以按最惠国待遇原则享受其他国家削减关税的利益,但其本身不对其他国家降低关税。

7. 第七轮谈判

第七轮“东京回合”多边贸易谈判是 1973 年 9 月在日本首都东京举行的部长级会议上发起的,1979 年 11 月谈判结束。数以千计的工业品和农产品的关税得以削减,削减的结果在 8 年内实施,使世界 9 个主要工业国家市场上工业制成品的加权平均关税降到 6％左右,并达成了一系列具体的协议,包括使给予发展中国家的和发展中国家之间的优惠关税与非关税措施待遇合法化,以及一系列关于非关税措施或具体产品的守则。守则涉及:①补贴与反补贴措施;②贸易的技术性壁垒(产品标准);③政府采购;④海关估价;⑤进口许可证程序;⑥修订肯尼迪回合反倾销守则。另外,还达成牛肉协议、奶制品协议、民用航空器协议。

8. 第八轮谈判

第八轮"乌拉圭回合"多边贸易谈判于1986年在乌拉圭埃斯特角城举行,经过7年的艰苦谈判,于1994年4月15日在摩洛哥马拉喀什结束。参加国由最初的103个增加到1993年年底的117个和1995年年初的128个。谈判结果使发达国家和发展中国家平均关税降了1/3,发达国家工业制成品平均关税降为3.5%左右。农产品和纺织品重新回到关税与贸易总协定自由化的轨道。创立了世贸组织,达成了《服务贸易总协定》和《与贸易有关的知识产权协定》。

实训7.2 关税与贸易总协定的讨论

实训目的
加深学生对关税与贸易总协定实践意义的理解。

实训安排
(1) 分析关税与贸易总协定的法律原则,并举例说明。
(2) 讨论关税与贸易总协定在长期国际贸易协调中的作用。

教师注意事项
(1) 由一般国际贸易协调事例导入对关税与贸易总协定法律原则的认知。
(2) 分组搜索资料,查找我国已经参与的关税与贸易总协定谈判。
(3) 组织其他相应的学习资源。

资源(时间)
1课时、参考书籍、案例、网页。

评 价 标 准

表 现 要 求	是否适用	已达要求	未达要求
小组活动中,外在表现(参与度、讨论发言积极程度)			
小组活动中,对概念的认识与把握的准确程度			
小组活动中,分工任务完成的成效与协作度			
小组活动中,作业或PPT制作的完整与适用程度			

7.3 认识世界贸易组织

提示:完成本任务,你将初步认识世界贸易组织。

学习行动:这是国际贸易活动参与人员认识国际贸易协调的第三课。认识世界贸易组织,特别是从经济意义的角度,认识世界贸易组织的作用。在此基础上,能够在贸易机会选择等方面,考虑世界贸易组织规则的影响。

7.3.1 世界贸易组织的产生

"临时适用"的《关税与贸易总协定》运行了40多年。在将近半个世纪的历程中虽然8轮谈判取得了如前所说的重大成果,但与正式国际组织的地位相差较远,这也影响了其权威性。为此,乌拉圭回合对多边贸易体制的建立尤为重视。最后终于在1994年4月15日,由包括中国在内的104个国家和地区的政府正式签署了建立世界贸易组织的协议。

1995年1月1日,WTO作为关税与贸易总协定的继承组织,在瑞士日内瓦正式成立。关税与贸易总协定与其共同运行一段时间后,已于1995年年底自动退出历史舞台。从此,世界贸易组织、世界银行、国际货币基金组织并列为世界经济贸易发展中的三大支柱。2015年12月17日,在肯尼亚首都内罗毕举行的世界贸易组织第十届部长级会议批准阿富汗成为世界贸易组织成员。由此,阿富汗成为WTO第164个成员方和第36个最不发达成员方。当下,世界贸易组织是当代最重要的国际经济组织之一,成员贸易总额达到全球的98%,有"经济联合国"之称。

7.3.2 世界贸易组织协定的内容

1993年11月15日,在日内瓦达成的《关于建立世界贸易组织的协定(草案)》,包含序言、主要条款和附件三部分内容。

1. 序言

序言部分是该协定的宗旨和目标,规定全体成员方在处理贸易和经济领域的关系时,应以提高生活水平、确保充分就业、大幅度稳定地增加实际收入和有效需求、以可持续发展的方式开发世界资源并加以充分利用、拓展货物和服务的生产与贸易为目的;要求各国必须积极努力,确保发展中国家在国际贸易增长中得到与其经济发展相适应的份额。

2. 主要条款

(1) 规定世界贸易组织提供的共同机构框架是为了处理世界贸易组织成员方之间的关系。

(2) 规定世界贸易组织的职能是:对世界贸易组织协定及其附件中的协议进行管理;为实施附件中各项协议和主持以后的多边协议谈判提供一个框架;为其成员方根据部长级大会决定的有关多边贸易关系方面进一步的谈判提供场所;管理综合性争端解决机制和政策审议机制;与国际货币基金组织和世界银行及其所属机构进行合作,使全球经济决策更趋和谐一致。

重要名词

WTO 争端解决机制

WTO 争端解决机制是指世界贸易组织处理成员方之间贸易争端的办法。《关于争端解决的规则和程序的谅解协议》(简称 DSU)是整个 WTO 争端解决机制的基本文件,包括解决机构、管辖权、上诉程序、解决时限、裁决的执行力度等。

(3)规定设立向所有成员方代表开放的部长级大会和总理事会。总理事会的任务是履行世界贸易组织的职能,在它下面建立一个贸易政策审议机制和若干附属机构。

(4)规定由总理事会任命工作人员,在世界贸易组织和总理事会正式生效时,原关税与贸易总协定的秘书处、总干事将分别自动成为世界贸易组织的秘书处、总干事。

(5)规定接受世界贸易组织协定和多边贸易协议的关税与贸易总协定缔约方,包括按关税与贸易总协定议定条件的接受者,为世界贸易组织创始成员方;凡是接受本协定和附件 1、2 和 3 中的多边贸易协议者,均可根据它与总理事会议约定的条件加入本协定。

(6)规定世界贸易组织在履行职能和任务时,应尊重关税与贸易总协定的规则、决定和习惯做法;在对国内法做修改时,所有成员方都应努力采取一切必要步骤,使其国内法实施附件中协议的规定,以保证它们的法律与这些协议相互一致;综合性争端解决协议,适用于附件 4 中东京回合 4 个多边贸易协议外的所有多边协议,以及该 4 个多边贸易协议的签字国。

3. 附件

世界贸易组织协定有 4 个附件。附件 1 包括乌拉圭回合的全部成果、东京回合关于非关税措施的守则和协议、服务贸易总协定及其有关法律文件、与贸易相关的知识产权问题,包括冒牌货贸易的协议。附件 2 是综合性争端解决协议。附件 3 是贸易政策审议机制。附件 4 包括东京回合另外 4 个多边贸易协议。根据有关规定,以上 4 个附件是世界贸易组织协定的组成部分。附件 1 的多边贸易协议的任何条款均不允许提出保留,附件 4 中的个别条款可以根据有关规定提出保留。在加入世界贸易组织协定时,未签署附件 4 中某项协议的任何成员方,都被鼓励成为该项协议的签字方。

7.3.3 世界贸易组织的原则

世界贸易组织的原则包括以下内容。

1. 非歧视原则

非歧视原则是世界贸易组织全部规则体系的基础,主要并通过以下两个更具可操作性的原则来实现:①最惠国待遇原则;②国民待遇原则。

135

美国与加拿大期刊进口争议

　　1996 年,加拿大颁布第 9958 号关税令禁止外国出版的不同版本期刊的进口,即只要进口到加拿大的期刊中有 5% 以上的广告内容是针对加拿大市场的,就不允许进口;对不同版本的期刊征收货物税,并且对进口期刊实行与本地期刊不同的邮寄费率。之后,有一家美国期刊离开加拿大市场回到美国,另有一家加拿大的杂志停止发行美国版。

　　美国认为加拿大的措施违反了 WTO 的国民待遇原则,向 WTO 争端解决机构 DSB 提出上诉并请求成立专家组;1997 年 2 月 21 日,专家组作出报告;1997 年 4 月 29 日,加拿大向上诉机构(AB)提出上诉;1997 年 6 月 30 日,上诉庭举行了开庭审理并于当日作出了上诉报告;1997 年 7 月 30 日,DSB 通过了上诉机构报告和修改后的专家组报告。

　　专家组的报告认为加拿大 9958 号关税令和货物税法不符合关税与贸易总协定的规定,而加拿大邮政资助符合关税与贸易总协定的规定;上诉机构推翻了专家组关于“同类产品”问题上的结论,并最终认为加拿大货物税法明显是为了保护加拿大期刊,同时,上诉机构推翻了专家组关于加拿大“受资助”的邮政费率符合关税与贸易总协定的结论。

2. 贸易自由化原则

　　贸易自由化原则在世界贸易组织协定中转化为以下两个具体原则:①关税稳定减让原则;②一般取消数量限制原则。

3. 关税保护原则

　　关税是世界贸易组织允许的唯一保护形式,因为关税措施的保护程度显而易见,并且各缔约方之间就关税措施的使用容易开展谈判。

4. 透明度原则

　　各缔约方有关贸易的法规和政策要公之于世,并事先公布、接受检查。透明度原则的内容有:海关对产品的分类与估价的规定,关税和其他费用的规定,对进口货款支付限制的规定,影响进出口货物的销售、分配、运输、保险、仓储、检验、展览、加工的规定,与其他缔约方达成的有关影响贸易的规定。

5. 公平竞争与贸易原则

　　世界贸易组织认为,各国在国际贸易中不应该采用不公正的贸易手段进行竞争,尤其是不应该以倾销或补贴的方式出口本国的商品。进口国如果遇到其他国家的商品倾销或商品补贴,就可以采取反倾销和反补贴的措施。但是,应遵守关税与贸易总协定中的反倾销和反补贴条件与程序。

6. 市场准入原则

　　市场准入原则是指一缔约方对其他缔约方的货物、劳务与资本逐步开放国内市场,

136

并不断加大开放程度。

7. 对发展中国家的优惠待遇原则

关税与贸易总协定给予发展中国家在关税减让、出口补贴、保障措施、服务贸易、农产品贸易等许多方面不同于发达国家的优惠待遇。

7.3.4 世界贸易组织的机构

1. 部长会议

根据《马拉喀什协议》(Marrakech Agreement)规定,世贸组织整个机构由其最高权力机构——部长会议领导。部长会议由世贸组织所有成员的代表组成,要求至少每两年开会一次,它可对任何多边贸易协定下的所有事务作出决定。

2. 总理事会

世贸组织的日常工作由若干个辅助机构承担,它们是由世贸组织所有成员组成的总理事会。总理事会须向部长会议汇报所有工作,有权代表部长会议处理日常事务并对世贸组织各成员实行定期的贸易政策评审。

3. 理事会

总理事会将部分职权授予另外三个主要机构,即货物贸易理事会、服务贸易理事会及与贸易有关的知识产权理事会。货物贸易理事会监督有关货物贸易的所有协议的实施和运作。尽管许多这样的协议拥有其自身特定的监督机构,但是货物贸易理事会仍被授予更高的权力,以利于贸易的有序发展。后两个理事会由各自有关的世贸组织协议负责,并有权在需要时建立其自身的辅助机构。

4. 委员会

部长会议还建立了另外三个机构,即贸易与发展委员会、国际收支委员会和预算、财务与行政委员会。其中,贸易与发展委员会负责关心与解决有关发展中国家,尤其是最不发达国家的有关问题;国际收支委员会负责世贸组织成员与根据《关税与贸易总协定》第12条和第18条规定而采取贸易限制措施以解决国际收入困难的国家之间的磋商。预算、财务与行政委员会专门负责处理与世贸组织的财政和预算有关的问题。

另外,世界贸易组织的四个多边协议,即关于民用航空器、政府采购、奶制品和牛肉的多边协议,每个协议都建立了自己的管理机构,需向总理事会报告工作。

137

重要信息

世界贸易组织的特点

世界贸易组织具有以下几个特点。

（1）管理范围扩大。关税与贸易总协定的管理范围狭窄单一，其规则只涉及货物贸易。世界贸易组织除了包括关税与贸易总协定文本外，还增加了与贸易相关的投资措施协议、与贸易相关的知识产权协议和服务贸易总协定。

（2）管理体制权威性和统一性。关税与贸易总协定作为国际多边协定，一般将其视为行政性协定，而非公约。世界贸易组织协定则要求各国代表在草签后，还须通过立法程序，经本国立法机构批准，才能生效。因而使世界贸易组织协定更具完整性和权威性。

（3）法律基础健全。世界贸易组织不但把关税与贸易总协定临时适用变为正式适用，而且决定建立一整套组织机构。这样，该组织与其他国际组织在法律上便处于平等的地位。

（4）争端解决机制完善。世界贸易组织建立、健全了争端解决机制程序，特别是加强了对实施裁决的监督，确保了世界贸易组织对规则的严格遵守和世界贸易组织体制的正常运作。

（5）贸易政策审议机制确立。为了加强对缔约方是否严格维护关税与贸易总协定的情况进行监督，世界贸易组织建立了贸易政策审议机制，以增强各国政策的透明度。

（6）全球经济决策协调性增强。世界贸易组织决定加强与国际货币基金组织和世界银行之间的联系。这有助于它们在全球经济决策过程中加强协调，以便它们的政策和行动更加和谐一致。

（7）缔约方权益明确。世界贸易组织增加了原缔约方参加新要求加入方的关税减让谈判的主动权。这可以确保原缔约方不受牵制，即使它从开始就不愿实施关税与贸易总协定的某项义务，如不给予新要求加入方无条件的最惠国待遇，它仍然可以参加此种关税减让谈判。

7.3.5　中国与世界贸易组织

1. 中国是关税与贸易总协定的原始缔约方

1947 年 4—10 月，当时的中国政府应邀参加了在日内瓦举行的第一轮多边关税减让谈判。同年 4 月 21 日，按《临时适用议定书》第 3 条和第 4 条第（2）款所定规程，当时的中国政府作为最后文件签字国之一签署了该议定书。5 月 21 日，议定书签署后第 30 天，中国成为关税与贸易总协定原始缔约方之一。

2. 中国和关税与贸易总协定的关系

中华人民共和国成立后，国民党当局退到台湾地区，并于 1950 年非法退出了关税与贸易总协定。直至 1980 年，中国政府才恢复和关税与贸易总协定的接触。1982 年 11 月，关税与贸易总协定召开第 38 届缔约方大会，中国政府被允许以观察员身份列席该次大会。1984 年 1 月 18 日，中国政府正式签署第三个国际纺织品贸易协议，并成为关税与贸易总协定纺织品委员会的正式会员。1986 年 7 月 11 日，中国政府向关税与贸易总协定总干事阿瑟·邓克尔正式提出恢复在关税与贸易总协定中合法地位的申请。

3. 中国加入世界贸易组织

中国 1986 年 7 月正式提出复关申请后,即向世界表明了中国实行对外开放、对内搞活经济的政策。中国的经济改革进程将有助于扩大中国同各缔约方的经贸往来,中国复关将有助于关税与贸易总协定宗旨的实现。

此后,中国多次参加了多边贸易谈判,并在政策、法律方面作出了相应承诺。1987 年 6 月,关税与贸易总协定"中国的缔约方地位工作组"成立。1992 年以后,虽然经过多次谈判,但是由于一些发达国家对我国经济改革、外贸管理制度、经济政策方面的透明度等问题持有保留态度,中国政府的复关要求在世界贸易组织建立之前未能如愿。

1999 年 11 月 9 日,中美重开双边谈判,并于 11 月 15 日签署了《中美关于中国加入 WTO 的协议》。这标志着中国入世最大的障碍被清除。1999 年 11 月 26 日与加拿大签署协议。2000 年年初与日本签署协议;2000 年 6 月 19 日与欧盟签署协议,至此,中国入世基本已成定局。

2001 年 9 月 14 日,中国与最后一个谈判对象——墨西哥达成了协议。

2001 年 11 月 10 日,在卡特尔首都多哈举行的部长级会议上,全票通过接纳中国成为 WTO 的正式成员的决议,协议后经我国全国人大常务委员会审议批准。2001 年 12 月 11 日,中国成为 WTO 第 143 个正式成员。

重要信息

中国加入 WTO 后的权利与义务

(1) 基本权利

① 全面参与世界贸易体制。全面参与 WTO 各理事会和委员会的所有会议;全面参与贸易政策审议;充分利用 WTO 争端解决机制解决双边贸易争端;全面参与新一轮多边贸易谈判,制定多边贸易规则;对于现在或将来的申请加入方,将要求与其进行双边谈判,为中国产品和服务扩大出口创造更多的机会。

② 享受非歧视待遇。充分享受多边无条件的最惠国待遇和国民待遇,即非歧视待遇。

③ 享受发展中国家权利。除一般 WTO 成员所能享受的权利外,中国作为发展中国家还将享受 WTO 各项协定规定的特殊和差别待遇。

④ 获得市场开放和法规修改的过渡期。为使中国相关产业在加入 WTO 后获得调整和适应的时间与缓冲期,并对有关的法律和法规进行必要的调整,经过谈判,中国在市场开放和遵守规则方面获得了过渡期。

⑤ 保留国有贸易体制。经过谈判,中国保留了对粮食等 8 种关系国计民生的大宗产品的进口实行国有贸易管理(即由中国政府指定的少数公司专营)。

⑥ 对国内产业提供必要的支持。其中包括:地方预算提供给某些亏损国有企业的补贴;经济特区的优惠政策;经济技术开发区的优惠政策;上海浦东经济特区的优惠政

139

策;外资企业优惠政策;国家政策性银行贷款;用于扶贫的财政补贴;技术革新和研发基金;用于水利和防洪项目的基础设施基金;出口产品的关税和国内税退税;进口税减免等。

⑦ 维持国家定价。保留了对重要产品及服务实行政府定价和政府指导价的权利。其中包括:对烟草、食盐、药品等产品,民用煤气、自来水、电力、热力、灌溉用水等公用事业及邮电、旅游景点门票、教育等服务保留政府定价的权利等。

⑧ 保留征收出口税的权利。保留对鳗鱼苗、铅、锌、锑、锰铁、铬铁、铜、镍等共 84 个税号的资源性产品征收出口税的权利。

⑨ 保留对进出口商品进行法定检验的权利。

⑩ 有条件、有步骤地开放服务贸易领域并进行管理和审批。

(2) 基本义务

① 遵守非歧视原则。承诺在进口货物、关税、国内税等方面,给予外国产品的待遇不低于给予国产同类产品的待遇。

② 统一实施贸易政策。承诺在整个中国关境内统一实施贸易政策。

③ 确保贸易政策的透明度。承诺公布所有涉外经贸法律和部门规章。

④ 为当事人提供司法审议的机会。

⑤ 逐步放开外贸经营权。承诺在加入 WTO 后 3 年内取消外贸经营审批权,已享有部分进出口权的外资企业将逐步享有完全的贸易权。

⑥ 逐步取消非关税措施。

⑦ 不再实行出口补贴。

⑧ 实施《与贸易有关的投资措施协议》。

⑨ 以折中方式处理反倾销、反补贴条款的可比价格。

⑩ 接受特殊保障条款。

实训 7.3 世界贸易组织的讨论

实训目的
加深学生对世界贸易组织实践意义的理解。

实训安排
(1) 分析世界贸易组织的法律原则,并举例说明。
(2) 讨论世界贸易组织在国际贸易协调中的作用。

教师注意事项
(1) 由一般国际贸易协调事例导入世界贸易组织法律原则的认知。
(2) 分组搜索资料,查找我国运用世界贸易组织规则处理贸易争端的案例。
(3) 组织其他相应的学习资源。

资源(时间)
1 课时、参考书籍、案例、网页。

表 现 要 求	是否适用	已达要求	未达要求
小组活动中,外在表现(参与度、讨论发言积极程度)			
小组活动中,对概念的认识与把握的准确程度			
小组活动中,分工任务完成的成效与协作度			
小组活动中,作业或 PPT 制作的完整与适用程度			

单元 7 小结

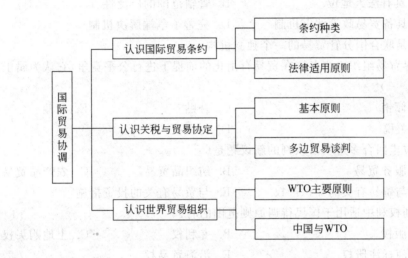

教学做一体化练习

重要名词

国际贸易条约　WTO 争端解决机制

同步自测

一、选择题

1. 世界贸易组织的宗旨有( )。

　　A. 确保充分就业　　　　　　　　B. 持久开发和合理利用世界资源

　　C. 加强环保　　　　　　　　　　D. 取消国际贸易中的歧视待遇

　　E. 确保发达国家在国际贸易中的主导地位

141

2. WTO 的组织机构有(　　)。

   A. 部长会议　　　　　　　B. 分理事会　　　　　　C. 临时性机构

   D. 总理事会　　　　　　　E. 专门委员会

3. 在贸易条约和协定中通常使用的法律待遇原则是(　　)。

   A. 最惠国待遇原则　　　　B. 国民待遇原则　　　　C. 公平贸易待遇原则

   D. 磋商与争端解决原则　　E. 对发展中国家的特殊优惠原则

4. 常见的贸易条约和协定的种类有(　　)。

   A. 国际商品协定　　　　　B. 贸易议定书　　　　　C. 贸易协定

   D. 通商航海条约　　　　　E. 支付协定

5. 世界贸易组织的主要特点有(　　)。

   A. 具有法人地位　　　　　B. 管辖范围的广泛性

   C. 具备贸易政策评审机制　D. 完善了争端解决机制

   E. 是联合国分管贸易的一个独立机构

6. 世界贸易组织主张各国在贸易自由化的前提下进行公平竞争,它认为属于不公平竞争的是(　　)。

   A. 倾销　　　　　　　　　C. 补贴　　　　　　　　E. 配额

   B. 关税　　　　　　　　　D. 许可证

7. 乌拉圭回合多边贸易谈判的新议题是(　　)。

   A. 服务贸易　　　　　　　B. 纺织品贸易　　　　　C. 农产品贸易

   D. 与贸易有关的知识产权　E. 与贸易有关的投资措施

8. 下列权利中适用于国民待遇原则范围的有(　　)。

   A. 版权　　　　　　　　　B. 专利权　　　　　　　C. 土地购买权

   D. 商标注册权　　　　　　E. 沿海贸易权

二、判断题

1. 贸易条约和协定一般都采用无条件的最惠国待遇原则。　　　　　　　(　　)

2. 通商航海条约的内容主要涉及船舶航行和港口的使用。　　　　　　　(　　)

3. 贸易议定书一般由签字国有关行政部门代表签署即可生效。　　　　　(　　)

4. 国际商品协定的主要对象是发展中国家和发达国家的初级产品。　　　(　　)

5. 关税与贸易总协定是联合国的一个专门机构。　　　　　　　　　　　(　　)

6. 世界贸易组织的最高权力和决策机构是总理事会。　　　　　　　　　(　　)

7. 世界贸易组织的最惠国待遇的特点是单边、有条件的。　　　　　　　(　　)

8. 世界贸易组织进一步加强了对发展中国家的特殊优惠待遇原则。　　　(　　)

三、简答题

1. 我国加入了哪些国际贸易条约?

2. 关税与贸易总协定为什么不是国际组织?

3. 如何理解最惠国待遇?

4. 如何理解国民待遇？

5. 在我国，对待外商投资企业为什么会有"超国民待遇"的说法？

6. 世界贸易组织的特点有哪些？

7. 世界贸易组织的机构是怎样的？

8. 我国加入世界贸易组织的意义是什么？

四、案例分析

2012 年以来，中美贸易摩擦确有升温的趋势。英国《金融时报》16 日报道，美国 62% 的选民支持对华贸易强硬，这体现了美国当前经济不景气情况下民意的走向。从中长期来看，美国经济复苏前景不明，国内就业困难，奥巴马总统开出了"制造业回归"和"贸易倍增"的药方。美国要扶持国内制造业企业、刺激出口，必然与制造业强大并大量向美国出口的中国产生某种冲突。中国现代国际关系研究院世界经济研究所所长表示，中国企业竞争力上升，使美国在新能源等原先的优势产业也遭遇了挑战，中美经济之间的竞争开始抢互补的"风头"。从近期来说，2012 年是美国大选年，为了迎合民意，无论是奥巴马还是罗姆尼，为了争取选票，都会在对华贸易上大做文章，中美之间的贸易争端还有可能继续发酵。

不过，启动 WTO 贸易争端解决机制并不意味着"贸易战"，反而或许是双方自我克制、避免伤及贸易关系全局的一种努力，因为 WTO 仲裁机制具有耗时过长的特点。在 WTO 机制下，产生贸易争端的国家通常先进行双边谈判，无法达成一致才会启动 WTO 贸易解决机制，走上"磋商—专家组初裁—上诉机构终裁"的道路。争端当事国通常会首先援引国内法对"犯案"企业进行制裁，至于寻求 WTO 仲裁，往往是为了寻求支持。商务部国际贸易经济合作研究院研究员介绍，在不久前美国对中国企业展开的一系列"双反"调查中，美国正是援引其修改后的国内法，对中国同时启动了反倾销和反补贴调查。

面对日渐增多的贸易争端，我国应充分重视利用世贸诉讼机制，通过磋商和对话解决贸易争端。企业在国际市场上应更加成熟，对贸易争端早做准备，并培养应诉意识。

资料来源：解放日报，2012-09-27.

阅读以上材料，回答问题：

1. WTO 争端解决机制的意义是什么？

2. 面对中美贸易摩擦，中国企业该如何应对？

拓展实训：认识国际贸易协调

实训目的

参观企业，了解国际贸易协调对企业的影响。

实训安排

（1）教师与企业接洽。

（2）引领学生访问企业业务人员。

（3）收集我国加入世界贸易组织后给企业带来的变化。

教师注意事项

（1）指导学生，认识所访企业遇到的贸易争端情形。

（2）聘请业务人员讲解应对措施。

（3）组织其他相应的学习资源。

资源（时间）

1课时、参考书籍、案例、网页、实践基地企业。

评 价 标 准

表 现 要 求	是否适用	已达要求	未达要求
小组活动中的工作表现（参与度、讨论发言）			
整个认知活动过程的表现			
对整体职业学习活动的认识与把握			
学习活动过程中知识与经验的运用和反思			

学生自我总结

通过完成本单元的学习，我能够作如下总结。

一、主要知识

本单元主要知识点：

1.

2.

二、主要技能

本单元主要技能：

1.

2.

三、主要原理

本单元讲述的主要原理：

1.

2.

四、相关知识与技能

我在完成本单元的学习中学到的知识与技能：

  1. 贸易协调对于货物贸易的影响有：

  2. 贸易协调对于国家经济的影响有：

  3. 贸易协调对于贸易企业的影响有：

五、成果检验

我完成本单元的学习后得到的成果：

  1. 完成本单元的意义有：

  2. 学到的经验有：

  3. 自悟的经验有：

  4. 我认为国际贸易协调的必要性有：

单元 8　国际经济现象

1. 知识目标

能认识经济一体化的概念。

能认识跨国公司的含义与特征。

能认识国际要素移动的含义。

2. 能力目标

能理解经济一体化的影响。

能理解跨国公司的影响。

能认识国际要素移动的影响。

任务描述

在国际经济交往中,除了货物与服务贸易外,还有一些与贸易关系密切的国际经济活动,这些活动对国际贸易有着重大的影响。作为参与国际贸易活动的成员,应该认识国际经济主要现象的含义、特征,熟悉其运作方式,并在此基础上,理解国际经济活动对世界贸易的影响。

任务分解

根据国际贸易认知活动工作顺序和职业教育学习规律,"国际经济现象"可以分解为以下几个学习任务。

同步实训

根据国际贸易认知活动、职业成长规律及职业学习原理,"国际经济现象"可以安排以下几个同步实训活动。

实训项目	活　动　名　称	活　动　目　的
实训 8.1	经济一体化现象讨论	加深学生对经济一体化实践意义的理解
实训 8.2	跨国公司现象讨论	加深学生对跨国公司实践意义的理解
实训 8.3	国际要素移动现象讨论	加深学生对国际要素移动实践意义的理解
拓展实训	认识国际经济现象	理解国际经济现象对国际贸易活动的影响

导入故事

　　1985 年 10 月,我国上海和德国大众正式签署协议,成立合资企业——上海大众汽车公司,标志着德国大众公司携资本、技术与管理经验来到了中国。此时,我国对汽车消费有着严格的政策管控。加入世界贸易组织十年后,中国平均关税从入世前的 15.3% 降到 9.8%,进口增长了 4.7 倍。最引人关注的是,汽车关税从 3 位数降至 13.4%,几乎所有跨国汽车公司都来到了中国。

　　坐着经济的日本车或大气的德国车,去电影院看与美国同步上映的 3D 大片,其间,还不时吃着德芙巧克力,用苹果手机发微博,或许看完电影还要逛一逛屈臣氏或是家乐福……如今司空见惯的场景,在十年前几乎不可想象。"入世"给中国带来的,不仅仅是数字上的"腾空翻",还有渗透到我们生活中每个角落的便利。

　　【感悟】　经济一体化、全球化就在我们身边,我们每天的生活中都充斥着跨国巨头们的精心服务。通过学习本单元,你怎样看待与贸易有关的国际经济现象?

8.1　认识经济一体化

　　提示:完成本任务,你将初步认识经济一体化。

　　学习行动:这是国际贸易活动参与人员认识国际经济现象的第一课。认识经济一体化现象,特别是从国际货物贸易的角度,认识经济一体化的作用。在此基础上,能够在进出口市场、客户选择、商品价格制定等方面考虑国际经济一体化的影响。

　　经济一体化是当代国际经济活动发展中的重要现象之一,与国际贸易活动关系密切。广义的经济一体化是指世界经济一体化或经济全球化,世界各国经济之间彼此相互开放,形成相互联系、相互依赖的有机整体。

　　狭义的经济一体化即地区经济一体化,是指区域内两个或两个以上国家或地区,在一个由政府授权组成的并具有超国家性的共同机构下,通过制定统一的对内对外经济政策、财政与金融政策等,消除国别之间阻碍经济贸易发展的障碍,实现区域内互利互惠、协调发展和资源优化配置,最终形成一个政治经济高度协调统一的有机整体的过程。

重要名词

经济一体化

　　经济一体化(Economic Integration)是指国家(地区)之间签署协议,制定具体措施协

147

调彼此的经济贸易政策,以促进经济的共同发展所形成的多国经济联盟。在联盟内,生产要素能够自由流动,并由统一的机构监督条约的执行和实施共同的政策及措施。

8.1.1　经济一体化的形式

目前,国际上常见的经济一体化形式主要有以下三种。

1. 按照一体化进程由低到高划分

(1) 优惠贸易安排(Preferential Trade Arrangements)。这是区域经济一体化的初级形式。在实行优惠贸易安排成员方之间,通过协定或其他形式,对全部商品或部分商品规定特别的关税优惠。

【例8-1】《中国—秘鲁自由贸易协定》于2010年3月1日起实施,在货物贸易方面,秘鲁将逐步取消92%以上的自华进口产品关税,其中90%在10年内降为零;中国逐步取消94.6%的从秘鲁进口产品关税,其中93%在10年内降为零。我国轻工、电子、家电、机械、汽车、化工、蔬菜、水果等众多产品和秘鲁的鱼粉、矿产品、水果、鱼类等产品都从降税安排中获益。

(2) 自由贸易区(Free Trade Area)。这是一种古老的一体化形式。通常是指签订自由贸易协定的国家所组成的经济贸易集团,在成员方之间废除关税与数量限制,使区域内各成员方的商品自由流动,每个成员方仍保持自己对非成员方的贸易壁垒。

【例8-2】　中国—东盟自由贸易区(China-ASEAN Free Trade Area,CAFTA)是中国与东盟十国组建的自由贸易区,于2010年1月1日正式建成。中国—东盟自由贸易区涵盖19亿人口、国民生产总值达6万亿美元、贸易额达4.5万亿美元,是中国对外商谈的第一个自由贸易区,也是发展中国家之间最大的自由贸易区。

(3) 关税同盟(Customs Union)。这是一体化的较高级形式。它是指两个或两个以上的国家完全取消关税或其他壁垒,并对非同盟国家实行统一的关税税率而结成的同盟。其目的在于使参加国的商品在统一关税内的市场上处于有利的竞争地位,排除非同盟国家商品的竞争。如1826年成立的北德意志关税同盟、1920年成立的比荷卢经济联盟等。

(4) 共同市场(Common Market)。这是一体化的更高级形式。它是指两个或两个以上的国家完全取消关税与数量限制,建立对非成员方的统一关税,在实现商品自由流动的同时,还实现生产要素(劳动力、资本)的自由移动。如欧洲经济共同体在20世纪80年代接近此阶段。

【例8-3】　由海湾阿拉伯国家合作委员会(海合会)6个成员方组成的海湾共同市场于2008年1月1日起正式启动。海湾共同市场的启动,标志着以石油为主要收入来源的海湾国家朝着经济一体化目标迈出了重要一步。海湾共同市场正式启动后,海合会6国公民在其中任何一国就业、居住和投资时都将享受与所在国公民同等的待遇。海湾共同市场有助于促进海湾国家的一体化进程,并增强海湾国家在世界经济中的竞争力。

(5) 经济同盟(Economic Union)。这种形式的一体化程度很高。它是指实行经济同盟的国家不仅实现商品、生产要素的自由流动,建立共同对外的关税,并且制定和执行统一对外的某些共同的经济政策与社会政策,逐步废除政策方面的差异,使一体化的程度从商品交换扩展到生产、分配乃至整个国民经济,形成一个有机的经济实体。如欧洲联盟就属这一类一体化组织。

(6) 完全经济一体化(Complete Economic Integration)。这是区域经济一体化的最高阶段。在这一阶段,域内各国在经济、金融、财政等方面均完全统一,在成员方之间完全取消商品、资本、劳动力、服务等自由流动的人为障碍,在经济性质上已等同于一个国家。欧盟正在迈进这一阶段。

课堂讨论:以欧盟为例,说明实行经济同盟的好处有哪些?

2. 按照经济一体化的范围划分

(1) 部门一体化(Sectional Integration)是指区域内成员方之间的一个或几个部门或商品的一体化,如欧洲煤钢联营、欧洲原子能联营。

(2) 全盘一体化(Overall Integration)是指区域内成员方之间的所有经济部门一体化的形态,如欧洲联盟。

3. 按照参加国的经济发展水平划分

(1) 水平一体化(Horizontal Integration)是指经济发展水平大致相同或接近的国家共同形成的经济一体化组织。

(2) 垂直一体化(Vertical Integration)是指经济发展水平不同的国家所形成的一体化。

8.1.2 主要地区经济一体化组织

1. 欧洲联盟

欧洲联盟(European Union,EU)简称欧盟,总部设在比利时首都布鲁塞尔,是由欧洲共同体(European Community,又称欧洲共同市场,简称欧共体)发展而来的,初始成员方有 6 个,分别为法国、联邦德国、意大利、比利时、荷兰及卢森堡。欧洲联盟主要经历了三个阶段:荷卢比三国经济联盟、欧洲共同体、欧盟。

欧盟的宗旨是"通过建立无内部边界的空间,加强经济、社会的协调发展和建立最终实行统一货币的经济货币联盟,促进成员方经济和社会的均衡发展""通过实行共同外交和安全政策,在国际舞台上弘扬联盟的个性"。欧盟的盟旗是蓝色底的十二星旗,不是因为欧盟一开始只有 12 个国家,代表了欧盟的开端,而是这个十二星旗代表的是圣母玛利亚的十二星冠,寓意圣母玛利亚将永远保佑欧洲联盟。

欧盟已经建立了一个单一市场,通过标准化的法律制度,适用于所有会员国,保证人、货物、服务和资本的迁徙自由。它保持共同的贸易政策,包括农业和渔业政策及区域发展政策。17 个会员国已通过了共同的货币—— 欧元。在对外政策上,代表其成员在

149

世界贸易组织、八国集团首脑会议和联合国会议上发言,维护其成员方利益。在内政、国防、外交等其他方面则类似一个独立国家所组成的同盟。

2012 年 10 月 12 日,欧盟被授予 2012 年诺贝尔和平奖。2017 年 12 月 8 日,英国与欧盟达成历史性脱欧协议,从而为贸易谈判铺平了道路。2018 年 11 月 25 日,欧盟各成员方首脑在布鲁塞尔的特别峰会上通过了英国退出欧盟的条约,并就未来双边关系发表一项政治声明。根据脱欧条约,到 2020 年年底为过渡期,这段时间英国仍将留在欧盟内部市场和关税同盟内。

重要信息

欧盟成员方

欧共体创始国为法国、联邦德国、意大利、荷兰、比利时和卢森堡六国。至 2013 年 7 月止,欧盟共有 28 个成员方,它们是英国、法国、德国、意大利、荷兰、比利时、卢森堡、丹麦、爱尔兰、希腊、葡萄牙、西班牙、奥地利、瑞典、芬兰、马耳他、塞浦路斯、波兰、匈牙利、捷克、斯洛伐克、斯洛文尼亚、爱沙尼亚、拉脱维亚、立陶宛、罗马尼亚、保加利亚、克罗地亚。

2. 北美自由贸易区

北美自由贸易区(North American Free Trade Area,NAFTA)由美国、加拿大和墨西哥 3 国组成,于 1992 年 8 月 12 日就《北美自由贸易协定》达成一致意见,并于同年 12 月 17 日由三国领导人分别在各自国家正式签署。1994 年 1 月 1 日,协定正式生效,北美自由贸易区宣布成立。三个会员国彼此必须遵守协定规定的原则和规则,如国民待遇、最惠国待遇及程序上的透明化等来实现其宗旨,借以消除贸易障碍。自由贸易区内的国家货物可以互相流通并减免关税,而对自由贸易区以外的国家则仍然维持原关税及壁垒。因北美自由贸易区的关系,使墨西哥出口至美国受惠最大。目前,美国是墨西哥最大的贸易伙伴和投资来源国,双边贸易占墨西哥外贸总额的 70%,对美国出口占墨西哥出口总额的 83%,美国资本占墨西哥吸收外资总额的 65% 以上。墨西哥主要经济部门(石油行业、制造业、出口加工业、纺织服装业等)均面向美国市场。此外,海外移民汇款(主要来自美国)已经成为墨西哥仅次于石油收入的第二大外汇来源。因此,墨西哥对于美国的依赖程度很深,美国的经济情况往往决定着墨西哥的经济发展。

北美自由贸易协定的宗旨是:取消贸易壁垒,创造公平竞争的条件,增加投资机会,保护知识产权,建立执行协定和解决争端的有效机制,促进三边合作。其具体规定是:在 15 年时间内,分三个阶段逐步取消三国之间的关税,实现商品和服务的自由流通。在三国 9000 多种商品中,约 50% 的商品的关税立即取消,15% 将在 5 年内取消,其余的大部分在 10 年内取消,少数商品在 15 年内取消。此外,还将开放金融市场,放宽对外资的限制,保护知识产权等。

北美自由贸易区是世界上第一个由最富裕的发达国家和发展中国家组成的经济一体化组织。它打破了传统的一体化模式,开创了发达国家和发展中国家共处同一经济贸易集团的先例。北美这三个国家在经济上有着较大的互补性和相互依存性。自由贸易的开展有力地促进了相互之间贸易的发展,从而推动各国经济的增长。对美国来说,在世界市场竞争日益激烈的情况下,还可增强它对日本和西欧的抗衡力量。

3. 亚太经济合作组织

亚太经济合作组织(Asia-Pacific Economic Cooperation,APEC)是亚太地区最具影响的经济合作官方论坛。1989年11月5—7日,澳大利亚、美国、加拿大、日本、韩国、新西兰和东盟6国在澳大利亚首都堪培拉举行亚太经济合作会议首届部长级会议,标志着亚太经济合作会议的成立。1993年6月改名为亚太经济合作组织(简称亚太经合组织)。1991年11月,中国以主权国家身份,中国台湾和中国香港以地区经济体名义正式加入亚太经合组织。亚太经合组织共有21个成员。2018年11月17—18日,APEC第26次领导人非正式会议在巴布亚新几内亚莫尔兹比港举行。

亚太经合组织采取自主自愿、协商一致的合作原则,所作决定必须经各成员一致同意认可。亚太经合组织的组织机构包括领导人非正式会议、部长级会议、高官会、委员会和专题工作组等。其中,领导人非正式会议是亚太经合组织最高级别的会议。

亚太经合组织总人口达26亿,约占世界人口的40%;国内生产总值之和超过20万亿美元,约占世界生产总值的56%;贸易额约占世界贸易额总量的48%。这一组织在全球经济活动中具有举足轻重的地位。

重要信息

亚太经合组织成员

APEC现有21个成员,分别是澳大利亚、文莱、加拿大、智利、中国、中国香港、印度尼西亚、日本、韩国、马来西亚、墨西哥、新西兰、巴布亚新几内亚、秘鲁、菲律宾、俄罗斯、新加坡、中国台湾、泰国、美国、越南。1997年,温哥华领导人会议宣布APEC进入十年巩固期,暂不接纳新成员。2007年,各国领导人对重新吸纳新成员的问题进行了讨论,但在新成员须满足的标准问题上未达成一致,于是决定将暂停扩容的期限延长3年。此外,APEC还有3个观察员,分别是东盟秘书处、太平洋经济合作理事会和太平洋岛国论坛。

课堂讨论:亚太经合组织是正式国际经济组织吗?

自成立以来,亚太经合组织在推动区域和全球范围的贸易投资自由化与便利化、开展经济技术合作方面不断取得进展,为加强区域经济合作、促进亚太地区经济发展和共同繁荣作出了突出贡献。

1990年7月,亚太经合组织第二届部长级会议在新加坡通过《联合声明》,欢迎中国、中国台湾和中国香港三方尽早同时加入这一组织。1991年11月,中国、中国台湾和中国香港地区(1997年7月1日起改为"中国香港")正式加入亚太经合组织。从中国加入亚太经合组织起,亚太经合组织便成为中国与亚太地区其他经济体开展互利合作、开展多边外交、展示中国国家形象的重要舞台。中国通过参与亚太经合组织合作促进了自身发展,也为该地区乃至世界经济发展作出了重要贡献。

151

实训 8.1　经济一体化现象讨论

实训目的

加深学生对经济一体化实践意义的理解。

实训安排

(1) 分析说明亚太经合组织中关于优惠贸易安排的规定。

(2) 讨论这些优惠安排对我国贸易的影响。

教师注意事项

(1) 由一般国际贸易协调事例导入对经济一体化的认知。

(2) 分组搜索资料,查找我国已经参与的经济一体化。

(3) 组织其他相应的学习资源。

资源(时间)

1 课时、参考书籍、案例、网页。

评价标准			
表 现 要 求	是否适用	已达要求	未达要求
小组活动中,外在表现(参与度、讨论发言积极程度)			
小组活动中,对概念的认识与把握的准确程度			
小组活动中,分工任务完成的成效与协作度			
小组活动中,作业或 PPT 制作的完整与适用程度			

8.2　认识跨国公司

提示:完成本任务,你将初步认识跨国公司。

学习行动:这是国际贸易活动参与人员认识国际经济现象的第二课。认识跨国公司,特别是从国际货物贸易的角度,认识跨国公司的作用。在此基础上,能够在进出口市场、客户选择、商品价格制定等方面考虑跨国公司活动的影响。

8.2.1　跨国公司的概念

跨国公司的历史可以追溯到 19 世纪 60 年代,当时西欧和美国的一些大企业开始在海外设立生产性分支机构,从事制造业跨国经营活动,已初具跨国公司的雏形。第二次世界大战后,特别是 20 世纪 50 年代后,随着西方发达国家垄断资本的大规模对外扩张和生产的进一步国际化,对外直接投资迅猛增加,跨国公司得到了迅速发展。第一家跨国公司是 1600 年成立的东印度公司。此外,美国的胜家缝纫机器公司、威斯汀豪斯电气公司、爱迪生电器公司、英国的帝国化学公司等都先后在国外活动。这些公司都是现代跨国公司的雏形。

重要名词

跨 国 公 司

跨国公司又称多国公司、国际公司和宇宙公司等,是指以母国为基地,通过对外直接投资,在两个或更多的国家建立子公司或分支机构,从事生产和经营活动的国际化企业。

跨国公司的迅速发展和膨胀是当今国际经济发展的典型特征,是全球经济一体化在企业组织形式上的微观表现,其重要性在于它在日益深刻的意义上打破了国家的经济疆界,而从另一种与国家不同的意义上作为世界经济活动的主体而存在。它已成为国际产业转移、国际投资和国际贸易的主要承担者。

据我国商务部统计,2005 年,全球 6.1 万家跨国公司占据全球跨国直接投资的90%、全球贸易总量的 65%、全球技术交易总量的 80%和全球高新技术的 95%以上。但是,跨国公司的地区与行业分布很不平衡。2018 年 7 月,美国《财富》杂志公布了"2018 年世界 500 强排行榜"。榜单显示,美国依然是全球大型企业最多的国家,上榜公司126 家。中国公司上榜数量再创新高,达到了 120 家,其中中国大陆(含中国香港在内,不包括中国台湾地区)为 111 家企业。前 10 名中有 3 家中国公司——国家电网有限公司、中国石油化工集团公司和中国石油天然气集团公司继续分列榜单前四位,位次没有变化,13 家中国公司首次上榜。

中国企业联合会、中国企业家协会于 2018 年 9 月发布了"2018 中国 100 大跨国公司及跨国指数",中国石油天然气集团公司、中国石油化工集团公司和中国化工集团有限公司分别以 8606 亿元、6295 亿元和 6211 亿元的海外资产名列 2018 中国 100 大跨国公司前三甲,跨国指数分别为 24.28%、21.42%、70.43%。

8.2.2 跨国公司的特征

与一般企业相比,跨国公司有以下几个特征。

1. 经营规模庞大

跨国公司的全年销售额超过国际商品贸易的一半以上,国际技术贸易和国际服务贸易的 3/4 是在跨国公司之间进行的。跨国公司具有雄厚的经济实力,拥有在全世界配置资源和开拓市场的优势,因此今后还会有更大的发展。不仅发达国家会进一步发展跨国公司,而且一些发展中国家也会发展自己的跨国公司。

2. 实行全球战略

在国际分工不断深化的条件下,跨国公司凭借其雄厚的资金、技术、组织与管理等方面的力量,通过对外直接投资在海外设立子公司与分支机构,形成研究、生产与销售一体化的国际网络,并在母公司控制下从事跨国经营活动。跨国公司总部根据自己的全球战

153

略目标,在全球范围内进行合理的分工,组织生产和销售,而遍及全球的各个子公司与分支机构都围绕全球战略目标从事生产和经营。

3. 公司内部一体化经营

为了实现全球战略目标,跨国公司实行全球一体化经营,对全球范围内各子公司与分支机构的生产安排、投资活动、资金调遣及人事管理等重大活动拥有绝对的控制权,按照全球利益最大化的原则进行统一安排。

4. 经营策略灵活多样

跨国公司根据国际政治经济形势、东道国的具体情况及其对跨国公司的政策法规、自身的实力及在竞争中的地位,采取灵活多样的经营策略安排,以更好地满足东道国当地的实际情况,获得良好的经营效益,也有利于与东道国政府建立融洽的关系。

5. 技术创新能力较强

跨国公司是当代新技术的源泉,其实力主要体现在它们拥有雄厚的技术优势和强大的开发能力。跨国公司要在国际分工和国际竞争中保持领先地位,就必须不断地投入巨额资金,加强技术研究与开发,保持自己的技术优势。技术领先地位带来的丰厚市场回报,又激励着跨国公司不断进行技术创新,推动技术进步。

贸易实务

跨国公司上演"大撤离"

2012 年 10 月,著名的全球运动服装巨头阿迪达斯决定关闭其在中国内地唯一的一家直属工厂。与此同时,凡客宣布将把工厂外迁到孟加拉国,飞利浦也把大量订单转移到东南亚。一批跨国公司陆续将工厂搬离中国。对这些企业来说,目前选择撤离中国,就跟它们当年选择来到中国一样,都是出于成本因素的考虑,其中劳动力价格是最主要的要素。

有关数据显示,目前中国制造业的人力成本已经开始超越东南亚国家,特别是利润较低、相对简单的产业。在低端市场,中国以前靠的是价格上的优势,现在泰国、马来西亚的人工成本略低于中国,越南、柬埔寨、印度尼西亚、菲律宾这些国家的人工成本只有中国的 1/2;而缅甸、老挝的劳动力价格还不到中国的 1/3。非洲也是一样,整个非洲的劳动力成本都比中国便宜。很多跨国企业将工厂向东南亚、南美洲甚至非洲这些比中国发展滞后的国家和地区转移。

154

8.2.3 跨国公司的类型

按照不同的分析角度和划分标准,对跨国公司可以有不同的分类。

1. 按照经营项目分类

按照跨国公司经营项目的性质,可以将跨国公司分为以下三种类型。

(1) 资源开发型跨国公司。资源开发型跨国公司以获得母国所短缺的各种资源和原材料为目的,对外直接投资主要涉及种植业、采矿业、石油业和铁路等领域。目前,资源开发型跨国公司仍集中于采矿业和石油开采业,如著名的埃克森-美孚公司(Exxon-Mobil)、英荷壳牌公司(Royal Dutch Shell)。

(2) 加工制造型跨国公司。加工制造型跨国公司主要从事机器设备制造和零配件中间产品的加工业务,以巩固和扩大市场份额为主要目的。这类公司以生产加工为主,进口大量投入品生产各种消费品供应东道国或附近市场,或者对原材料进行加工后再出口。这类公司主要生产和经营诸如金属制品、钢材、机械及运输设备等产品,随着当地工业化程度的提高,公司经营逐步进入资本货物部门和中间产品部门。加工制造型跨国公司是当代一种重要的公司形式,为大多数东道国所欢迎。美国通用汽车公司作为世界上最大的汽车制造公司,是制造业跨国公司的典型代表。

(3) 服务提供型跨国公司。服务提供型跨国公司主要是指向国际市场提供技术、管理、信息、咨询、法律服务及营销技能等无形产品的公司。这类公司包括跨国银行、零售业巨头、保险公司、咨询公司、律师事务所及注册会计师事务所等。20 世纪 80 年代以来,随着服务业的迅猛发展,服务业已逐渐成为当今最大的产业部门,服务提供型跨国公司也成为跨国公司的一种重要形式。

2. 按照经营结构分类

按照跨国公司的产品种类和经营结构,可以将跨国公司分为以下三种类型。

(1) 横向型跨国公司。横向型跨国公司是指母公司和各分支机构从事同一种产品的生产与经营活动的公司。在公司内部,母公司和各分支机构之间在生产经营上专业化分工程度很低,生产制造工艺、过程和产品基本相同。横向型跨国公司地理分布区域广泛,通过在不同的国家和地区设立子公司与分支机构就地生产与销售,以克服东道国的贸易壁垒,巩固和拓展市场。

(2) 垂直型跨国公司。垂直型跨国公司是指母公司和各分支机构之间实行纵向一体化专业分工的公司。垂直型跨国公司全球生产的专业化分工与协作程度高,各个生产经营环节紧密相扣,便于公司按照全球战略发挥各子公司的优势,有利于实现标准化、大规模生产,获得规模经济效益。

(3) 混合型跨国公司。混合型跨国公司是指母公司和各分支机构生产与经营互不关联产品的公司。混合型跨国公司加强了生产与资本的集中,规模经济效果明显;同时,跨行业非相关产品的多样化经营能有效地分散经营风险。

重要信息

中国跨国 100 强新看点

2018 年中国跨国公司 100 大海外资产总额达到 87331 亿元,比 2017 年增长 8.11%;

2018 年中国跨国公司 100 大海外营业收入达到 59652 亿元，比 2017 年增长 17.84%；2018 年中国跨国公司 100 大海外员工总数达到 1297121 人，比 2017 年增长 11.23%；2018 年中国跨国公司 100 大入围门槛为 72.22 亿元，比 2017 年增长 17.49%。中国石油天然气集团有限公司、中国石油化工集团公司、中国化工集团有限公司、中国中信集团有限公司、中国远洋海运集团有限公司、中国海洋石油集团有限公司、腾讯控股有限公司、中国中化集团有限公司、国家电网有限公司、中国五矿集团有限公司位列 2018 年中国跨国公司前 10 位。

8.2.4 跨国公司对国际贸易的影响

跨国公司凭借先进的技术、雄厚的资本、庞大的经营规模，促进了国际贸易和世界经济的增长，已成为当代国际经济、科学技术和国际贸易中最活跃、最有影响力的力量。而这种力量随着跨国公司投资总体呈上升趋势还会得到增强。

1. 跨国公司对发达国家对外贸易的影响

发达国家的产品能够通过对外直接投资的方式在东道国生产并销售，从而绕过了贸易壁垒，提高了其产品的竞争力；从原材料、能量的角度看，减少了发达国家对发展中国家的依赖；也使发达国家的产品较顺利地进入和利用东道国的对外贸易渠道，并易于获得商业情报信息。

2. 跨国公司对发展中国家对外贸易的影响

(1) 跨国公司对外直接投资和私人信贷，补充了发展中国家进口资金的短缺。

(2) 跨国公司的资本流入，加速了发展中国家对外贸易商品结构的变化。发展中国家引进外国公司资本、技术和管理经验，大力发展出口加工工业，使某些工业部门实现了技术跳跃，促进了对外贸易商品结构的改变和国民经济的发展。

(3) 跨国公司的资本流入，促进了发展中国家工业化模式和与其相适应的贸易模式的形成与发展。

3. 跨国公司控制了重要制成品、原料和技术的贸易

跨国公司控制了许多重要的制成品和原料的贸易。跨国公司 40% 以上的销售总额和 49% 的国外销售集中在化学工业、机器制造、电子工业与运输设备四个部门。特别是来自美国、日本、德国、英国等发达国家的跨国公司掌握了世界上 80% 左右的专利权，基本上垄断了国际技术贸易。

4. 跨国公司主导了国际贸易结构的调整

在全球化的今天，国际贸易主角从国家向跨国公司转变，国际贸易更多地反映跨国公司内部的全球资源配置与交换。在跨国公司的主导下，国际贸易结构变化主要体现出以下特点：①服务贸易上升速度快于商品贸易；②商品贸易中，高技术制成品比例上升较快;③发达国家之间产业内贸易盛行。

重要信息

跨国公司的内部贸易

跨国公司的内部贸易(TNC Internal Trade)是指一家跨国公司内部的产品、原材料、技术与服务在国际间流动,这主要表现为跨国公司的母公司与国外子公司之间及国外子公司之间在产品、技术、服务方面的交易活动。其目的在于绕过高成本的外部市场,在公司内部(按照非市场价格)进行交易,可以降低交易成本。

实训8.2　跨国公司现象讨论

实训目的

加深学生对跨国公司实践意义的理解。

实训安排

(1) 收集我国跨国公司(中石油、中石化、海尔、联想)经营管理实例。

(2) 讨论这些跨国公司活动对贸易的影响。

教师注意事项

(1) 由一般国际经济现象导入对跨国公司的认知。

(2) 分组搜索资料,看看我国有哪些跨国公司。

(3) 组织其他相应的学习资源。

资源(时间)

1课时、参考书籍、案例、网页。

评 价 标 准

表 现 要 求	是否适用	已达要求	未达要求
小组活动中,外在表现(参与度、讨论发言积极程度)			
小组活动中,对概念的认识与把握的准确程度			
小组活动中,分工任务完成的成效与协作度			
小组活动中,作业或PPT制作的完整与适用程度			

8.3　认识国际要素移动

提示:完成本任务,你将初步认识国际要素移动。

学习行动:这是国际贸易活动参与人员认识国际经济现象的第三课。认识国际要素移动,特别是从国际货物贸易的角度,认识国际要素移动的作用。在此基础上,能够在进出口市场、客户选择、商品价格制定等方面考虑要素移动的影响。

8.3.1 国际资本移动

国际资本移动是指资本从一国或地区跨越国界向别的国家或地区转移,进行生产和金融方面的投资活动。它是当代国际经济活动中极其重要的国际经济现象。

1. 国际资本移动的形式

(1) 对外直接投资。对外直接投资是一个国家的投资者输出生产资本直接到另一个国家的厂矿企业进行投资,并由投资者直接进行该厂矿企业的经营和管理。

对外直接投资主要有以下四种方式:①举办独资企业;②举办合资企业;③收买外国企业的股权达到一定比例;④投资所得利润的再投资。

(2) 对外间接投资。对外间接投资包括证券投资和借贷资本输出,其特点是投资者不直接参与这些企业的经营和管理。

证券投资是指投资者在国际证券市场上购买外国企业和政府的中长期债券,或在股票市场上购买上市的外国企业股票的一种投资活动。由于属于间接投资,证券投资者一般只能取得债券、股票的股息和红利,对投资企业并无经营和管理的直接控制权。

借贷资本输出是以贷款或出口信贷的形式把资本借给外国企业和政府,一般有以下方式:①政府援助贷款;②金融机构贷款;③金融市场贷款;④中长期出口信贷。

课堂讨论:吸引外资对于我国经济建设的意义有哪些?

重要信息

国际资本移动中的“热钱”

热钱又称游资,是投机性短期资金,只为追求高回报而在市场上迅速流动。热钱炒作的对象包括股票、黄金、其他贵金属、期货、货币、房产乃至农产品如红豆、绿豆、大蒜。2001—2010 年,流入中国的热钱平均为每年 250 亿美元,相当于中国同期外汇储备的 9%。热钱与正当投资的最大区别是,热钱的根本目的在于投机盈利,而不是制造就业、商品或服务。

2. 国际资本移动对国际贸易的影响

由于资本的移动对生产国际化和各国的专业化协作会产生深远的影响,导致国际分工发生变化,所以,国际资本移动对国际贸易各方面会产生影响。

(1) 国际资本移动显著地扩大了国际贸易的规模。一方面,国际资本移动本身往往会直接或间接地带动商品的进出口,如对外直接投资会直接带动设备、技术及关键原料的出口,资本输出国实行的出口信贷措施把出口和信贷结合在一起,增强了资本输入国的进口能力,带动了资本输出国商品的出口;另一方面,资本输出国在减少了资本输出部门国内生产的同时,往往发展新的效率更高的部门,而资本输入国也因资本输入而增强了生产能力、增加了收入。因此,双方的进出口能力最终都会因资本输出、输入而得到提高。

（2）国际资本移动影响了国际贸易的格局。一般来说，国际资本流动的方向，也就是国际贸易的主要方向。20世纪50年代中期以后，随着资本输出的主要部门由初级产品部门转向制造业和服务业部门，工业制成品贸易和服务贸易在国际贸易上的份额日益上升，初级产品的比重不断下降。

（3）国际资本移动推动了贸易方式的多样化。传统的国际贸易主要由专业性进出口公司来经营。随着跨国公司对外投资的迅速发展及其内部贸易的不断上升，跨国公司纷纷设立自己的贸易机构，经营进出口业务，使贸易中间商、代理商的地位日益降低。此外，资金流动还产生了一系列新的贸易方式，如补偿贸易、加工贸易、国际租赁业务和国际分包等。

（4）国际资本移动推动了贸易自由化。国际资本移动促进了生产国际化程度的日益提高，而生产的国际化必然要求贸易的自由化。跨国公司通过对外直接投资实行全球化经营，在全球范围内调动资源，安排生产和销售，以获取投资收益最大化。

（5）国际资本移动促使各国贸易政策取向发生变化。由于国际资本移动的加速发展，生产国际化日益扩大，跨国公司作为国际资本移动的载体起着重要的作用。跨国公司的经营活动与其所处的贸易环境不可分，有利于全球化经营。跨国公司倡导贸易自由化原则，同时，还影响本国政府的贸易政策，要求政府为其创造良好的自由贸易环境。所以，跨国公司及其代表的投资国不仅需要实现资本的自由移动，还需要实现商品的自由移动。

贸易实务

外资利用"马上见喜"

中新社北京2019年1月14日电，商务部14日公布的最新数据显示，2018年中国吸收外资额达8856.1亿元人民币，同比增长0.9%，规模创历史新高。同期，外资大项目快速增长，合同外资5000万美元以上的大项目同比增长23.3%，显示外商对华投资信心不减。

受保护主义抬头等因素影响，全球跨境投资2018年表现不佳。据联合国贸发会议报告，2018年上半年全球外国直接投资总额同比骤降41%，发达国家下降69%。在此情况下，2018年中国吸收外资仍能保持增长，表明中国对全球投资者仍有旺盛的吸引力。

这得益于中国持续改善营商环境。据世界银行2018年报告，中国为中小企业改善营商环境实施的改革数量创下年度纪录，营商环境全球排名升至第46位，较2017年提升32位。因营商环境的改善，2018年来华新设外商投资企业数超过6万家，比2017年增长近70%。

在数量扩张的同时，中国吸收外资质量也在提升。从行业看，制造业吸收外资额猛增。2018年，制造业吸收外资额比重超过30%，较2017年提高近5个百分点；高技术制造业同比增长35.1%。

从吸收外资来源来看，发达经济体对华投资增长较快。2018年，欧盟28国对华投资额增长超过20%，英国、德国对华投资额同比分别增长150.1%和79.3%；美国对华投资额增长7.7%。

159

8.3.2 国际劳动力转移

1. 国际劳动力转移的含义及阶段

劳动力转移是指劳动力在空间上的位移。人类历史上发生过三次大规模的劳动力转移。

(1) 15 世纪新大陆发现到 20 世纪初第一次世界大战前。西方殖民主义者一方面将欧洲大量的破产农民、冒险家、异教徒招募到美洲去从事劳动;另一方面将从非洲掠夺到的黑奴劳动力贩卖到美洲。

(2) 第一次世界大战前后至第二次世界大战期间。新兴的资本主义工业国工业突飞猛进,导致这些国家熟练工人和技术工人奇缺。而一些老牌资本主义国家出现大量的熟练工人和技术工人失业。因此,形成了资本主义国家的熟练工人和技术工人大转移。

(3) 第二次世界大战结束以后至今。第二次世界大战结束至 20 世纪 50 年代,西欧、北欧成为吸纳国际劳动力的主要市场,南欧各国则成为主要输出国。据不完全统计,20 世纪 70 年代,中东地区输入外籍工人总数在 650 万人以上。20 世纪 80 年代以来,随着世界经济重心由大西洋两岸逐渐转移到太平洋两岸,亚太地区又成为世界上最重要的国际劳动力转移的地区。

2. 国际劳动力转移的原因

国际劳动力转移可能由经济因素引起,也可能由非经济因素引起。

(1) 地区经济不平衡引起国际劳动力转移。富裕的国家经济发达,国内劳动力供给难以满足经济持续增长的劳动力需求,因此,必须从国外输入劳动来弥补国内劳动力的供求缺口。穷困的国家由于经济落后、欠发达或正处于发展中,其国内劳动力供给通常都超过甚至大大超过国内劳动力需求。因此,有必要向国外输出富余劳动。

(2) 世界产业结构大调整带动国际劳动力转移。发达国家将一些传统产业或"夕阳产业"逐步向一些新兴的工业化国家和地区转移,而新兴工业化国家和地区又将自己的一些传统产业逐渐向一些发展中国家转移。因此,移出传统产业的国家将会出现从事传统产业工作的劳动力过剩,而这方面过剩的劳动力有一部分经过培训后,可以转移到国内其他产业部门工作,而另一部分就可能转移到移入产业的国外相同产业部门工作。

(3) 世界经济一体化、区域化为国际劳动力转移提供了条件。在典型的、程度较高的经济一体化、区域化组织内部各成员方之间的商品,甚至劳动力、资本、技术均能够自由地移动,而对外实行统一的关税同盟。例如,欧洲统一大市场就是一种典型的、一体化程度最高的经济组织。由于在经济一体化组织内部各成员方之间不仅商品能够自由移动,而且劳动力、资本、技术等生产要素同样能够自由移动。因此,世界经济一体化、区域化为国际劳动力转移提供了客观条件。

(4) 跨国公司在国际劳动力转移过程中起了重要作用。跨国公司实行全球经营战略。它在其他国家获得一块投资场所后,会将原先在国内生产的一部分工序,特别是消耗劳动力较多、污染重、利润率较低的生产工序迁往发展中国家。这样,就为迁入跨国公司生产工序的东道国提供了额外的就业机会。该工序的部分劳动力需求由国外、有该工序生产专长的劳动力来满足,一部分由东道国的劳动力经过培训来满足,形成了相对的国际劳动力转移。

贸易实务

中国的洋打工

商业经济观察 2018 年 3 月 14 日报道,随着中国经济地位和国际影响力的提升,越来越多的外国"打工族"来到中国工作生活,他们被称为"洋打工"。这些"洋打工"因为不同的理由踏上这片土地,或是想借经济增长大潮获得谋生机会,或是热爱中国文化希望体验不同的生活,或是希望能在中国实现人生理想,但都以自己的方式适应着中国的生活,也潜移默化地改变着中国人对世界的认知。据民间机构不完全统计,"洋打工"在广州已高达数百万人,其中尤以非洲籍居多。在北京、上海、广东、浙江等地,"洋打工"越来越成为推动中国经济发展的"新力量",他们的到来,体现了中国不断增长的经济实力和国家魅力。

分析人士表示,发展中国家在全球范围内吸引其他发展中国家和地区的大批人员入境,在历史上是不多见的。这也给中国社会管理和公共服务带来了新课题。有关专家表示,中国中低端劳动力市场已经饱和,目前中国最需要的是具有国际化经营背景的高级管理人才和研发人才。

8.3.3 国际土地转移

土地是传统的三大生产要素之一。这里所说的土地,是指具有开采价值和供人类开发使用的土地,以及依附和蕴藏在其中的自然资源。当然,土地只能处于相对固定的空间位置、不能人为地使之发生空间移动。因此,土地具有不可能移动的特性。虽然,矿藏等自然资源被开采出来后是可以移动的,但是这时移动的对象已经不是自然资源意义上的矿藏,而是经过人工或机器开采出来的矿产品。因此,土地及依附和蕴藏在土地中的自然资源均具有不可移动的特性。

土地具有不可移动的自然特性的同时,又具有相对移动的社会经济属性。

例如,在现实的、开放的世界经济条件下,当 A 国的一块土地作为一种生产要素被租赁给 B 国一家企业,用作投资建厂从事经营活动时,A 国的这块土地虽然不像其他被转移的生产要素那样需要跨越国界,但是由于这块土地已经成为 B 国这家企业从事经营活动的生产要素之一,因此事实上,A 国的这块土地要素使用权已经发生了转移,即在租赁期内,A 国的这块土地要素的使用权已经转移到 B 国。土地要素使用权的这种转移,可以称为土地要素的变相转移或相对转移。而像一个国家的自由贸易区、出口加工区或保税区等形式的经济特区或开放区更是一种变相的土地转移的结果。经济开放区从海关管辖区及其他角度来观察,是一块在本国境内的"飞地",它全部或部分地不受有关国家

161

法律和法令管辖,它有自己相对独立的权力机构,享有大部分政府职能,为进出口交易和生产要素的转移提供必要的服务,为区内的外国投资者的生产(他们产品的100%或将近100%远销国外)提供方便。区内受雇工人受特殊条例的管制。外商在经济开放区进行投资就可能在一定时期对区内某部分土地取得使用权。他们可以在东道国政府的政策允许下,进行自己的各种经营活动,合理地使用土地。

自由贸易区形式的经济开放区,早在数百年前的欧洲就已出现,这意味着土地要素或资源的相对转移,或简称为土地转移。但是直到20世纪50年代以前,土地转移并不是经常的现象。只是20世纪50年代以来,由于大量的自由贸易区、出口加工区、保税区等经济开放区在世界上陆续出现,所以,国际土地转移才得到迅速发展。

国际土地转移既大量出现在发达国家之间,又大量出现在发达国家和发展中国家之间,而且发达国家与发展中国家之间的土地转移更加频繁、数量更多。这主要是因为发展中国家的经济较落后,土地资源、劳动力等相对丰裕。例如,印度、菲律宾、巴西、韩国、泰国、马来西亚、印度尼西亚、新加坡等国家及我国台湾地区均在本国或本地区设置了一个或一个以上的自由贸易区、进出口加工区或保税区,以此吸引发达国家投资者到经济开放区内办厂,从事进出口加工贸易等经济贸易活动。这些国家和地区的土地相对转移,为各自的经济和对外贸易发展产生了重要的推动作用。

实训8.3 国际要素移动现象讨论

实训目的
加深学生对国际要素移动实践意义的理解。

实训安排
(1) 收集我国2018年引进外资的资料。
(2) 讨论这些外国投资活动对我国贸易的影响(如以汽车业为例)。

教师注意事项
(1) 由一般国际经济现象导入对要素移动的认知。
(2) 分组搜索资料,看看我国历年外资引进情况。
(3) 组织其他相应的学习资源。

资源(时间)
1课时、参考书籍、案例、网页。

评 价 标 准

表 现 要 求	是否适用	已达要求	未达要求
小组活动中,外在表现(参与度、讨论发言积极程度)			
小组活动中,对概念的认识与把握的准确程度			
小组活动中,分工任务完成的成效与协作度			
小组活动中,作业或PPT制作的完整与适用程度			

162

单元 8 小结

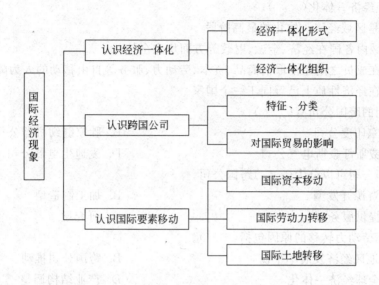

教学做一体化练习

重要名词

经济一体化　跨国公司

同步自测

一、选择题

1. 自由贸易区（　　）。

A. 是一种古老的一体化形式

B. 通常是指签订自由贸易协定的国家所组成的经济贸易集团,在成员方之间废除关税与数量限制

C. 使区域内各成员方的商品自由流动

D. 每个成员方仍保持自己对非成员方的贸易壁垒

2. 关于经济同盟,以下正确的是（　　）。

A. 这种形式的一体化程度很高

B. 实行经济同盟的国家不仅实现商品、生产要素的自由移动,还建立共同对外的关税

C. 制定和执行统一对外的某些共同的经济政策与社会政策,逐步废除政策方面的差异

D. 从商品交换扩展到生产、分配乃至整个国民经济,形成一个有机的经济实体

3. 完全经济一体化( )。

A. 是区域经济一体化的最高阶段

B. 域内各国在经济、金融、财政等方面均完全统一

C. 在成员之间完全取消商品、资本、劳动力、服务等自由移动的人为障碍

D. 在经济性质上已等同于一个国家

4. 早期的跨国公司有( )。

A. 东印度公司   B. 胜家缝纫机器公司

C. 威斯汀豪斯电气公司   D. 爱迪生电器公司

5. 跨国公司可以分为( )跨国公司。

A. 资源开发型   B. 加工制造型

C. 提供服务型   D. 研究型

6. 国际劳动力转移的原因包括( )。

A. 地区经济发展不平衡   B. 跨国公司推动

C. 全球经济一体化   D. 产业结构调整

7. 借贷资本输出的方式一般是( )。

A. 政府援助贷款   B. 金融机构贷款

C. 金融市场贷款   D. 中长期出口信贷

8. 对外直接投资的主要方式有( )。

A. 举办独资企业   B. 举办合资企业

C. 收买外国企业的股权达到一定比例   D. 投资所得利润的再投资

9. 关于国际土地转移,以下说法正确的是( )。

A. 既大量出现在发达国家之间,又大量出现在发达国家和发展中国家之间

B. 发达国家与发展中国家之间的土地转移更加频繁、数量更多

C. 和一国改革开放程度有关

D. 能够为参与国的经济和对外贸易发展产生重要推动作用

二、判断题

1. 欧盟是一个集政治实体和经济实体于一身、在世界上具有重要影响的区域一体化组织。 ( )

2. 北美自由贸易区是世界上第一个由最富裕的发达国家和发展中国家组成的经济一体化组织。 ( )

3. 领导人非正式会议是亚太经合组织最高级别的会议。 ( )

4. 跨国公司是当代新技术的源泉,其实力主要体现在它们拥有雄厚的技术优势和强大的开发能力。 ( )

5. 跨国公司可以不遵守东道国法律。 ( )

6. 混合型跨国公司是指母公司和各分支机构生产与经营关联产品的公司。（　　）

7. 土地具有不可移动的自然特性的同时，又具有相对移动的社会经济属性。（　　）

8. 国际资本移动不能扩大国际贸易的规模。（　　）

9. 国际劳动力转移可能由经济因素引起，也可能由非经济因素引起。（　　）

三、简答题

1. 我国加入了哪些一体化组织？

2. 经济一体化对国际贸易有何影响？

3. 跨国公司的发展对国际贸易有何影响？

4. 国际资本移动对国际贸易有何影响？

5. 中国的著名跨国公司有哪些？

6. 什么是热钱？热钱是国际资本移动吗？

四、案例分析

从11名员工、20万元人民币贷款起家，历经10余年时间，联想公司不仅享誉中国市场，而且走出国门，成为一个年出口创汇超过5000万美元、拥有20多家海外分公司、累计盈利近亿元的跨国横向经营计算机集团，这在计算机发展起步晚、相关产业落后的我国不能不算是一个奇迹。随着世界经济的逐渐一体化，企业走向国际市场已成为一种潮流。

联想公司是由中国科学院创办的科技开发企业，成立于1984年11月，主要从事计算机生产、维修、技术服务及计算机软件开发，公司的跨国经营始于1988年，最初只是在中国香港设立了分部，到1991年，公司已发展成为一个全球性的跨国公司，除了包括北京联想和中国香港联想两大部分外，还在美国的洛杉矶、费城，加拿大的多伦多，德国的柏林、德斯多夫，澳大利亚的悉尼，新加坡及中国国内设有24家分公司，年度经营额达10亿元人民币，累计盈利超过8000万元人民币。联想公司的跨国经营之所以能取得如此的成就，起决定作用的是其正确的跨国经营策略。

阅读以上材料，回答问题：

1. 结合资料，查找并归纳总结联想跨国经营发展阶段状况。

2. 联想跨国经营给中国企业走向世界提供了哪些启示？

拓展实训：认识国际经济现象

实训目的
理解国际经济现象对国际贸易活动的影响。

实训安排
（1）教师带领学生走访一些跨国企业（如沃尔玛、可口可乐）。

（2）学生分组查找本地区国际劳动力流入数据并分析。

教师注意事项
（1）指导学生，认识所访跨国企业的贸易状况。

（2）聘请业务人员讲解国际经济现象对其的影响。

（3）组织其他相应的学习资源。

资源（时间）

1 课时、参考书籍、案例、网页、实践基地企业。

评 价 标 准

表 现 要 求	是否适用	已达要求	未达要求
小组活动中的工作表现（参与度、讨论发言）			
整个认知活动过程的表现			
对整体职业学习活动的认识与把握			
学习活动过程中知识与经验的运用和反思			

学生自我总结

通过完成本单元的学习，我能够作如下总结。

一、主要知识

本单元主要知识点：

1.

2.

二、主要技能

本单元主要技能：

1.

2.

三、主要原理

本单元讲述的主要原理：

1.

2.

四、相关知识与技能

我在完成本单元的学习中学到的知识与技能：

1. 经济一体化对国际贸易的影响有：

2. 跨国公司对国际贸易的影响有：

3. 要素移动对国际贸易的影响有：

五、成果检验

我完成本单元的学习后得到的成果：

    1. 完成本单元的意义有：

    2. 学到的经验有：

    3. 自悟的经验有：

    4. 我认为国际经济现象与贸易的关系是：

单元 9　中国对外贸易

 学习目标

1. 知识目标

能认识中国对外贸易发展的历程。

能认识中国对外贸易发展的战略。

能认识中国对外贸易管理。

2. 能力目标

能理解中国对外贸易发展的特点。

能理解中国对外贸易战略的实践意义。

能认识中国对外贸易管理的变化。

任务描述

经历了四十多年的改革开放，中国不断融入世界经济。中国对外贸易经历了发展、战略与管理上的巨大变化。作为参与国际贸易活动的成员，应该认识我国对外贸易发展的历程、特点，熟悉其发展战略，在国际贸易活动中，能结合我国对外贸易实际，灵活地选择商品、贸易对象。

任务分解

根据国际贸易认知活动工作顺序和职业教育学习规律，"中国对外贸易"可以分解为以下几个学习任务。

9.1　认识中国对外贸易概况

↓

9.2　认识中国对外贸易战略

↓

9.3　认识中国对外贸易管理

同步实训

根据国际贸易认知活动、职业成长规律及职业学习原理，"中国对外贸易"可以安排以下几个同步实训活动。

实训项目	活 动 名 称	活 动 目 的
实训9.1	中国对外贸易发展历程认知	加深学生对我国对外贸易发展历史的认识
实训9.2	中国对外贸易发展战略认知	加深学生对我国对外贸易发展战略的认识
实训9.3	中国对外贸易管理认知	加深学生对我国对外贸易管理的认识
拓展实训	认识中国对外贸易	收集资料并分析,初步认识我国对外贸易

导入故事

广州一家工艺品厂的总经理朱先生告诉记者,"加入WTO,国内的外贸中小企业在进出口经营权、配额等方面获得不小机会"。朱先生是一个"老外贸"。在加入WTO之前,国家对于外贸进出口经营权管理很严,只有省一级以上的外贸公司才有进出口自营权,才能在一些展会上有摊位参展,市、县级外贸公司及民营企业只能给这些有资质的外贸企业做生产配套。

当时,国内民营外贸企业获得订单只有两种方式:一是从国有公司买摊位参加展会,然后再通过国有公司出口;二是从国有外贸公司获得一些不愿意做的小单,再借助这些渠道出口。

"由于受局限太大,2001年前公司的年出口额始终在10万美元以下徘徊。2003年,进出口经营权由审批制改为核准制,向中小企业敞开对外贸易的大门。被捆绑住的手脚一下子解开了,公司的业绩突飞猛进。"朱先生向记者透露,"10年间,公司的外贸额增长了80倍"。

【感悟】 经历了四十多年的改革开放,中国对外贸易发生了巨大的变化。通过学习本单元,你会怎样看待我国对外贸易的经营管理呢?

9.1 认识中国对外贸易概况

提示:完成本任务,你将初步认识中国对外贸易概况。

学习行动:这是国际贸易活动参与人员认识中国对外贸易的第一课。认识我国对外贸易发展阶段及表现出的特点。在此基础上,能够在进出口市场、客户选择、商品价格制定等方面考虑我国对外贸易大环境的影响。

9.1.1 中国对外贸易的发展

经历了多个发展阶段,对外贸易成为中国经济最为活跃、增长最快的部分之一,中国也成为跻身世界前列的贸易大国。

1. 1949—1978 年的对外贸易

这一时期,我国的经济体制还在实行配给制,采用计划经济制度。外贸局限于互通

169

有无,调剂余缺,农副及矿产资源型产品构成了出口商品的主流,贸易关系受制于外交政策和国家关系的变化。对外贸易主要被看作社会扩大再生产的补充手段,局限于互通有无、调剂余缺。中华人民共和国成立初期,中国出口商品以农副产品等初级产品为主,约占出口总额的80%,反映出中国当时的经济结构和生产水平。随着国内工业的迅速发展,出口商品结构也发生了较大变化,轻纺产品成为主要出口商品,重工业产品出口比重呈上升趋势。但直到1978年,初级产品出口占出口总额的比重仍高达53.5%。进口商品结构方面,以往以进口消费品、奢侈品为主的状况得以改变,生产资料在进口中占据了主要地位,每年占总进口的80%左右。按照"自力更生为主,争取外援为辅"的经济建设方针,这一阶段中国在利用国外资金为本国经济建设服务方面也进行了一些尝试和实践。

2. 1978—1990年的对外贸易

这一时期,国家对外贸的重视程度空前提高,外贸体制改革和外商直接投资极大地促进了外贸发展。1978—1991年,进出口总额由206.4亿美元增长到1356.3亿美元,其中出口由97.5亿美元增长到718.4亿美元,进口由108.9亿美元增长到637.9亿美元,年均增速分别达到16.6%和14.6%。

为吸引资金、技术、设备,拓展国际市场渠道,创造外汇收入,同时增加就业机会,1979年,国务院批准在沿海地区开展加工贸易。在当时的历史条件下,加工贸易使中国成功地承接了国际劳动密集型产业的转移,带动了国内工业的发展,促进了出口商品结构的优化升级,实现了外贸出口由初级产品、资源型产品为主向以工业制成品为主的转变。1986年,工业制成品取代初级产品成为中国主要出口商品,实现了出口结构的一次根本性转变。1991年,工业制成品占出口总额的比重上升到77%。市场日益多元化,日本、美国、欧共体成为中国最主要的出口市场和贸易伙伴,而与俄罗斯和东欧国家的贸易份额则大幅下降。

重要信息

经济特区与对外贸易

1979年开始,中国陆续建立了经济特区、沿海开放城市、开发区等特殊经济区域,国家开始对外贸体制进行了一系列改革,包括调整中央外贸领导机构、成立一批归属工业部门管理的工贸公司、简化外贸计划内容、实行汇率双轨制以提高出口竞争力、实行进出口许可证制度等。外商投资企业被直接赋予进出口经营权。1979—1991年,中国累计实际利用外资250亿美元。1979—1991年,占中国对外贸易总额的比重由0.1%提高到21.3%。外资对外贸易发展起到了举足轻重的作用。

3. 1992—2001年的对外贸易

1992年10月,中国共产党十四大确立社会主义市场经济改革目标后,对外贸易从"互通有无、调剂余缺"转为市场经济条件下充分利用国际国内两个市场、两种资源,积极参与国际分工,积极参与国际竞争与国际经济合作,发挥比较优势。国家陆续提出了市场多元化、"大经贸""引进来"和"走出去"相结合、以质取胜、科技兴贸、积极参与区域经济合作和多边贸易体系等战略思想。

由此,中国对外贸易进入快速发展阶段,贸易规模持续扩大。1999年实现11.3%的增长,2000年更达到了27.8%的高速增长,其中出口增长31.5%。1995年,机电产品出口超过纺织产品,成为出口最大类产品,实现了出口商品结构的又一次重大转变。2001年,外商投资企业进出口占中国对外贸易总额的比重首次超过50%,达到50.8%。1993年,加工贸易出口额达到442.3亿美元,首次超过一般贸易。1995—2007年,加工贸易出口所占比重一直在50%以上,成为中国货物出口最主要的贸易方式。1992—2001年,中国货物进出口总额由1655.3亿美元上升到5095.6亿美元,增长2.1倍,在全球贸易中的地位上升到第6位。

在货物贸易快速发展的同时,随着中国申请恢复GATT地位谈判的深入,中国对服务市场开放作出初步承诺,由此推动了服务贸易的发展。1992—2001年,服务贸易进出口总额由182.4亿美元扩大到726.1亿美元,增长了3倍。由于国内服务业发展水平与发达国家差距大、竞争力低,其间除1994年呈现少量顺差外,其余年份服务贸易均为逆差,且逆差呈逐年扩大趋势。

4. 2001年至今的中国对外贸易

以2001年11月中国加入WTO为里程碑,中国对外贸易进入又一个新的阶段。中国加入WTO以来,切实履行入世承诺,积极参与多边贸易体制下的经贸合作,大力实施自由贸易区战略,推进贸易自由化和便利化;基本建立起与市场经济要求相适应的、符合国际惯例与规则的外贸政策和体制,建立和完善贸易救济制度,维护公平贸易;建立和完善对外贸易的促进与服务体系,规范对外贸易秩序。政策体系的完善,促进了对外贸易又好又快的发展。

2001年以来,中国货物进口总额扩大了约5倍,年均增长约20%,中国迅速扩张的进口已成为世界经济增长的重要推动力,为贸易伙伴扩大出口创造了巨大的市场空间。目前中国已经是日本、韩国、澳大利亚、东盟、巴西、南非等国家的第一大出口市场,是欧盟的第二大出口市场,是美国和印度的第三大出口市场。中国工业化、城镇化正在快速推进,内需持续增长,不断扩大和开放的市场将为贸易伙伴提供越来越多的发展机会。

2001—2010年,中国服务贸易总额(不含政府服务)从719亿美元增加到3624亿美元,增长了4倍多。中国服务贸易出口在世界服务贸易出口中的比重从2.4%提高到4.6%,2010年达1702亿美元,从世界第12位上升到第4位;服务贸易进口比重从2.6%提高到5.5%,2010年达1922亿美元,从世界第10位上升到第3位。

据海关统计,2013年,中国进出口总值4.16万亿美元,比2012年提高1.4个百分点。其中出口2.21万亿美元,增长7.9%;进口1.95万亿美元,增长7.3%;贸易顺差2597.5亿美元,扩大12.8%,成为世界货物贸易第一大国。2018年,中国进出口总额达4.62万亿美元,其中进口额2.14万亿美元,出口额2.5万亿美元,均创历史新高。以人民币计,中国进出口总额超过30万亿元,再次成为世界货物贸易第一大国。

随着时代的发展和技术的进步,中国对外贸易额度不断加大,将世界市场作为未来发展的主攻市场,在扩大内需的同时扩大海外市场,增大海外市场的市场占有率。中国对外贸易不仅仅局限于加工贸易等,还不断推出自由品牌,将中国品牌推广到全世界。中国跨境电商规模已稳居世界第一,覆盖绝大部分国家和地区,深受广大消费者的欢迎。

9.1.2　中国对外贸易的特点

改革开放四十多年来,对外贸易是我国发展对外经济贸易关系的重要基础,利用外资是我国深化对外经济贸易关系的重要纽带。我国对外贸易的重要伙伴国也是我国利用外资的主要来源地。

1. 全方位和多元化进出口市场已经形成

加入 WTO 后,我国经济增长的巨大潜能通过对外贸易和吸引投资得到充分显现,迅速崛起为世界贸易大国、利用外资大国和对外投资大国,对全球经济贸易增长起到重要的引擎作用。目前,我国与全世界 231 个国家或地区建立了经济贸易关系,利用外资的来源国或地区超过 190 个。

我国的对外开放是全方位的开放,对外贸易分布具有全方位特点。从 20 世纪 90 年代初开始,我国在拓展、深化和发展与欧洲、北美、日本等发达国家或地区传统外贸市场的同时,不断开辟新市场,与其他国家和地区的贸易迅速发展,初步形成了市场多元化格局。从我国对各大洲的出口情况看,2001 年亚洲占 53%,北美洲占 21.7%,欧洲占 18.5%,大洋洲、拉丁美洲和非洲分别占 1.5%、3.1% 和 2.3%。

自中国加入 WTO 以来,欧盟、美国和日本三大经济体是我国重要的货物贸易伙伴。我国与新兴市场和发展中国家的贸易增长强劲,显示了巨大的发展潜力。2018 年,我国对前三大贸易伙伴欧盟、美国和东盟进出口分别增长 7.9%、5.7% 和 11.2%,三者合计占我国进出口总值的 41.2%。同期,我国对"一带一路"沿线国家合计进出口 8.37 万亿元,增长 13.3%,高出全国整体增速 3.6 个百分点,我国与"一带一路"沿线国家的贸易合作潜力正在持续释放,成为拉动我国外贸发展的新动力。其中,对俄罗斯、沙特阿拉伯和希腊进出口分别增长 24%、23.2% 和 33%。

2. 与发达国家的贸易持续稳定增长

欧盟、美国和日本是我国的传统市场。欧盟对我国的主要出口商品是工业制成品,其中技术领先的机械、电子产品、运输车辆、成套设备、核心零部件和精密元器件等在我国市场颇具竞争力。欧盟目前是我国第一大贸易伙伴和第一大技术来源地。我国与美国贸易有着坚实的发展基础。我国出口的丰富多样的消费品适应了美国各阶层消费者的喜好,同时我国不断扩大自美国的电子、航空、生物、医药、农产品及服务贸易进口,以满足自身需要。美国目前是我国第二大贸易伙伴,是我国高新技术和吸收外资的主要来源国。我国与日本贸易具有地缘相近的有利条件。中日贸易促进了两国产业的持续合作和进步,带动了东亚区域经济分工与合作的深入发展。此外,我国与其他发达国家,如加拿大、澳大利亚、瑞士、新西兰等的贸易及投资合作均保持良好的发展势头。

3. 与新兴市场和发展中国家贸易快速增长

2010年,中国与东盟自由贸易协议全面实施,90％的商品实现零关税,各自有特色和竞争力的商品更加自由地进入对方市场,适应了双方的市场需求,有力地推动了相互贸易的迅速增长。我国与韩国贸易保持持续稳定增长,两国相互投资和经济合作领域十分宽广,2010年与韩国的贸易占我国货物贸易总额的比重提高到7％。近年来,我国与其他"金砖国家"(巴西、俄罗斯、印度和南非)的贸易快速增长,带动了各自优势产业的强劲发展,显示新兴经济体市场具有广阔的发展前景。我国与其他发展中国家的贸易均以较快速度增长,与西亚和中东国家的贸易源远流长,与拉美国家经济贸易合作领域不断拓宽,与非洲国家的贸易充分发挥了双方资源条件和经济结构的互补性,促进了各自的发展。2005—2010年,与东盟货物贸易占我国货物贸易总额的比重由9.2％提高到9.8％,与其他"金砖国家"货物贸易所占比重由4.9％提高到6.9％,与拉丁美洲和非洲货物贸易所占比重分别由3.5％和2.8％提高到6.2％和4.3％。自2011年4月起,东盟超过了日本,成为我国的第三大贸易伙伴。

4. 各地经贸往来日益密切

中国内地、中国香港、中国澳门、中国台湾均是WTO成员。加入WTO以来,内地与港、澳、台地区的经贸合作不断加强。2003年,内地与香港特区、澳门特区政府分别签署了内地与香港、澳门《关于建立更紧密经贸关系的安排》(CEPA),其后又陆续签订七个补充协议。CEPA的实施加强了内地与港澳地区的经贸关系和合作,内地与港澳地区的经贸交流结出丰硕果实。2001—2010年,内地与港澳地区的进出口贸易总额从569亿美元增加到2300亿美元,年均增长40％。2018年,中国台湾对内地及中国香港出口额为1384亿美元,同比增长81.8亿美元;自内地及中国香港进口额为552亿美元,同比增长36.54亿美元。当年,中国台湾总出口额为3360.5亿美元,同比增长5.9％;总进口额为2866.6亿美元,同比增长10.6％。

重要信息

海峡两岸的贸易

近年来,海峡两岸农产品贸易规模不断扩大,台商投资大陆农业持续增加,农业交流合作日益密切,发展态势持续向好。最新数据显示,2012—2018年,台农台商在大陆投资农、林、牧、渔业新增企业998家,新增投资金额超过5.52亿美元;两岸农产品贸易额从23.14亿美元增长到37.73亿美元。

目前,全国14个省(区、市)共建立了29个台湾农民创业园,有效地承接了台湾农业产业转移。2018年,协会以"一园一品"为目标,组织线上线下联合推介,9个台湾农民创业园60多种规格产品在生鲜电商新上线,销售额超过620万元。协会还广泛组织开展了多种形式的交流互访、专业研讨、项目合作、农产品展示展销等活动,助推两岸农业界的交流往来与经贸合作。

5. 区域经济合作与多边体制建设效果显著

我国在 WTO 框架下积极参加双边、区域经贸合作。我国实施了自由贸易区战略，大力推进自由贸易区建设。目前，我国与东盟、巴基斯坦、智利、新西兰、新加坡、秘鲁、哥斯达黎加等国家和地区建立了自由贸易关系。正在进行的自由贸易协定谈判有 5 个。我国倡议建立东亚自由贸易区。同时，我国深入参与亚太经合组织(APEC)、东盟与中日韩(10+3)、东亚峰会、上海合作组织、中非合作论坛等区域和次区域经济合作机制。

加入 WTO 后，我国切实履行加入承诺，遵守 WTO 规则，在国外赢得了信誉，在国内推动了改革。作为 WTO 成员，我国全面参与 WTO 各项事务和活动，不断加强与 WTO 秘书处和其他成员的联系与沟通，增强了参与 WTO 事务的深度和力度，提高了参与 WTO 事务的能力。逐渐成为规则制定的参与者和推动者，成为世界贸易体系中的一个重要国家。

实训9.1　中国对外贸易发展历程认知

实训目的
加深学生对我国对外贸易发展历程的认知。

实训安排
(1) 查找资料，收集我国对外贸易不同发展阶段的主要出口商品。
(2) 对比、讨论这些商品的时代特征。

教师注意事项
(1) 由我国经济发展历史导入对对外贸易发展历史的认知。
(2) 分组搜索资料，查找我国对外贸易的规模、地位及影响力。
(3) 组织其他相应的学习资源。

资源(时间)
1 课时、参考书籍、案例、网页。

评 价 标 准

表 现 要 求	是否适用	已达要求	未达要求
小组活动中，外在表现(参与度、讨论发言积极程度)			
小组活动中，对概念的认识与把握的准确程度			
小组活动中，分工任务完成的成效与协作度			
小组活动中，作业或 PPT 制作的完整与适用程度			

174

9.2　认识中国对外贸易战略

提示：完成本任务，你将初步认识中国对外贸易战略。

学习行动：这是国际贸易活动参与人员认识中国对外贸易的第一课。认识我国对外贸易发展阶段及表现出的特点。在此基础上，能够在进出口市场、客户选择、商品价格制定等方面考虑我国对外贸易大环境的影响。

对外贸易战略是一国进行对外贸易的指导思想，是一国经济发展战略的核心部分。改革开放以来，中国对外贸易的发展取得巨大成就，已逐渐从国民经济"调剂余缺"的辅助地位上升到重要的战略地位。随着全球投资格局的深刻变革和世界经济一体化的发展，从"贸易大国"到"贸易强国"预示着中国进入全新的大国贸易时代，中国如何面对新时代对外贸易的机遇与挑战成为一个亟待探讨和解决的问题。

9.2.1 出口商品战略

在不同的历史时期，我国曾制定过不同的出口商品战略。

重要名词

出口商品战略

出口商品战略是我国根据本国在一定时期内比较优势与竞争优势的状况，对出口商品构成所作出的战略性安排。一国的出口商品结构不仅受国际经济环境的影响，而且也受国内经济发展水平、产业结构和发展政策的制约。

1. "六五"计划时期（1981—1985年）的出口商品战略

"六五"计划时期，我国制定的出口商品战略是：发挥我国资源丰富的优势，增加矿产品和农副土特产品的出口；发挥我国传统技艺精湛的优势，发展工艺品和传统的轻纺产品出口；发挥我国劳动力众多的优势，发展进料加工；发挥我国现有工业基础的作用，发展各种机电产品和多种有色金属、稀有金属加工品的出口。

2. "七五"计划时期（1986—1990年）的出口商品战略

我国在"七五"计划时期提出了以实现"两个转变"为核心内容的出口商品战略，即我国出口商品构成要实现逐步由主要出口初级产品向主要出口工业制成品的转变，由主要出口粗加工制成品为主向主要出口精加工制成品的转变。到"七五"计划末，我国实现了第一个结构转变目标，即由主要出口初级产品向主要出口工业制成品的转变，出口产品中，工业制成品的比重已大大超过初级产品，约占2/3。

3. "八五"计划时期（1991—1995年）的出口商品战略

"八五"计划时期我国制定的出口商品战略是：逐步实现出口商品结构的第二个转变，即由主要出口粗加工制成品向主要出口精加工制成品的转变，努力增加附加价值高的机电产品、轻纺产品和高新技术产品的出口，鼓励那些在国际市场有发展前景、竞争力强的拳头产品出口。根据这一战略方针，我国确立了以机电产品为主导、以轻纺产品为骨干，以高新技术产品为发展方向，同时继续保持某些矿产品和农副产品出口的结构目标。到"八五"计划末，机电产品已取代轻纺产品，成为我国出口的最大宗商品。

4. "九五"计划时期(1996—2000 年)的出口商品战略

"九五"计划时期,根据国家"九五"计划中提出的实现经济增长方式从粗放型向集约型转变的方针,我国在该时期制定了"以质取胜"为核心的出口商品战略,努力实现外贸出口增长由主要依靠数量和速度转向依靠质量与效益。

优化出口商品结构是贯彻"以质取胜"战略、转换外贸增长方式的关键,是实现外贸质量、效益型增长的根本途径。为此,国务院《中华人民共和国国民经济和社会发展"九五"计划和 2010 年远景目标纲要》指出:进一步优化出口商品结构,着重提高轻纺产品的质量、档次,加快产品升级换代,扩大花色品种,创立名牌,提高产品附加值;进一步扩大机电产品出口特别是成套设备出口;发展附加值高和综合利用农业资源的创汇农业。

5. "十五"计划时期(2001—2005 年)的出口商品战略

21 世纪是知识经济时代,以信息技术为核心的科学技术的发展,促进了技术密集型的高科技产业和产品进一步快速发展。与此相适应,在国际贸易中,高附加值、高技术含量的产品增长更加强劲,所占比重进一步提高。

我国经过改革开放以来的经济发展,产业结构和出口商品结构都有了较大的提升,特别是高科技产业发展迅速、产品出口快速增长,但是我国出口商品结构总体上尚未实现第二个转变,即由主要出口粗加工制成品向主要出口精加工制成品的转变,出口产品中低技术、低附加值产品仍占主导地位。因此,《国民经济和社会发展第十个五年计划纲要》提出:要继续贯彻以质取胜战略,重视科技兴贸,优化出口商品结构,不断提高出口商品的技术含量和附加值,增加高新技术产品和高附加值产品出口。

6. "十一五"规划时期(2006—2010 年)的出口商品战略

《中共中央关于制定国民经济和社会发展第十一个五年规划》强调要加快转变对外贸易增长方式,优化进出口商品结构,着力提高对外贸易的质量和效益,扩大具有自主知识产权、自主品牌的商品出口,控制高能耗、高污染产品出口,鼓励进口先进技术设备和国内短缺资源,完善大宗商品进出口协调机制。继续发展加工贸易,着重提高产业层次和加工深度,增加国内配套能力,促进国内产业升级。大力发展服务贸易,不断提高层次和水平。完善公平贸易政策,健全外贸运行监控体系,增强处置贸易争端能力,维护企业合法权益和国家利益。积极参与多边贸易谈判,推动区域和双边经济合作,促进全球贸易和投资自由化、便利化。

7. "十二五"规划时期(2011—2015 年)的出口商品战略

《中华人民共和国国民经济和社会发展第十二个五年规划纲要》提出要优化对外贸易结构。继续稳定和拓展外需,保持现有出口竞争优势,加快培育以技术、品牌、质量、服务为核心竞争力的新优势,延长加工贸易国内增值链,推进市场多元化,大力发展服务贸易,促进出口结构转型升级。发挥进口对宏观经济平衡和结构调整的重要作用,促进贸易收支基本平衡。

8. "十三五"规划时期（2016—2020 年）的出口商品战略

商务部印发《对外贸易发展"十三五"规划》中明确任务,努力推进出口形式转变,实现外贸结构进一步优化;加快培育外贸竞争新优势,推动出口迈向中高端;提升外贸企业的跨国经营能力;提升与"一带一路"沿线国家的贸易合作水平;促进加工贸易和边境贸易创新发展;积极发展外贸新业态。

9.2.2 "以质取胜"战略

实施"以质取胜"战略,必须正确认识并处理好质量和数量、效益和速度、内在质量和外观质量、样品质量和批量质量,以及质量和档次等方面的关系,把出口商品本身的质量同国际市场的需要有机地结合起来。"以质取胜"战略包括以下三个方面的内容。

1. 提高出口商品的质量和信誉

通过提高出口商品生产者与外贸企业经营者对商品质量和信誉的认识,加强对生产过程、产品品质及包装储运的质量管理,加大对我国出口商品质量的监督检查和执法力度,提高我国出口商品的质量和信誉。

2. 优化出口商品结构

《质量振兴纲要(1996—2010 年)》提出"经过 5～15 年的努力,从根本上提高我国主要产业的整体素质和企业的质量管理水平,使我国的产品质量、工程质量和服务质量跃上一个新台阶",强调"必须加快两个根本性转变"。实施"以质取胜"战略,要提高出口的总体结构水平,加大高附加值、高技术含量产品及大型成套设备的出口比重;提高传统出口商品的质量、档次和水平,以适应不断变化的国际市场需求。

3. 创名牌出口商品

名牌出口商品的多少,反映一个国家的综合实力、经济竞争能力和科技发展水平。创立名牌也是提高产品附加值的有效途径。实施"以质取胜"战略,要加快培育与创立在国际市场上有影响和竞争力的系列化名牌出口商品。

课堂讨论:我国外贸"以质取胜"的战略是指什么?

9.2.3 出口市场多元化战略

扩大出口规模、优化出口结构,必须有市场拓展作保证。任何市场的容量都是有限的,市场的分散和多元化成为市场扩展的主要方面。我国从"七五"计划时期提出实施出口市场多元化战略,并于"八五"计划时期正式启动出口市场多元化战略。

出口市场多元化战略是根据国际政治经济条件的变化,有重点、有计划地调整出口市场结构,在巩固传统市场的基础上努力开拓新市场,改变出口市场过于集中的状况,逐步建立起出口市场多元化的总体格局。

出口市场多元化的重点是：深度开发发达国家传统出口市场；稳定和扩大东南亚市场；开拓非洲、拉美发展中国家市场；积极扩大独联体、东欧国家市场。

9.2.4 "一带一路"市场战略

搭建更多贸易投资促进平台，向"一带一路"相关国家加大招商招展力度。推动国际贸易"单一窗口"建设，与有意愿的国家建立服务贸易合作机制，加快发展"丝路电商"，扩大有竞争力的优质农产品、制成品和服务进口，促进贸易平衡发展。积极支持和参与世贸组织改革，举办好世贸组织小型部长级会议，共同构建更高水平的国际经贸规则。加快"一带一路"自由贸易区网络建设，积极推动区域全面经济伙伴关系协定谈判，同更多的国家商签高标准自由贸易协定，完善双边贸易投资促进机制，推动形成"一带一路"大市场。

9.2.5 进口商品战略

我国各个五年计划都对进口商品结构进行了规划，具体体现为一定的进口商品战略。

重要名词

进口商品战略

进口商品战略是指一国根据国内生产、消费的需要，对一定时期进口商品的构成所作的战略性规划。进口商品战略是以国民经济的发展目标为依据的。

1. "六五"计划时期进口商品结构规划

"六五"计划时期进口商品结构规划是：引进先进技术和关键设备；确保生产和建设所需的短缺物资的进口；组织好国内市场所需物资和"以进养出"物资的进口；对本国能够制造和供应的设备，特别是日用消费品，不要盲目进口，以保护和促进民族工业的发展。

2. "七五"计划时期进口商品结构规划

"七五"计划时期进口商品结构规划是：进口重点是引进软件、先进技术和关键设备，以及必要的、国内急需的短缺生产资料。

3. "八五"计划时期进口商品结构规划

"八五"计划时期进口商品结构规划是：按照有利于技术进步、增加出口创汇能力和节约使用外汇的原则合理安排进口，把有限的外汇集中用于先进技术和关键设备的进口，用于国家重点生产建设所需物资及农用物资的进口；防止盲目引进和不必要的引进；

发展替代进口产品的生产,促进民族工业的发展;国内能够生产供应的原材料和机电设备争取少进口或不进口;严格控制奢侈、高档消费品和烟、酒、水果等商品的进口。

4."九五"计划时期进口商品结构规划

"九五"计划时期进口商品结构规划是:积极引进先进技术、适当提高高新技术、设备及原材料产品的进口比例,努力发展技术贸易和服务贸易。

5."十五"计划时期进口商品结构规划

"十五"计划时期进口商品结构规划强调增加国内急需的关键技术设备和重要资源的进口,弥补国内资源的不足,促进产业结构和技术水平的升级。进口商品结构的重点是:引进先进技术和关键设备;保证重要资源和加工贸易物资的进口;按照我国对国际社会承诺的市场开放进程和国内市场的需求,扩大消费品进口。

6.扩大进口,满足多元化消费

过去四十余年,中国经济的发展成果是在改革开放条件下取得的,未来中国经济实现高质量发展必须要在更加开放的条件下进行。中国主动扩大进口,不仅是推动贸易平衡发展的重要手段,也是推动供给侧结构性改革的有效措施,更是新时代推动经济高质量发展的必然要求。主动扩大进口,有利于优化我国生产要素结构,扩大有效优质产品供给,提高生产效率,促进供需平衡向更高层次跃升;也可以促进对外贸易平衡发展,对于统筹利用国内外两个市场、两种资源,缓解资源环境瓶颈压力,加快科技进步和创新升级,改善居民消费结构和消费升级,减少贸易摩擦,都具有重要的作用。

实训9.2　中国对外贸易战略认知

实训目的
加深学生对我国对外贸易发展战略的认知。

实训安排
(1) 查找资料,收集我国对外贸易不同发展阶段的主要政策要点。
(2) 分析对比、讨论这些政策的时代背景及其意义。

教师注意事项
(1) 由我国经济发展历史导入对对外贸易发展政策变化的认知。
(2) 分组搜索资料,查找我国对外贸易政策的变迁。
(3) 组织其他相应的学习资源。

资源(时间)
1课时、参考书籍、案例、网页。

表 现 要 求	是否适用	已达要求	未达要求
小组活动中,外在表现(参与度、讨论发言积极程度)			
小组活动中,对概念的认识与把握的准确程度			
小组活动中,分工任务完成的成效与协作度			
小组活动中,作业或 PPT 制作的完整与适用程度			

9.3　认识中国对外贸易管理

提示:完成本任务,你将初步认识中国对外贸易管理。

学习行动:这是国际贸易活动参与人员认识中国对外贸易的第三课。认识我国对外贸易管理,在此基础上,能够在进出口市场、客户选择、商品价格制定等方面考虑我国对外贸易管理措施的影响。

9.3.1　中国对外贸易立法

中国对外贸易立法大致经历了以下四个阶段。

1. 第一阶段:1949—1977 年

1950—1956 年先后颁布了《对外贸易管理暂行条例》等 30 多项法律法规,涉及进出口、海关、商检、外汇、仲裁等各个方面,初步形成了中华人民共和国的对外贸易法律体系。1957—1977 年,由于国家外贸计划和行政命令对控制外贸活动起着主导作用,并行使了带有法律性质的职能,再加上十年动乱对外贸管理制度的冲击和破坏,使我国外贸立法受到严重影响,法律手段在外贸管理中的作用被大大削弱。

2. 第二阶段:1978—1991 年

1978—1991 年,颁布的主要外贸法律法规有《涉外经济合同法》《海关法》《进出口商品检验法》《技术引进合同管理条例》《进口货物许可制度暂行条例》《出口货物原产地规则》《一般商品进口配额管理暂行办法》等。

3. 第三阶段:1992—2000 年

1992—2000 年,国家先后制定和颁布的外经贸法律、法规共 700 多项,包括《对外贸易法》《合同法》《公司法》《票据法》《仲裁法》《海商法》《进口商品经营管理暂行办法》《出口商品管理暂行办法》《反倾销和反补贴条例》《技术引进和设备管理规定》《外资金融机构管理条例》等。初步建立了符合社会主义市场经济要求的立法体系,法律法规实体和程序规范更加符合市场经济的一般规律,更加注意与国际经济条约、规则和惯例相衔接。

随着外贸立法的不断完善,外贸宏观调控正在从行政直接控制为主转向运用经济和法律手段调节为主的轨道。

4. 第四阶段:2001 年入世后至今

中国在《中华人民共和国加入议定书》中承诺:"将通过修改现行法规和制定新法的方式,全面履行世贸组织协定的义务。"因此,入世前后,中国针对外贸法制建设制定了详细的废、改、立计划,并确定了各项计划完成的具体时间表。

中国根据世贸组织的要求,在法制统一、非歧视和公开透明的原则下,对与世贸组织规则和中国对外承诺不一致的法律、行政法规、部门规章和其他政策措施进行了全面清理。在此基础上,抓紧进行法律、行政法规和规章的修改与制定工作,进一步提高外经贸立法的透明度。

《中华人民共和国对外贸易法》(以下简称《外贸法》)于 1994 年 5 月 12 日第八届人大常委会第七次会议审议通过,并于 1994 年 7 月 1 日正式实施。2001 年 12 月 31 日,国务院制定发布了《货物进出口管理条例》(以下简称《条例》)。《条例》是《外贸法》关于货物进出口规定的实施细则。《条例》共八章七十七条。此外,分别修订了《商检法》《海关法》《外汇管理条例》《技术进出口管理条例》等。

9.3.2　中国对外贸易经营管理

1. 对外贸易经营者管理

中国在加入世界贸易组织后,在外贸经营权管理上与国际规则接轨,取消对外贸易经营权的审批制,实行对外贸易经营依法登记制,对所有的经济实体提供进出口贸易权。《外贸法》规定,对外贸易经营者是指依照本法规定从事对外贸易经营活动的法人和其他组织。

重要名词

对外贸易经营资格

对外贸易经营资格是指我国企业对外洽谈并签订进出口贸易合同的资格。企业在从事对外贸易经营前,必须按照国家的有关规定,依法定程序经国家对外贸易经济主管部门核准,取得对外贸易经营资格,方可从事对外贸易经营活动。

对外贸易经营资格可分为:①外贸流通经营权是指经营各类商品和技术的进出口的权利,但国家限定公司经营或禁止进出口的商品及技术除外。②生产企业自营进出口权是指经营本企业自产产品的出口业务和本企业所需的机械设备、零配件、原辅材料的进口业务的权利,但国家限定公司经营或禁止进出口的商品及技术除外。

2. 对重要货物贸易经营者的管理

按照《货物进出口管理条例》的规定,我国对部分货物进出口实行国有贸易管理与指

181

定经营管理。

（1）国有贸易管理。我国规定可以对部分货物的进出口实行国有贸易管理，将某些特别重要的商品的进出口经营权划归国家确定的国有贸易企业，只有被允许的国有贸易企业可以从事这部分商品的经营活动，其目的是维护国家的正常贸易秩序。

（2）指定经营管理。我国规定基于维护进出口经营秩序的需要，可以在一定期限内对部分货物实行指定经营管理。国家对进出口指定经营管理的货物实行目录管理，即对少数关系国计民生及国际市场垄断性强、价格敏感的大宗原材料商品录入目录，由国务院外经贸主管部门指定的企业进行经营。

9.3.3　货物进出口管理

货物进出口管理是国家有关部门对进出境货物的实际管理。实行货物与技术自由进出口是中国《外贸法》的基本原则之一。

1. 货物进出口管理的分类

我国把货物进出口管理划分为禁止进出口货物、限制进出口货物、自由进出口货物、特殊进出口货物四类，分别进行管理。

（1）限制或者禁止进出口货物。国家基于下列原因，可以限制或者禁止有关货物的进口或者出口：①为维护国家安全、社会公共利益或者公共道德，需要限制或者禁止进口或者出口的；②为保护人的健康或者安全，保护动物、植物的生命或者健康，保护环境，需要限制或者禁止进口或者出口的；③为实施与黄金或者白银进出口有关的措施，需要限制或者禁止进口或者出口的；④国内供应短缺或者为有效保护可能用竭的自然资源，需要限制或者禁止出口的；⑤输往国家或者地区的市场容量有限，需要限制出口的；⑥出口经营秩序出现严重混乱，需要限制出口的；⑦为建立或者加快建立国内特定产业，需要限制进口的；⑧对任何形式的农业、牧业、渔业产品有必要限制进口的；⑨为了保障国家国际金融地位和国际收支平衡，需要限制进口的；⑩依照法律、行政法规的规定，其他需要限制或者禁止进口或者出口的。

（2）自由进出口货物。主要包括：①自由进出口的货物由有进出口经营权的企业放开经营；②属于自由进出口的货物，进出口不受限制；③基于监测货物进出口情况的需要，对部分属于自由进出口的货物实行自动进口许可管理。

（3）特殊进出口货物。主要包括：①国家对与裂变、聚变物质或者衍生此类物质的物质有关的货物进出口，以及与武器、弹药或者其他军用物资有关的进出口，可以采取任何必要的措施，维护国家安全；②属于文物、野生动植物及其产品等货物，其他法律、行政法规有禁止进出口或者限制进出口规定的，依照有关法律，行政法规的规定进出口；③在战时或者为维护国际和平与安全，国家在货物进出口方面可以采取任何必要的措施。

2. 货物进出口管理的主要手段

我国通过进出口许可证、进出口货物配额等手段对货物进出口实施管理。

（1）进出口许可证管理。进出口货物许可证是国家管理货物出入境的法律凭证。

重要名词

进出口许可证管理

进出口许可证管理是指国家限制进出口目录项下的商品进出口,必须从国家指定的机关领取进出口许可证,没有许可证一律不准进口或出口。

① 进出口许可证管理体制。商务部是全国进出口许可证的归口管理部门,负责制定进出口许可证管理的规章制度,发布进出口许可证管理商品目录和分级发证目录,设计、印制有关进出口许可证书和印章,监督、检查进出口许可证管理办法的执行情况,处罚违规行为。商务部授权配额许可证事务局、商务部驻各地特派员办事处和各省、自治区、直辖市及计划单列市外经贸委(厅、局)为进出口许可证发证机构,在许可证局的统一管理下,负责授权范围内的发证工作。

② 进出口许可证的签发原则。实行分级管理原则;实行"一关一证""一批一证"管理。"一关一证"是指进口许可证只能在一个海关报关。"一批一证"是指进口许可证在有效期内一次报关使用。必须讲求时效性,进口许可证应当在进口管理部门批准文件规定的有效期内签发。凡符合要求的申请,发证机构应当自收到申请之日起 3 个工作日内发放进口许可证,特殊情况下最多不超过 10 个工作日。

进口许可证的有效期为 1 年。一般在当年有效,特殊情况需要跨年度使用时,有效期最长不得超过次年 3 月 31 日。出日许可证有效期为 6 个月。逾期自行失效,海关不予放行。

③ 进出口许可证管理的商品范围。进口许可证管理的商品按管理方法分为进口配额许可证管理商品和进口许可证管理商品。按照商品的类别可分为机电产品进口配额管理的商品、重要工业品进口配额许可证管理的商品、重要农产品进口配额许可证管理的商品、国家有关部门审批的进口商品。

我国实行出口许可证管理的商品主要是关系国计民生、大宗的、资源性的、国际市场垄断的和某些特殊的出口货物和国际市场容量有限、有配额限制和竞争激烈、价格比较敏感的出口货物。出口许可证管理商品可分为出口配额许可证管理商品和出口许可证管理商品。根据管理方法的差别和配额分配方法的不同,出口许可证管理商品可分为实行出口配额许可证、出口配额招标、出口配额有偿使用、出口配额无偿招标。

（2）进出口货物配额管理。

① 进口货物配额管理。列入进口配额管理的商品主要有三种:一是国家需适量进口以调节国内市场供应,但过量进口会严重损害国内相关工业发展的进口产品;二是直接影响进口商品结构、产业结构调整的进口商品;三是危及国家外汇收支地位的进口商品。

183

重要名词

进出口货物配额管理

进出口货物配额管理是指国家在一定时期内对某些货物的进出口数量或金额直接加以限制的管理措施。我国目前实行的是配额与许可证结合使用的管理方式,即需要配额管理的货物必须申请许可证。

进口配额管理部门应当在每年 7 月 31 日前公布下一年度进口配额总量。进口配额管理部门可以根据需要对年度配额总量进行调整,并在实施前 21 天予以公布。

我国进口配额管理主要包括机电产品配额管理、农产品的关税配额管理及重要工业品进口配额管理、重要农产品进口配额管理。

② 出口货物配额管理。我国规定对有数量限制的限制出口货物,实行配额管理,包括主动配额管理和被动配额管理两类。

重要名词

主动配额管理

主动配额管理是指在输往国家或地区市场容量有限的情况下,国家对部分商品的出口,针对具体国家或地区主动实施的数量限制。

主动配额管理的商品具有以下主要特点:一是我国在国际市场或某一市场上占主导地位的重要出口商品;二是外国要求我国主动限制的出口商品;三是国外易进行市场干扰调查、反倾销立案的出口商品。

被动配额管理是指由于进口国对某种商品的进口实行数量限制,并通过政府间贸易协定谈判,要求出口国控制出口数量,出口国因而对这类出口商品进行数量限制。被动配额管理的商品主要包括两类:纺织品和其他商品,其中纺织品是最重要的被动配额管理商品。

实训 9.3　中国对外贸易管理认知

实训目的

加深学生对我国对外贸易管理的认知。

实训安排

(1) 查找资料,收集我国对外出口限制的货物种类。

(2) 分析、讨论这些管理措施出台的原因。

教师注意事项

(1) 由我国经济发展历史导入对对外贸易管理措施发展变化的认知。

(2) 分组搜索资料,查找我国对外贸易管理的变迁。

(3) 组织其他相应的学习资源。

资源(时间)

1 课时、参考书籍、案例、网页。

评 价 标 准

表 现 要 求	是否适用	已达要求	未达要求
小组活动中,外在表现(参与度、讨论发言积极程度)			
小组活动中,对概念的认识与把握的准确程度			
小组活动中,分工任务完成的成效与协作度			
小组活动中,作业或 PPT 制作的完整与适用程度			

单元 9 小结

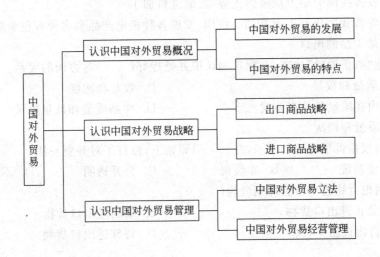

教学做一体化练习

重要名词

出口商品战略　进口商品战略　对外贸易经营资格　进出口许可证管理　进出口货物配额管理

同步自测

一、选择题

1. 1979 年,国务院批准在沿海地区开展加工贸易,主要目的有(　　　)。

　　A. 为吸引资金、技术、设备　　　　　　B. 拓展国际市场渠道

　　C. 创造外汇收入　　　　　　　　　　　D. 增加就业

2. "十四大"后,我国对外贸易改革目标为(   )。

    A. 充分利用国际国内两个市场、两种资源

    B. 积极参与国际分工

    C. 积极参与国际竞争与国际经济合作

    D. 发挥比较优势

3. (   )是我国的传统市场。

    A. 欧盟   B. 美国   C. 日本   D. 韩国

4. "六五"计划时期,我国制定的出口商品战略是(   )。

    A. 发挥我国资源丰富的优势,增加矿产品和农副土特产品的出口

    B. 发挥我国传统技艺精湛的优势,发展工艺品和传统的轻纺产品出口

    C. 发挥我国劳动力众多的优势,发展进料加工

    D. 发挥我国现有工业基础的作用,发展各种机电产品和多种有色金属、稀有金属
       加工品的出口

5. 实施"以质取胜"战略,必须正确认识并处理好(   )等方面的关系。

    A. 质量和数量   B. 效益和速度

    C. 内在质量和外观质量   D. 样品质量和批量质量

    E. 质量和档次

6. 中国根据世贸组织的要求,在(   )原则下,修订了对外贸易法。

    A. 法制统一   B. 非歧视   C. 公开透明   D. 不溯及既往

7. 我国把货物进出口管理划分为(   )。

    A. 禁止进出口货物   B. 限制进出口货物

    C. 自由进出口货物   D. 特殊进出口货物

二、判断题

1. 1986 年,工业制成品取代初级产品成为中国主要出口商品,实现了出口结构的一次根本性转变。   (   )

2. 1995 年,机电产品出口超过纺织产品,成为出口最大类产品,实现了出口商品结构的又一次重大转变。   (   )

3. 我国的对外开放是全方位的开放,对外贸易分布具有全方位特点。   (   )

4. 欧盟对我国的主要出口商品是初级产品。   (   )

5. 2010 年,中国与东盟自由贸易协议全面实施。   (   )

6. 名牌反映一个国家的综合实力、经济竞争能力和科技发展水平。   (   )

7. 我国对部分货物进出口实行国有贸易管理与指定经营管理。   (   )

8. "十五"计划时期进口商品结构规划强调增加国内急需的关键技术设备和重要资源的进口。   (   )

三、简答题

1. 简述我国对外贸易的发展历程。

2. 简述我国对外贸易的特点。

3. 经济特区与对外贸易有何关系？

4. 海峡两岸经贸合作的成果如何？

5. "以质取胜"战略是怎样的？

6. 简述"科技兴贸"战略的内容。

7. 出口市场多元化是指什么？

四、案例分析

2012年年初，美国的一系列动作，凸显其国内对华贸易保护主义情绪明显升温。

（1）美国"防守"与"进攻"并举。在"防守"方面，设立跨部门贸易执法中心，强化对国内贸易法律的执行，调查中国产品对美出口是否存在不公正的竞争优势，是否对美国相关产业造成伤害等。同时，通过对中国产品接连发起"双反"调查，阻止有竞争力的中国产品进入美国市场。

在"进攻"方面，美国贸易代表罗恩·柯克近期多次表示，美国政府今后将帮助美国企业和产品打开他国市场，特别是美国具有竞争优势的农产品、机械产品和服务产品市场。而新成立的跨部门贸易执法中心的一项工作就是监视竞争对手在汇率政策、市场准入和知识产权保护等方面的情况，提高美国在推行市场开放方面的能力，为美国企业创造竞争和扩张机会。

（2）美国频频动用隐蔽性更强的"337调查"手段，以保护专利为名打压中国产品。仅2月下旬以来，就有15家中国公司涉案，产品包括激光打印墨盒、照相手机、平板电脑、可调节能荧光灯等。据统计，2011年美国对中国企业发起的"337调查"多达16起。

由于"337调查"不仅监督国际贸易，也管控美国国内的洲际贸易，因此该调查表面上并不针对某个国家或地区，而作为一种事实上的技术壁垒，这种调查具有更强的隐蔽性。"337调查"的处罚比"双反"调查更为严厉，最坏的结果将是彻底丧失进入美国市场的资格。

（3）除自身发起的"双反"和"337调查"等单边贸易制裁行动外，美国还联合其他发达国家利用世贸组织等多边平台对中国稀土等原材料出口管制施压，试图打着"尊重国际规则和程序"的旗号行贸易救济之实。

阅读以上材料，回答问题：

1. 查找资料，"337调查"是指什么？

2. 从对外贸易管理的角度看，中国政府该如何应对？

拓展实训：认识中国对外贸易

实训目的

结合教材内容，收集资料并分析，初步较为全面地认识我国对外贸易。

实训安排

(1) 教师设计对外贸易概况框架或了解某一外贸易业发展历史。

(2) 引领学生查找相关资料并分析。

教师注意事项

(1) 指导学生，认识所访企业遇到的问题。

(2) 聘请业务人员讲解应对措施。

(3) 组织其他相应的学习资源。

资源(时间)

1课时、参考书籍、案例、网页、实践基地企业。

评价标准

表 现 要 求	是否适用	已达要求	未达要求
小组活动中的工作表现(参与度、讨论发言)			
整个认知活动过程的表现			
对整体职业学习活动的认识与把握			
学习活动过程中知识与经验的运用和反思			

学生自我总结

通过完成本单元的学习，我能够作如下总结。

一、主要知识

本单元主要知识点：

    1.

    2.

二、主要技能

本单元主要技能：

    1.

    2.

三、主要原理

本单元讲述的主要原理：

    1.

    2.

四、相关知识与技能

我在完成本单元的学习中学到的知识与技能：

　　1. 中国对外贸易的特点有：

　　2. 中国对外贸易发展战略有：

　　3. 中国对外贸易管理措施有：

五、成果检验

我完成本单元的学习后得到的成果：

　　1. 完成本单元的意义有：

　　2. 学到的经验有：

　　3. 自悟的经验有：

　　4. 我认为我国对外贸易经营管理变化的好处是：

单元 10 主要国家对外贸易

 学习目标

1. 知识目标

能了解美国对外贸易概况。

能了解欧盟对外贸易概况。

能了解日本对外贸易概况。

2. 能力目标

能理解美国对外贸易管理。

能理解欧盟对外贸易管理。

能理解日本对外贸易管理。

任务描述

由于产业结构差异及国际分工的结果，长期以来我国传统贸易伙伴分别为美国、欧盟和日本。作为参与国际贸易活动的成员，应该认识主要贸易伙伴的对外贸易管理政策，熟悉其运作方式，并在此基础上，理解这些国家和地区市场变化对我国进出口的影响。

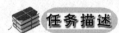 **任务分解**

根据国际贸易认知活动工作顺序和职业教育学习规律，"主要国家对外贸易"可以分解为以下几个学习任务。

10.1　认识美国对外贸易

↓

10.2　认识欧盟对外贸易

↓

10.3　认识日本对外贸易

同步实训

根据国际贸易认知活动、职业成长规律及职业学习原理，"主要国家对外贸易"可以安排以下几个同步实训活动。

实训项目	活 动 名 称	活 动 目 的
实训 10.1	认识美国对外贸易讨论	加深学生对美国对外贸易的了解
实训 10.2	认识欧盟对外贸易讨论	加深学生对欧盟对外贸易的了解
实训 10.3	认识日本对外贸易讨论	加深学生对日本对外贸易的了解
拓展实训	认识主要国家对外贸易	了解主要经济体对外贸易状况

导入故事

2018 年 11 月 5 日,全球首个以进口为主题的国家级展会——中国国际进口博览会(简称进博会)在上海揭开帷幕,这是中国扩大开放的一大创举。各国参展商摩拳擦掌,全球最优质产品和服务纷至沓来;采购者跃跃欲试,要到进博会上"买全球"。据介绍,目前已组建 38 个交易团,500 多个交易分团,预计到会国内外采购商将超过 15 万人。作为东道主,上海成立规模最大的采购团到进博会上"买全球"。"上海交易团的采购商规模大大超过预期。"首届中国国际进口博览会城市保障领导小组办公室主任、上海市交易团秘书长尚玉英透露。"自报名开始就不断有企业来咨询,我们平均每天接到三四百家企业的电话咨询,包括国有企业、民营企业和外资企业。"进博会上海交易团秘书处的工作人员表示。交易团报名火爆不仅是上海一地,中央企业交易团、各地方交易团乃至国外交易商都热情满满,期待通过进博会这个重要的创新开放平台促进产业转型、消费升级并提升企业意识。

【感悟】 130 多个国家和地区的 2800 多家企业,100 多项新产品和新技术,国际最尖端、最前沿、最具代表性的产品和服务,众多发展中国家和最不发达国家的特色优质产品……通过学习本单元,你怎样看待与主要国家的对外贸易发展?

10.1 认识美国对外贸易

提示:完成本任务,你将初步认识美国对外贸易。

学习行动:这是国际贸易活动参与人员认识主要国家对外贸易的第一课。认识美国对外贸易,特别是从国际贸易业务的角度,认识美国对外贸易概况。在此基础上,能够在进出口市场、客户选择、商品价格制定等方面考虑其政策的影响。

10.1.1 美国贸易概况

截至 2018 年,美国是世界上最大的服务贸易国、第二大货物贸易国,主要贸易伙伴为加拿大、中国、墨西哥、日本和欧盟等。

1. 主要进出口商品

美国主要出口商品为化工产品、机械、汽车、飞机、电子信息设备、武器、食品、药品、饮料等,主要进口商品为食品服装、电子器材、机械、钢材、纺织品、石油、天然橡胶及锡、铬等金属。

2. 对外贸易规模

据美国商务部统计,2018 年全年,美国货物进出口额为 42067.9 亿美元,比 2017 年(下同)增长 8.2%。其中,出口 16640.6 亿美元,增长 7.6%;进口 25427.3 亿美元,增长 8.6%。贸易逆差 8786.7 亿美元,增长 10.4%。

(1)贸易国别(地区)。2018 年,美国对加拿大、墨西哥、中国和日本的出口额分别为 2987.2 亿美元、2650.1 亿美元、1203.4 亿美元和 749.7 亿美元,占美国出口总额的 18%、15.9%、7.2%和 4.5%。其中对中国出口下降 7.4%,对加拿大、墨西哥和日本出口分别增长 5.8%、8.9%和 10.9%。自中国、墨西哥、加拿大和日本的进口额分别为 5395 亿美元、3465.3 亿美元、3184.8 亿美元和 1426 亿美元,占美国进口总额的 21.2%、13.6%、12.5%和 5.6%,增长 6.7%、10.3%、6.4%和 4.5%。美国的前四大贸易逆差来源地依次是中国、墨西哥、德国和日本,2018 年逆差额分别为 4191.6 亿美元、815.2 亿美元、682.5 亿美元和 676.3 亿美元,变动幅度为 11.6%、14.9%、7.2%和−1.8%。美国的贸易顺差主要来自中国香港和荷兰,2018 年顺差额分别为 311.5 亿美元和 247.9 亿美元,前者下降 4.3%,后者增长 4.5%。

(2)贸易商品结构。机电产品、运输设备、矿产品和化工产品是美国的主要出口商品,2018 年出口额分别为 3891.8 亿美元、2755.8 亿美元、1996.8 亿美元和 1710.1 亿美元,占美国出口总额的 23.4%、16.6%、12%和 10.3%,增长 3.4%、3.3%、35%和 7.1%。在机电产品中,机械设备出口 2131.2 亿美元,增长 5.5%;电机和电气产品出口 1760.6 亿美元,增长 0.9%。机电产品、运输设备和矿产品是美国的前三大类进口商品,2018 年分别进口 7391.1 亿美元、3366 亿美元和 2396.9 亿美元,占美国进口总额的 29.1%、13.2%和 9.4%,增长 6.7%、3.6%和 19.4%。在机电产品中,机械设备进口 3784.8 亿美元,增长 10.8%;电机和电气产品进口 3606.3 亿美元,增长 2.7%。矿产品、化工产品和贱金属及制品等是美国的重要进口产品。

10.1.2 中美双边经贸概况

据美国商务部统计,2018 年,美国与中国双边货物进出口额为 6598.4 亿美元,增长 3.9%。数据显示了美国对中国产品的旺盛需求,也反映了中美处在不同的发展阶段,双边经济互补性较强。

1. 双边贸易额

据美国商务部统计,2019 年 1—2 月,美国货物进出口额为 6505.5 亿美元,比 2018 年同期(下同)增长 0.9%。其中,出口 2600.5 亿美元,增长 2.6%;进口 3905 亿美元,下降 0.2%。贸易逆差 1304.5 亿美元,下降 5.3%。

2 月当月,美国货物进出口 3163.9 亿美元,增长 0.2%。其中,出口 1305 亿美元,增长 1.9％；进口 1858.9 亿美元，下降 0.9％。贸易逆差 553.9 亿美元，下降 7.0％。

1—2 月，美国与中国双边货物进出口额为 903.7 亿美元，下降 13.5％。其中，美国对中国出口 155.7 亿美元，下降 20.7％，占美国出口总额的 6.0％，下降 1.8 个百分点；美国自中国进口 748 亿美元，下降 11.9％，占美国进口总额的 19.2％，下降 2.5 个百分点。美方贸易逆差 592.3 亿美元，下降 9.2％。

截至 2019 年 2 月，中国是美国第三大出口市场和第一大进口来源地。

课堂讨论：中美双边贸易额统计为什么会有差别？

2. 双边投资额

中美双边投资保持平稳发展，两国双向各类投资总额累计超过 2300 亿美元。2018 年 1 月至 11 月，美国企业对中国非金融类直接投资 25.1 亿美元，中国企业对美国非金融类直接投资 43.7 亿美元。截至 2018 年 11 月，美国企业对中国非金融类直接投资累计 850.1 亿美元，中国企业对美国非金融类直接投资累计 626.1 亿美元。

3. 中美贸易摩擦

中美贸易摩擦由来已久。2003—2005 年年末，由美国单方面挑起的一系列贸易摩擦给中美贸易关系蒙上了浓重的阴影，贸易大战似乎一触即发，中美两国进入了前所未有的贸易摩擦期。中美贸易摩擦作为中美经贸关系的一部分，随着中美政治关系的发展和国际局势的变幻而发生变化。2018 年，特朗普政府不顾中方劝阻，执意发动贸易战，掀起了又一轮的中美贸易争端。中方随即提出反制措施。其后，两国开始进入贸易谈判阶段，截至 2019 年 5 月，双方已进行了第十轮谈判。

10.1.3 美国对外贸易管理

美国的对外贸易管理是其经济政策中的一个重要组成部分。从第二次世界大战结束到今天，美国对外贸易管理经历了多次变化。

1. 管理贸易制度

（1）以立法形式强调单边协调管理，使外贸管理制度法律化。美国先后签署了《1984 年关税与贸易法》《1988 年综合贸易法》，主要目的在于扩大出口，限制进口，改善美国大量贸易逆差的状况，以及以单方面的政策手段来解决贸易争端或迫使对方开放市场。

（2）从加强国际多边合作转为更多地使用双边协调管理的方式。随着世界经济贸易区域集团化的加强，国际多边贸易体制的削弱，美国贸易政策的重心已由多边向双边转移，加强有针对性的双边贸易谈判，以解决贸易争端与冲突，同时寻求建立区域性贸易集团，以获取更大的贸易与经济利益。

（3）突出对知识产权的管理。美国是世界上最大的知识产权贸易国，《1988 年综合贸易法》针对外国对美国知识产权存在的保护问题而制定了"特殊 301 条款"，授权美国贸易代表将对知识产权没有提供保护的国家认定为"重点国家"，并可自行根据该条款对

193

上述国家的"不公正"贸易做法进行调查和采取报复措施。

2. 国家贸易战略

特朗普上台以来,其贸易政策备受关注,被广泛认为奉行贸易保护主义。

(1)美国优先。特朗普的贸易政策建立在其治国理政的基本理念之上,即"美国优先"。"美国优先"其实就是美国贸易优先,美国就业优先,美国经济优先。虽然特朗普的贸易政策也带有自由贸易的标签,但他更强调"公平贸易",即用美国利益和标准来衡量的所谓"公平贸易"。他持有某种重商主义的观念,认为出口多、进口少是一国经济健康的标志,实际上是把各国之间的经济交往看作零和游戏。他把贸易逆差看作美国国内制造业丧失就业岗位的主要原因,凡是危及美国贸易和就业的国家,都被视为对美国利益的危害者,对所有国家的态度,甚至包括日本、韩国和德国等盟国,也要以此来衡量,而给美国带来最大贸易逆差的中国则更被视为"罪魁祸首"。

(2)自由贸易政策转向。特朗普的贸易政策观念带来了对美国自由贸易传统的转向。在 2016 年总统竞选期间,特朗普提出了一系列有关贸易政策的主张,包括要重新谈判或废除多边贸易协定,寻求双边贸易协定;指责其他国家利用关税和补贴使美国公司处于竞争劣势;威胁退出北美自由贸易协定,除非墨西哥重新谈判该协定;而最大的攻击矛头则对准中国。在特朗普就任总统后不到一个月,行政部门就向国会提交了一份《总统 2017 年贸易政策日程》。特朗普的贸易政策清晰地体现在这份报告中。

根据这份文件,美国贸易政策的总目标和基本原则是"以对美国人更自由更公平的方式扩大贸易"。美国不应为了获得地缘政治优势而容忍其在全球市场中遇到的不公平贸易,包括国外政府补贴、窃取知识产权、操纵汇率、国有企业的不公平竞争行为、违反劳动法、使用强迫劳动等。2018 年 2 月发布的关于特朗普贸易政策的年度报告中,特朗普政府又明确提出了贸易政策议程的五大支柱。一是通过确保经济安全支持美国的国家安全。二是加强美国经济,让所有美国人都受益。三是谈判达成更多使美国人实现繁荣的贸易协议。四是执法和捍卫贸易法,使不良行为者不再利用美国。五是改革世界贸易组织(WTO),为所有国家推广有效的市场规则,扩大贸易和增加财富。

为了实现上述目标,特朗普政府确定了四个优先事项:捍卫美国对贸易政策的主权;严格执行美国有关贸易的法律;利用一切可能的方法,鼓励其他国家向美国商品和服务开放市场;充分有效地保护和执行美国的知识产权;与全球主要市场国家谈判新的更佳的贸易协定。

实训 10.1 美国对外贸易讨论

194

实训目的

加深学生对美国对外贸易的了解。

实训安排

(1)讨论我国与美国贸易发展历史,分析美国外贸政策变化对我国的影响。

(2)查找一些典型的中美贸易摩擦案例,试分析其原因。

教师注意事项

(1) 由一般贸易事例导入美国与中国贸易摩擦事例。

(2) 分组搜索资料,查找我国出口遭遇美国限制的产品案例。

(3) 组织其他相应的学习资源。

资源(时间)

1 课时、参考书籍、案例、网页。

评 价 标 准

表 现 要 求	是否适用	已达要求	未达要求
小组活动中,外在表现(参与度、讨论发言积极程度)			
小组活动中,对概念的认识与把握的准确程度			
小组活动中,分工任务完成的成效与协作度			
小组活动中,作业或 PPT 制作的完整与适用程度			

10.2 认识欧盟对外贸易

提示:完成本任务,你将初步认识欧盟对外贸易。

学习行动:这是国际贸易活动参与人员认识主要国家对外贸易的第二课。认识欧盟对外贸易,特别是从国际贸易业务的角度,认识欧盟对外贸易概况。在此基础上,能够在进出口市场、客户选择、商品价格制定等方面考虑其政策的影响。

10.2.1 欧盟贸易概况

欧盟是当今世界上最发达的区域经济集团,同时又构成了我国出口贸易三个主要的区域市场之一——欧洲市场的主体。

1. 贸易规模

据欧盟统计局统计,2018 年,欧盟 27 国货物进出口总额为 46666.6 亿美元,比 2017 年(下同)增长 10.1%。其中,出口 23248.5 亿美元,增长 8.8%;进口 23418.1 亿美元,增长 11.4%。贸易逆差 169.6 亿美元,下降 148.0%。

2. 贸易国别

分国别(地区)看,2018 年,欧盟 27 国对美国、中国和瑞士的出口额分别为 4728.2 亿美元、2451.2 亿美元和 1835.5 亿美元,增长 13%、10.8% 和 9.0%,占欧盟 27 国出口总额的 20.3%、10.5% 和 7.9%;欧盟 27 国自中国、美国、俄罗斯和瑞士的进口额分别为 4635 亿美元、3136.2 亿美元、1792 亿美元和 1273.6 亿美元,增长 9.5%、9%、21.3% 和 2.1%,占欧盟 27 国进口总额的 19.8%、13.4%、7.7% 和 5.4%。2018 年,欧盟 27 国的贸易逆差主要来源地是中国、俄罗斯、越南和挪威,逆差额分别为2183.8亿美元、794.4亿美元、320.7亿美元和225.6亿美元。欧盟27国的贸易顺差主要来自美国和瑞士,顺差额分别为1592.1亿美元和562亿美元。

3. 贸易商品

分商品看,机电产品、化工产品和运输设备是欧盟27国的主要出口商品。2018年,这三类商品出口额分别为5936.7亿美元、3768.2亿美元和3626.3亿美元,增长7.7%、12.7%和4.2%,占欧盟27国出口总额的25.5%、16.2%和15.6%。其中,机电产品主要出口至美国,占欧盟机电产品出口总额的20.2%。机电产品、矿产品和化工产品是欧盟27国前三大类进口商品,2018年进口额分别为5689.5亿美元、5193.2亿美元和1963.3亿美元,增长10.6%、27.8%和9.1%。其中,机电产品主要来自中国进口,占欧盟27国机电产品进口总额的41.2%。

10.2.2　中欧双边贸易概况

据欧盟统计局统计,2018年欧盟27国与中国的双边货物贸易额为7086.3亿美元,增长10.0%。其中,欧盟27国对中国出口2451.2亿美元,增长10.8%,占其出口总额的10.5%,提高了0.2个百分点;欧盟27国自中国进口4635亿美元,增长9.5%,占其进口总额的19.8%,下降了0.4个百分点。欧盟27国对中国贸易逆差2183.8亿美元,增长8.1%。

1. 对中国出口商品

机电产品、运输设备和化工产品是欧盟27国对中国出口的主要产品,2018年,这三类产品出口额分别为750.5亿美元、560亿美元和262.3亿美元,增长8.7%、7.8%和14.1%,合计占欧盟27国对中国出口总额的64.2%。

2. 从中国进口商品

欧盟27国自中国进口的商品主要为机电产品、纺织品及原料和家具玩具等制品,2018年这三类商品进口额分别为2343.5亿美元、440.1亿美元和401.8亿美元,增长10.7%、3.9%和2.2%,合计占欧盟27国自中国进口总额的68.7%。中国在欧盟27国多类商品进口来源地位列首位,包括机电产品、纺织品及原料、家具玩具杂项等制品、贱金属及制品、塑料橡胶、鞋靴伞等轻工产品、皮革制品和箱包,分别占欧盟27国同类产品进口市场份额的41.2%、32.4%、68.1%、20.1%、23%、46.3%和43.6%。

10.2.3　欧盟对外贸易管理

在60多年的一体化进程中,欧盟逐步建立和完善了一系列共同政策。《欧共体条约》第133条是欧盟实施共同贸易政策的法律依据。欧盟的共同贸易政策主要分为进口贸易法规和出口贸易法规两大部分,法律文件主要采取规则、指令和决议的形式。

1. 关税同盟

欧盟实行共同关税政策,各成员方执行统一的关税税率和管理制度。1987年,欧盟颁布了《关于关税和统计术语以及关于共同海关关税的第(EEC)2658/87号理事会规则》,建立欧盟统一关税税率,包含欧盟对外贸易适用的所有海关税率和共同体规则。该规则是欧盟在关税方面的基本法律。

2. 进口管理制度

欧盟的进口管理制度主要涉及共同进口原则、针对某些第三国实施的共同进口原则、配额管理的共同体程序、普惠制及其他进口管理措施等。

(1) 共同进口原则。1994年,欧盟颁布《关于对进口实施共同原则的第(EC)3285/94号理事会规则》,规范来自第三国除纺织品以外其他产品的进口。

(2) 针对某些第三国实施的共同进口原则。1994年,欧盟颁布《关于对某些第三国实施共同进口原则的第(EC)519/94号理事会规则》,规范来自某些国有贸易国家除纺织品以外其他产品的进口,并规定了欧盟采取必要监管和保障措施的执行程序。

(3) 配额管理的共同体程序。1994年,欧盟颁布《关于建立配额管理的共同体程序的第(EC)520/94号理事会规则》及其实施条例第(EC)738/94号欧委会规则,成为欧盟实行统一进口配额管理制度的法律依据,内容包括相关进口配额分配办法、进口许可证的管理原则以及管理过程中的行政决定程序等。

(4) 普惠制。欧盟的普惠制每10年调整一次。2005年6月27日,欧盟颁布《关于适用普惠制的第(EC)980/2005号理事会规则》,新的普惠制方案将普惠类型由原来的5种安排简化为3种:一般普惠制安排、"加惠"安排和"除武器外所有商品"的安排。

3. 出口管理制度

欧盟出口管理制度主要涉及共同出口原则、出口信用保险、两用产品及技术出口、文化产品出口、酷刑器具贸易及其他出口管理制度等。

(1) 共同出口原则。1969年,欧盟颁布《关于实施共同出口原则的第(EC)2603/1969号理事会规则》,确立了欧盟对外自由出口的原则以及采取必要监控和保护措施的执行程序。该规则适用《欧共体条约》覆盖的所有工业和农业产品,并对建立共同农业市场的规则及针对加工农产品的特别规则起补充规范作用。近年欧盟未对该规则作出修改。

(2) 出口信用保险。1998年,欧盟颁布《关于协调有关中长期出口信用保险主要条款的第98/29/EC号理事会指令》,统一了欧盟各成员方有关中长期出口信用保险的构成、保险费率及保险计划等原则和规定。2003年4月14日,欧盟颁布第(EC)806/2003号理事会规则,对该指令进行了第一次修改。

(3) 两用产品及技术出口。2007年9月18日,欧盟颁布《关于修改和更新〈关于建立两用产品及技术出口控制体系的第(EC)1334/2000号理事会规则〉的第1183/2007号理事会规则》。根据"瓦森纳安排""澳大利亚集团""导弹技术控制体系"及"核供应国集团"等国际组织对有关常规武器和两用产品及技术出口控制规则进行的调整,欧盟对第

197

(EC)1334/2000 号规则附件一和附件四所列两用产品与技术的清单进行了更新。该规则已于 2007 年 11 月 21 日起生效。

（4）文化产品出口。1992 年,欧盟颁布《关于文化产品出口的第(EEC)3911/1992 号理事会规则》,以确保文化产品的出口得到统一检查,并对出口到欧盟境外的文化产品实行强制许可证制度。欧盟于 2003 年 4 月对该规则作出了最新修定。

（5）酷刑器具贸易。

（6）其他出口管理制度。2007 年 5 月 30 日,欧盟颁布了《关于修改〈有关牛肉部门进出口许可证第(EC)1445/95 号规则〉的第(EC)586/2007 号欧委会规则》,规定未接受资助的出口不再受监控,出口许可证的要求也仅对申请资助的出口有效。欧盟成员方每周一应向欧盟委员会通报上一周的许可证申请情况。

实训 10.2　欧盟对外贸易讨论

实训目的

加深学生对欧盟对外贸易的了解。

实训安排

（1）分组查找欧盟对外贸易发展历史,总结其政策变化趋势。

（2）讨论我国与欧盟贸易发展历史,分析欧盟外贸政策变化对我国的影响。

教师注意事项

（1）由一般贸易事例导入欧盟与中国贸易摩擦事例。

（2）分组搜索资料,查找我国出口遭遇欧盟限制的产品案例。

（3）组织其他相应的学习资源。

资源（时间）

1 课时、参考书籍、案例、网页。

评 价 标 准

表 现 要 求	是否适用	已达要求	未达要求
小组活动中,外在表现(参与度、讨论发言积极程度)			
小组活动中,对概念的认识与把握的准确程度			
小组活动中,分工任务完成的成效与协作度			
小组活动中,作业或 PPT 制作的完整与适用程度			

10.3　认识日本对外贸易

提示:完成本任务,你将初步认识日本对外贸易。

学习行动:这是国际贸易活动参与人员认识主要国家对外贸易的第三课。认识日本对外贸易,特别是从国际贸易业务的角度,认识日本对外贸易概况。在此基础上,能够在进出口市场、客户选择、商品价格制定等方面考虑其政策的影响。

10.3.1 日本贸易概况

日本主要的贸易伙伴有美国、东亚、东南亚、欧盟、沙特阿拉伯等,近年来与中国和亚洲地区的贸易额大幅增长,而对于各国的进出口长期维持顺差,尤其是中国取代美国成为日本最大出口伙伴。不过该趋势在2011年发生改变,由于2011年福岛核电站泄漏事故,日本政府逐步停止核电,改为大量进口天然气发电,使2011年日本外贸变为逆差。2012年,日本进出口逆差日元兑美元计价扩大至874亿美元(世界贸易组织统计数据)。其主要的进口物品以原材料为主,包括石油、铁矿石、半成品和食品等,出口货物为汽车、电子产品、家电、机械和工业用机器人等科技产品。

1. 贸易规模

据日本海关统计,2018年日本货物进出口额为14865.7亿美元,比2017年(下同)增长8.5%。其中,出口7382亿美元,增长5.7%;进口7483.7亿美元,增长11.3%。贸易逆差101.7亿美元,下降138.8%。

2. 贸易国别

分国别(地区)看,2018年中国、美国和韩国是日本前三大出口贸易伙伴,出口额分别为1439.9亿美元、1400.6亿美元和525.1亿美元,其中对中国和美国出口增长8.4%和3.9%,对韩国出口下降1.5%,占日本出口总额的19.5%、19.0%和7.1%。日本进口排名靠前的国家依次是中国、美国和澳大利亚,2018年,日本自三国进口1735.4亿美元、815.5亿美元和456.9亿美元,分别增长5.5%、13%和17.4%,占日本进口总额的23.2%、10.9%和6.1%。2018年,日本贸易逆差主要来源国是中东产油国、澳大利亚和中国。美国、中国香港和韩国是日本前三大贸易顺差来源地,2018年顺差额分别为585.1亿美元、325.7亿美元和203.7亿美元。

3. 贸易商品

分商品看,机电产品、运输设备和化工产品是日本的主要出口商品,2018年出口额分别为2574.0亿美元、1726.8亿美元和611.1亿美元,增长5.5%、5.2%和13.4%,占日本出口总额的34.9%、23.4%和8.3%。矿产品、机电产品和化工产品是日本的前三大类进口商品,2018年进口额分别为1985.6亿美元、1739.1亿美元和667.8亿美元,增长21.4%、6.7%和14.2%,占日本进口总额的26.5%、23.2%和8.9%。

10.3.2 中日双边贸易概况

据日本海关统计,2018年日本与中国双边货物进出口额为3175.3亿美元,增长6.8%。其中,日本对中国出口1439.9亿美元,增长8.4%;自中国进口1735.4亿美元,增长5.5%。日本与中国的贸易逆差为295.5亿美元。

1. 对中国出口商品

日本对中国的主要出口产品是机电产品、化工产品和运输设备,2018 年出口额分别为 620.1 亿美元、165.2 亿美元和 139.2 亿美元,增长 10.3%、18.5% 和 11.7%,占日本对中国出口总额的 43.1%、11.5% 和 9.7%。

2. 从中国进口商品

日本自中国进口的主要商品为机电产品、纺织品及原料和家具玩具,2018 年进口额分别为 789 亿美元、218.8 亿美元和 107.5 亿美元,增长 4.7%、2.0% 和 1.3%,占日本自中国进口总额的 45.5%、12.6% 和 6.2%。在日本市场上,中国的劳动密集型产品占有较大优势,如纺织品及原料、鞋靴伞和箱包等轻工产品,这些产品在日本进口市场的占有率均在 60% 左右,在这些产品上,中国产品的主要竞争对手来自亚洲国家和地区(如越南、泰国、中国台湾)及意大利、美国等国家。

3. 中日经贸关系变化

20 世纪 90 年代以来,特别是进入新世纪以来,在中国经济迅速崛起而日本经济日渐消沉的过程中,中、日两国的国际经济地位和国际贸易地位都发生了截然相反的变化。

(1) 中国在日本对外贸易中的地位迅速提高。由于日本对中国贸易增长速度大大超过日本对外贸易,中国在日本对外贸易中的地位迅速提高。2001 年,中国是日本第四大贸易对象。2002 年,日本从中国进口一举超过从美国的进口,中国首次成为日本第一大进口来源地。2004 年,日本向中国出口超过向东盟出口,中国首次成为日本第三大出口对象。2007 年,中日贸易首次超过日美贸易,中国首次成为日本第一大贸易对象。

(2) 日本在中国对外贸易中的地位趋于下降。尽管中日贸易在新世纪以来出现了新发展,但在中国对外贸易发展更为迅速的情况下,日本在中国对外贸易中的地位却趋于下降。1993—2003 年,日本曾连续 11 年保持中国最大贸易伙伴的地位。2003 年,日本是中国第四大出口对象,日本是中国第一大进口来源地。2010 年,日本退居中国第三大贸易伙伴,日本仍是中国第四大出口对象。2011 年,日本退居中国第四大贸易伙伴,仍然是中国第四大出口对象,继续保持中国第一大进口来源地的地位。2015 年,中日贸易额跌至 2700 亿美元,时隔五年重新回到 3000 亿美元之下,2018 年仍维持在这一水平,与 2008 年时的规模大致相当。

课堂讨论:中日经贸关系变化的特点有哪些?

10.3.3 日本对外贸易管理

1. 日本对外贸易立法

日本有关对外贸易的法律体系包括作为基本法的《外汇及对外贸易管理法》和具体涉及对外贸易管理的《进出口交易法》、促进对外贸易发展的《贸易保险法》《日本贸易振兴会法》等。

2. 日本对外贸易管理机构

日本政府的贸易管理组织主要包括日本贸易会议、通产省、大藏省、日本银行、日本进出口银行、经济企划厅、公正交易委员会等。

3. 日本对外贸易管理范围

(1) 进口贸易管理。进口贸易管理范围包括实行进口配额的商品；来自指定原产地或起运地的指定商品；以特殊结算方式进口的商品；按规定须事前确认的商品，主要有蚕茧、丝织品等15种。此外，日本的有关税法规定了五种禁止进口的货物，包括毒品、手枪、假币、违反公共安全和道德的书籍和其他商品；侵犯专利权和其他知识产权权利的商品。

(2) 出口贸易管理。根据《外汇及外贸管理法》第四十八条的规定，下列出口需要获得经济产业大臣的许可：向特定地区出口特定货物；用特定贸易方式的出口；采用特殊结算方式的出口。

4. 日本关税制度

日本的关税表包括三种不同系列的税率：法定税率（包括普通和暂时税率），WTO约束税率和普惠制优惠税率。临时税率通常用来代替较高的普通税率，而且这种临时税率的应用几乎是没有期限的；根据最惠国待遇的要求，除非普惠制优惠税率适用，法定和约束税率的低者适用于WTO成员方；在临时或者普通税率高于WTO约束税率的场合，适用后者。

5. 普惠制

日本通过普惠制(generalized system of preference)单方面地给予来自某些发展中国家的产品以优惠的市场准入条件。但是，日本的普惠制并不是绝对的。在普惠制下，日本对某些商品规定了免责条款，对另外一些商品则规定了最高进口限额。

6. 贸易救济措施：反倾销和反补贴

日本在1980年对反倾销条款做了全面修正，以便和关税与贸易总协定反倾销守则保持一致。日本在以下情况要采取反倾销措施：倾销商品已经进口；倾销商品的进口危害了国内有关产业或已经形成了损害威胁；确实存在保护国内有关产业的必要。

反倾销行为由内阁行政命令实施；在实施之前须由日本大藏省与有关的国内产业及通产省共同进行反倾销调查，并向海关总署报告。

反补贴行动的条件：日本进口了得到生产补贴或者出口补贴的外国商品；这类进口商品对日本生产相同或者类似商品的产业造成了损害或损害威胁；客观上有必要采取行动来保护国内有关产业。

反补贴行为由内阁行政命令实施；在实施之前须由日本大藏省与有关产业部门及通产省共同进行反倾销调查，并向海关总署报告。日本所采取的反补贴措施是按等于或低

201

于经调查核实的补贴额加征反补贴税的原则来制定的。

7. 日本的贸易促进措施

日本的贸易促进措施主要包括两个方面：一个是出口保险制度；另一个是贸易振兴会制度。

实训 10.3　日本对外贸易讨论

实训目的

加深学生对日本对外贸易的了解。

实训安排

（1）分组查找日本对外贸易发展历史，总结其政策变化趋势。

（2）讨论我国与日本贸易发展历史，分析日本外贸政策变化对我国的影响。

教师注意事项

（1）由一般贸易事例导入日本与中国贸易摩擦事例。

（2）分组搜索资料，查找我国出口遭遇日本限制的产品案例。

（3）组织其他相应的学习资源。

资源（时间）

1 课时、参考书籍、案例、网页。

评 价 标 准

表 现 要 求	是否适用	已达要求	未达要求
小组活动中，外在表现（参与度、讨论发言积极程度）			
小组活动中，对概念的认识与把握的准确程度			
小组活动中，分工任务完成的成效与协作度			
小组活动中，作业或 PPT 制作的完整与适用程度			

单元 10 小结

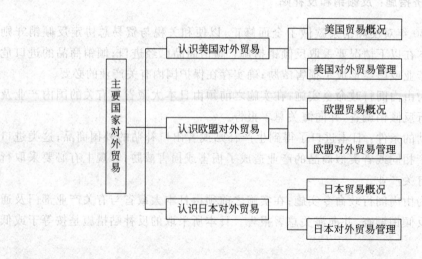

教学做一体化练习

同步自测

一、选择题

1. 美国是世界上最大的商品和服务贸易国,主要贸易伙伴有(   )。
   - A. 加拿大
   - B. 日本
   - C. 中国
   - D. 欧盟
   - E. 墨西哥

2. 欧盟的共同贸易政策主要分为(   )。
   - A. 进口贸易法规
   - B. 出口贸易法规
   - C. 国别法规
   - D. 歧视性法规

3. 欧盟的进口管理制度主要涉及(   )。
   - A. 共同进口原则
   - B. 某些第三国实施的共同进口原则
   - C. 配额管理的共同体程序
   - D. 普惠制及其他进口管理措施等

4. 2018 年,分国别(地区)看,(   )是日本前三大出口贸易伙伴。
   - A. 中国、美国和韩国
   - B. 美国、中国和欧盟
   - C. 美国、中国和韩国
   - D. 美国、欧盟和中国

5. 日本的贸易促进措施主要包括(   )。
   - A. 出口保险制度
   - B. 贸易振兴会制度
   - C. 外贸促进制度
   - D. 外贸改善制度

6. 日本所采取的反补贴措施是按(   )经调查核实的补贴额加征反补贴税的原则来制定的。
   - A. 等于或低于
   - B. 等于
   - C. 低于
   - D. 高于

二、判断题

1. 2018 年,中美经贸关系保持稳定发展势头,美国还是中国最大的出口市场。
（   ）

2. 2018 年,美国涉华经贸摩擦和矛盾增多。
（   ）

3. 随着世界经济贸易区域集团化的加强,国际多边贸易体制的削弱,美国加强了有针对性的双边贸易谈判。
（   ）

4. 美国"国家出口战略"的目的是限制企业的对外竞争能力。
（   ）

5. 新兴市场是美国政府遴选出将导致未来世界进口量以压倒之势增长的十大潜在市场。
（   ）

6. 欧盟的普惠制每 10 年调整一次。
（   ）

7. 日本在中国对外贸易中的地位趋于下降。   （   ）

8. 日本反倾销行为在实施之前须由大藏省与有关的国内产业及通产省共同进行反倾销调查,并向海关总署报告。   （   ）

三、简答题

1. 简述 2018 年美国对外贸易概况。
2. 简述 2018 年欧盟对外贸易概况。
3. 简述美国贸易管理制度的内容。
4. 简述美国国家出口战略的内容。
5. 中日经贸关系正经历着哪些变化?

四、案例分析

上周,长城汽车四款产品正式通过了"欧盟整车型式认证"(WVTA 认证),达到欧盟整车标准,这是自主品牌汽车首次获此殊荣。业内人士认为,长城顺利通过此项认证,将为国内其他自主品牌厂家进军国际成熟汽车市场提供有益借鉴。

"为了取得这个认证,我们做了两年多的准备。"长城汽车副总经理兼宣传部长商玉贵说。由于是第一个吃螃蟹的人,长城公司为取得这项认证进行了充足的准备,其"海外国际贸易部"中细分出了研究欧盟法规的"欧盟部","技术研究院"也成立了专门进行技术攻关与认证的"认证部",并且根据需要调整了公司的供应商与供应链。

商玉贵认为,获得"欧盟整车型式认证"的最大意义,在于证明了长城汽车在产品开发、制造控制、供应商管理等诸多方面均达到了世界最为严格的要求。

对长城汽车来说,欧盟市场仍处于开发阶段,难以成为主要出口市场。但是"欧盟整车型式认证"得到了世界多个国家的认可,长城汽车由此提升了国际形象,不但可以顺利进军北美等其他成熟汽车市场,还可以提升在俄罗斯、南非等国家的市场份额。

从 2009 年 4 月 1 日开始,欧盟整车认证取代了欧盟各成员方的国内整车型式认证,所有出口至欧洲的汽车必须获得该认证才能在欧盟国家无限制自由销售。本次长城汽车取得的"欧盟整车型式认证"包括了欧盟法规、企业生产一致性、质量控制体系和汽车回收报废等多方面的综合认证体系,共包括 48 项测试项目。据长城方面介绍,这是一个复杂而严格的过程,对汽车排放水平、安全性能及环保方面均设定很高的标准。

在成功取得该项认证后,长城公司下阶段计划于 2010 年在一些国家进行上市批量销售,首先会在中东欧一些国家有选择性地进行销售并举行上市推广活动。在采访中,商玉贵告诉记者,目前的首要任务是寻找合作经销商。

未来长城还面临着 E-NCAP 碰撞测试等考验。知名汽车分析师贾新光认为,欧盟属于竞争充分的市场,加上国家总数超过 20 个,市场情况错综复杂,长城汽车要顺利打开市场有一定的难度。未来车厂应该深入研究当地消费者需求,并且加强售后服务网络建设。

2009 年,受全球金融危机以及贸易保护等因素影响,自主品牌在海外市场销量下滑,无法完成原定 7 万辆的销售目标。

为了开拓北美、欧盟等成熟汽车市场,奇瑞、吉利、上汽等自主品牌厂家还与 VCA (英国车辆认证局)建立了紧密的联系,希望能够在其帮助下获得欧盟整车型式认证。以往陆风、华晨等品牌在德国全德汽车俱乐部进行的安全碰撞测试中失利,客观上增加了中国汽车进入欧盟市场的难度。

此次长城汽车顺利通过这一认证,不仅为其他企业顺利通过国外各种技术认证积累了宝贵的借鉴经验,也有助于改变发达汽车市场对中国产品的认识。

资料来源:云南信息报,2009-09-14.

阅读以上材料,回答问题:

1. 长城叩开欧盟市场大门,给中国汽车业带来什么样的影响?

2. 中国汽车企业还应该做哪些努力?

拓展实训:认识主要国家对外贸易

实训目的

了解主要经济体的对外贸易状况。

实训安排

(1)教师提供主要国家对外贸易资料。

(2)引领学生做横向比较(进出口商品结构、种类方面、总体数据)。

教师注意事项

(1)指导学生,查找主要经济体对外贸易发展概况。

(2)聘请业务人员讲解贸易摩擦情形。

(3)组织其他相应的学习资源。

资源(时间)

1 课时、参考书籍、案例、网页、实践基地企业。

评 价 标 准

表 现 要 求	是否适用	已达要求	未达要求
小组活动中的工作表现(参与度、讨论发言)			
整个认知活动过程的表现			
对整体职业学习活动的认识与把握			
学习活动过程中知识与经验的运用和反思			

205

学生自我总结

通过完成本单元的学习,我能够作如下总结。

一、主要知识

本单元主要知识点：

1.

2.

二、主要技能

本单元主要技能：

1.

2.

三、主要原理

本单元讲述的主要原理：

1.

2.

四、相关知识与技能

我在完成本单元的学习中学到的知识与技能：

1. 美国对外贸易概况：

2. 欧盟对外贸易概况：

3. 日本对外贸易概况：

五、成果检验

我完成本单元的学习后得到的成果：

1. 完成本单元的意义有：

2. 学到的经验有：

3. 自悟的经验有：

4. 我认为主要经济体十分重视对外贸易发展的原因是：

参 考 文 献

[1] 薛荣久.国际贸易[M].北京：对外经济贸易大学出版社,2009.

[2] 薛荣久.世界贸易组织概论[M].北京：高等教育出版社,2006.

[3] 张锡嘏.国际贸易[M].3 版.北京：中国人民大学出版社,2011.

[4] 张炳达.国际贸易[M].上海：立信会计出版社,2011.

[5] 彭福永.国际贸易[M].上海：上海财经大学出版社,2002.

[6] 温历.国际贸易[M].北京：电子工业出版社,2003.

[7] 徐复.中国对外贸易[M].北京：清华大学出版社,2006.

[8] 李凤荣.国际贸易基础[M].北京：北京大学出版社,2011.

[9] 徐宣全.国际贸易基础[M].杭州：浙江大学出版社,2012.

[10] 周文恩.国际贸易基础知识[M].大连：东北财经大学出版社,2012.

[11] 赵轶.国际贸易原理与实务[M].大连：东北财经大学出版社,2005.

[12] 赵轶.国际贸易实务[M].2 版.北京：清华大学出版社,2015.

[13] 李滋植.国际贸易[M].4 版.大连：东北财经大学出版社,2006.

[14] 王绍媛.中国对外贸易[M].2 版.大连：东北财经大学出版社,2007.

[15] 蔡茂森.国际贸易理论与实务[M].北京：清华大学出版社,2011.

[16] 石广生.中国加入世界贸易组织知识读本[M].北京：人民出版社,2002.

[17] 张汉林.世界贸易组织概论[M].北京：北京师范大学出版社,2012.

[18] 姚大伟.国际贸易概论[M].北京：中国人民大学出版社,2014.

[19] 商务部网站.